Lo que _____ a de _____ es

...Leer este libro es ... ...tas historias y las compartiré con mis hijos y mis nietos. Es un hermoso recordatorio del milagro que es la familia."

Dr. Caren Kaye, Doctor en Filosofía
Director de Educación para los Padres
Los Angeles Unified School District

"Contar historias ha formado parte de la experiencia humana desde la época de las primeras pinturas en las cuevas. Este libro es una extraordinaria guía, llena de esperanza, sabiduría y valor, para conducir a cualquier persona por los picos y los valles de la paternidad. Imprescindible."

Larry Shaw, Doctor en Filosofía
Director de Asesoramiento Familiar, Hollywood YMCA

"Este libro es útil tanto para quienes estén pensando en tener un bebé, como para quienes sean padres recientes o para quienes tengan hijos que acaban de abandonar el nido. Estos relatos son ingeniosos, divertidos, consoladores, edificantes y una gran ayuda. Hay en ellos algo para todos."

Jennifer Chikato

"Este libro proporciona algo así como una sabiduría de andar por casa para madres, padres, abuelos y padrastros. Cura, consuela, nutre, enseña y nos recuerda en qué consiste ser padres."

Terri Festa

"Reservad una hora en vuestras ajetreadas agendas para sentaros a leer este libro. Estos relatos están llenos de sentimiento, de vida y de amor. Alimentarán y darán vida a vuestros espíritus. ¡Yo no podía dejar de leer!"

Sue Harvey

"Los relatos incluidos en este libro muestran, una y otra vez, que aunque estemos pendientes de los detalles mundanos de la vida de nuestros hijos (ya se trate de un plato giratorio, de unos vídeos de Barnie o de un viejo jarrón), el gran amor que sentimos por ellos brilla como un arco iris de color. Parece que tanto la belleza como el amor residen en los detalles. A lo largo de este libro, reiréis y lloraréis, recordaréis viejos tiempos y soñaréis despiertos, pero, por encima de todo, siempre o sentiréis como en casa."

Mike Riera
Autor de *Field Guide to the American Teenager*
y *Uncommon Sense for Parents with Teenagers*

SOPA DE POLLO PARA EL ALMA DE LOS PADRES

Relatos sobre el amor, el aprendizaje y la paternidad

Jack Canfield
Mark Victor Hansen
Kimberly Kirberger
Raymond Aaron

HCI
Español

Un sello de
Health Communications, Inc.
Deerfield Beach, Florida

www.hcibooks.com
www.chickensoup.com

Quisiéramos agradecer a los muchos editores y personas que nos concedieron su autorización para reproducir las historias que aparecen en este libro. (Nota: la lista no incluye los relatos anónimos, los que sean de propiedad pública, ni los que fueron escritos por Jack Canfield, Mark Victor Hansen, Kimberly Kirberger y Raymond Aaron.)

El jarrón. Reimpreso con autorización de A. W. Cobb. © 1999 A.W. Cobb.

Los geranios del amor. Reimpreso con autorización de Harriet Xanthakos. © 1999 Harriet Xanthakos.

El ratoncito Pérez. Reimpreso con autorización de Elaine Decker. © 1999 Elaine Decker.

Vamos a jugar con la cometa y Mi rayo de esperanza. Reimpreso con autorización de Robert Dixon y Zan Gaudioso. © 1999 Robert Dixon y Zan Gaudioso.

El álbum de fotos. Reimpreso con autorización de Alvin Abram. © 1999 Alvin Abram.

El Plato Giratorio. Reimpreso con autorización de Lori Broadfoot. © 1999 Lori Broadfoot.

(continuado en la página 345)

DERECHOS RESERVADOS

Título original: Chicken Soup for the Parent's Soul

Datos de Publicación son disponible en catalogo a través de la Biblioteca de Congreso

© 2004 John T. Canfield and Hansen and Hansen LLC

ISBN-13: 978-0-7573-0229-9
ISBN: 10: 0-7573-0229-7

HCI Español, sus Logos y Marcas son marcas registradas de Health Communications, Inc.

Editor: HCI Español
    Un sello de Health Communications, Inc.
    3201 S.W. 15th Street
    Deerfield Beach, FL 33442-8190

Diseño de la portada por Andrea Perrine Brower
Diseño interior del libro por Lawna Patterson Oldfield

De nuestros corazones para los vuestros,
le dedicamos este libro a todos los padres del mundo
que han asumido el exigente, aunque gratificante,
compromiso de la paternidad.

Y a nuestros padres, por cuyo amor, comprensión
y apoyo nos sentimos agradecidos.

Contenido

3. AMOR DE PADRE

4. CONEXIONES ESPECIALES

5. MOMENTOS ESPECIALES

6. APRENDIZAJES Y LECCIONES

7. SUPERAR LOS OBSTÁCULOS

8. SUPERAR UNA PÉRDIDA

9. DEJARLOS IR

10. A TRAVÉS DE LAS GENERACIONES

Agradecimientos

Hemos tardado más de dos años y medio en escribir, recopilar y editar este libro. Ha sido una labor de amor que se ha convertido en pasión. Le debemos un especial reconocimiento a ciertas personas cuyas aportaciones resultaron cruciales para el éxito de este libro. Es para nosotros un privilegio expresarles nuestro agradecimiento.

En primer lugar y por encima de todo, queremos darle las gracias a nuestros padres e hijos. Nuestras familias son para nosotros una bendición, y el amor que sentimos por nuestros padres e hijos es el que hemos depositado en esta obra.

También nos gustaría dar las gracias a las siguientes personas:

Janet Matthews, que se lanzó a la abrumadora tarea de dedicar más de dos años de su vida a este proyecto, fuente de inspiración para millones de personas en los años por venir. Estamos seguros de que Jane le dedicaría este libro a sus padres, Norm y Eleanor. Su madre murió lentamente, por una leucemia, durante el primer año de este proyecto, pero, independientemente de dolor que pudiera estar sintiendo, ella siempre escuchaba con amor a todo el mundo.

Mitch Claspy, que trabaja con tanto tesón y cuya dedicación es ejemplar. Mitch ha tenido que ver con todos y cada uno de los aspectos de este libro. Su compromiso para hacer las cosas bien ha hecho que éste sea un gran libro.

Darlene Montgomery, publicista de Raymond, además de gran amiga, que de alguna manera consiguió que siguieran llegando relatos y mantener nuestras mesas ordenadas al mismo tiempo.

Tasha Boucher, una de las personas más eficientes que conocemos. Cuando tiene un objetivo, ¡es mejor no cruzarse en su camino! Ése es el tipo de eficiencia que le ha aportado a este proyecto y no podríamos sentirnos más agradecidos de lo que ya lo estamos.

Nina Palais, por su incondicional apoyo y por ser algo así como la madre de todos en la oficina de Kim.

Kelly Harrington, por encontrar recursos y soluciones en tantas áreas.

Lisa Wood-Vasquez, la asistente de Kim, por su amabilidad y su continuo apoyo y esfuerzo.

El extraordinario personal de la oficina de Raymond (Liz Ventrella, Wendy Kuchar, Geoff Taylor, Sue Lacher, Chris Jonson, Sue Higgins y Patty Sibolibane), por su infatigable ayuda y apoyo a este proyecto.

Debbie Holmes, que se hizo cargo de todo durante los últimos meses de la enfermedad de la madre de Janet y consiguió mantener el proyecto en marcha.

Gillian Clinton, investigadora, que descubrió historias que de otro modo nunca habríamos encontrado.

Patty Aubery, por estar siempre ahí en los momentos cruciales, así como por ser una gran amiga y una persona extraordinaria. No podemos decir suficientes cosas buenas de ti. ¡Te queremos!

Nancy Mitchell Autio, por su fabulosa habilidad para aparecer con un acuerdo de derechos firmado justo cuando pensábamos que ya teníamos que suprimir el relato. Apreciamos tu gran esfuerzo y tus conocimientos.

Heather McNamara, por su cuidada y meticulosa edición, así como por su increíble capacidad para reproducir el manuscrito final a la perfección. ¡Eres impresionante!

Leslie Riskin, por su coherente labor y por hacer que el proceso de derechos fuera como la seda.

Deborah Hatchell, por ser tan meticulosa y hacer un millón de cosas a la vez.

D'ette Corona, Verónica Romero, Robin Yerian, Teresa Esparza y Cindy Holland, por vuestro compromiso, dedicación, profesionalidad y por hacer que todo marchara bien en el despacho de Jack.

Zan Gaudioso y Rebecca Hart, por vuestros expertos consejos y por vuestra capacidad para aparecer siempre que se os pide que editéis relatos.

Bon Land, Erica Orloff y Rebecca Sykes, por su brillante labor de edición y por su aportación a este proyecto.

Christine Belleris, Lisa Drucker, Allison Janse, Susan Tobias y Genene Hirschhorn, nuestros editores en Health Communications Inc., por el esfuerzo que ambos han dedicado a editar este libro, así como por su experiencia y dedicación.

Kim Weiss, por ser tan buena publicista en Health Communications Inc. y porque siempre es un placer trabajar con ella.

Larry Getlen, Kimberly Denney y Maria Konicki, el extraordinario equipo de publicidad de Health Communications Inc., cuyos esfuerzos han contribuido a que nuestros libros sigan estando en las listas de los más vendidos.

Randee Feldman, el director de producción del proyecto Chicken Soup for the Soul, en Health Communications Inc., por su enérgica coordinación y por su apoyo a los diferentes proyectos de la serie

Terry Burke y Kelly Maragni, de Health Communications

Inc., por su extraordinaria labor de venta y publicidad.

Andrea Perrine Brower, de Health Communications Inc., por su ejemplar esfuerzo para terminar el diseño de la cubierta.

Las almas abnegadas que leyeron y releyeron los relatos que propusimos e hicieron aportaciones y sugestiones de inestimable valor: Beth Kalisz; Bridget Ubochi; Sherri Zeifman; Michelle, Mary y Darlene Montgomery; Wendy Kuchar; Rose Veltheer; Nancy Lee y Dale Doige; Jane Pulkys; Elsa Aabo; Mark y Sue Higgens; Liz Ventrella; Diane Parent; Compton Drayton; Melinda Upshur; Christine Culbert; Sharon Boucher; Wendy Wolf; Nina Palais; Bruce Fisher; Jessica Lamden; Jaime Claspy y Carla Garland.

Nuestro más sincero agradecimiento a todos los coautores de la serie *Chicken Soup for the Soul*, que hacen que formar parte de esta familia sea una alegría: Patty y Jeff Aubery, Nancy Mitchell Autio, Marty Becker, Ron Camacho, Barbara Russell Chesser, Dan Clark, Tim Clauss, Barbara De Angelis, Mark y Chris Donnelly, Irene Dunlap, Bud Gardner, Patty Hansen, Jennifer Read Hawthorne, Carol Kline, Hanoch y Meladee McCarty, Heather McNamara, Paul J. Meyer, Maida Rogerson, Martín Rutte, Amy Seeger, Marci Shimoff, Barry Spilchuk y Diana von Welanetz Wentworth.

Larry y Linda Price, que, además de hacer que funcione a la perfección la Jack's Foundation for Self-Esteem (fundación de Jack para la autoestima), siguen administrando el proyecto *Chicken Soup for the Soul*, que cada año distribuye miles de ejemplares gratuitos a intermediarios, así como en prisiones, hogares para los sin techo, centros para mujeres maltratadas y colegios de barrios conflictivos.

Claude Choquette y Tom Sand, que año tras año consiguen que nuestros libros se traduzcan a más de 20 lenguas en todo el mundo.

Steve Magee y Dave Corrigan, de la escuela de canoa y kayak de Toronto, por su paciencia, tolerancia, flexibilidad, apoyo, cariño y compasión.

Dan Sullivan, profesor y mentor, que tanto nos ha dado, y Frank VanderSloot, cuya integridad y cuyos valores familiares han constituido para nosotros una fuente de inspiración.

Por causa de la envergadura de este proyecto, puede que no hayamos mencionado todos los nombres de las personas que nos han ayudado. Si es así, por favor, queremos que aceptéis nuestras disculpas y que sepáis que os apreciamos.

Nos sentimos profundamente agradecidos por los incontables corazones y manos que han hecho posible esta obra. ¡Os queremos!

Introducción

La relación que existe entre un padre y su hijo es la más profunda, la más intensa y la más enriquecedora de todas las que conoce el género humano. Observando a nuestros hijos crecer, dejar de ser bebés para convertirse en adultos, experimentamos toda la gama de emociones posibles, desde la euforia más absoluta hasta la más profunda de las tristezas. La paternidad es algo complejo, y lo que experimentamos al criar a nuestros hijos pueden ser sentimientos encontrados, tanto buenos como malos. Nuestro objetivo al publicar este libro es servir de modelo e inspiración a todos los padres, así como expresar nuestro respeto hacia ellos. Queremos que se sientan bien como padres y que sepan que en los tiempos difíciles no están solos.

Durante los últimos dos años y medio hemos leído más de 5.000 relatos, hasta seleccionar los que ahora os presentamos. Nos ha impresionado y conmovido la profundidad de los sentimientos y la variedad de las experiencias que la gente compartió con nosotros. Hemos leído relatos que hablan de las alegrías de dar a luz, de la exaltación de ser padre primerizo y de las dificultades y la complejidad de la familia. La gente nos ha hablado de su profundo dolor por la pérdida de un hijo y nos ha contado cómo encontró la fuerza y el valor necesarios para seguir adelante.

Nos hemos enternecido leyendo emocionantes historias sobre las dificultades y los triunfos de ser padres de un niño "con necesidades especiales", así como relatos sobre la separación, por causa de la guerra, el divorcio o la adopción, de padres e hijos que, milagrosamente, volvieron a encontrarse más adelante.

Nos han enviado sus relatos padres de recién nacidos, de niños que aún gatean, de adolescentes y de adultos más o menos jóvenes; así como padres jóvenes, padres mayores, padres casados, padres solteros, padrastros, padres adoptivos y padres viudos.

Gracias a nuestro contacto con ellos nos hemos dado cuenta de que los autores de estos textos, por así decirlo, cerraron un ciclo personal al contar su historia. Confiamos en que, leyendo estos relatos, podáis extraer conclusiones que aplicar a vuestras propias vidas. Ojalá sintáis el milagro del amor y la inspiración al leer este libro. Ojalá se conmuevan vuestros corazones y vuestros espíritus, como nos ocurrió a nosotros.

Así pues, de todo corazón, os ofrecemos esta obra. Es un regalo para vosotros, padres de todo el mundo.

Si queréis compartir vuestra experiencia con nosotros...

Nos encantaría saber cuál ha sido vuestra reacción al leer las historias incluidas en esta obra. Os agradeceríamos que nos hicierais saber cuáles os han gustado más y en qué sentido os afectaron.

También os animamos a que nos enviéis relatos que os gustaría ver publicados en futuras ediciones. Podéis mandarnos textos escritos por vosotros mismos o historias escritas por otras personas, pero que os hayan gustado. Enviad vuestros textos a:

Chicken Soup for the Parent's Soul
P.O. Box 30880-P
Santa Barbara, CA 93130
Fax: 805-563-2945
Internet: *www.chickensoup.com*

También podéis visitar nuestra página web en America Online, tecleando la palabra clave "chickensoup".

Esperamos que disfrutéis leyendo este libro tanto como lo hemos hecho nosotros recopilándolo, editándolo y escribiéndolo.

1

LAS ALEGRÍAS DE SER PADRE

¿Qué don le ha concedido la providencia al hombre que le sea más preciado que sus hijos?

Cicerón

El jarrón

La herencia que les dejó a sus hijos no consistía en palabras ni en posesiones, sino en un secreto tesoro, el tesoro de su ejemplo como hombre y como padre.

Will Rogers

Hasta donde me alcanza la memoria, aquel jarrón siempre estuvo en el suelo del cuarto de mis padres, junto a la cómoda. Antes de irse a la cama, papá se vaciaba los bolsillos y echaba en el jarrón las monedas, que aterrizaban en su interior con un alegre tintineo cuando estaba casi vacío. Más adelante, el sonido iba convirtiéndose en un golpe sordo, según iba llenándose. Yo me agachaba delante del jarrón y admiraba los círculos de cobre y plata, que brillaban como el tesoro de un pirata cuando el sol entraba por la ventana de la habitación.

Cuando el jarrón estaba lleno, papá se sentaba a la mesa de la cocina y hacía paquetes con las monedas para llevarlos al banco. Siempre que íbamos al banco se reproducía la misma escena. Colocábamos las monedas entre papá y yo, apiladas cuidadosamente en una pequeña caja de cartón, en el asiento de su vieja furgoneta. Todas y cada una de las veces, papá me miraba con esperanza en los ojos. "Estás monedas te salvarán de la fábrica de textiles, hijo. Vas a hacerlo mejor que yo. No vas a quedarte atrapado en esta vieja ciudad industrial." Además, todas y cada una de las veces, en el banco, mientras deslizaba por el mostrador la caja con paquetitos de monedas hacia el cajero, sonreía con orgullo. "Son los ahorros para la universidad de mi hijo. Él no va a trabajar toda su vida en la fábrica, como yo."

Celebrábamos cada ingreso en el banco tomándonos un helado de cucurucho. Yo siempre pedía chocolate. Papá pedía vainilla. Cuando el dependiente de la heladería le daba el cambio, papá me enseñaba las monedas que tenía en la palma de la mano. "Cuando lleguemos a casa, empezaremos de nuevo a llenar el jarrón."

Siempre me dejaba que tirase las primeras monedas al jarrón vacío. Cuando rebotaban con un breve y alegre tintineo, nosotros nos sonreíamos. "Irás a la universidad a base de calderilla", me decía. "Pero irás. Yo me encargaré de eso."

Los años pasaron, y yo acabé la universidad y empecé a trabajar en otra ciudad. En una ocasión, estando de visita en casa de mis padres, hice una llamada desde el teléfono de su habitación y vi que el jarrón ya no estaba. Había cumplido con su objetivo y después lo habían quitado. Se me hizo un nudo en la garganta al mirar hacia el lugar junto a la cómoda donde siempre había estado el jarrón. Mi padre era hombre de pocas palabras y nunca me dio lecciones sobre el valor de la determinación, la perseverancia y la fe. Aquel jarrón me había enseñado esas virtudes con mucha más elocuencia de lo que podrían haberlo hecho las palabras más rimbombantes.

Cuando me casé, le hablé a mi mujer, Susan, sobre el relevante papel que había desempeñado en mi vida aquel humilde jarrón. Para mí era algo que definía, más que ninguna otra cosa, lo mucho que me había querido mi padre. Daba igual lo difíciles que se pusieran las cosas en casa, papá seguía tenazmente echando monedas al jarrón. Incluso durante un verano en el que lo suspendieron temporalmente de su empleo y mamá se vio obligada a prepararnos patatas viudas varias veces por semana, no se le escatimó al jarrón ni una monedita. Al contrario, cuando papá me miraba desde el otro lado de la mesa, echándole cátsup a mis patatas para hacerlas más tragables, se convencía más que nunca de que debía labrar un futuro para mí. "Cuando termines la universidad, hijo", me decía, "nunca más volverás a tener que comer patatas viudas, a no ser que quieras hacerlo."

Las primeras Navidades después de que naciera nuestra hija Jessica, pasamos las vacaciones con mis padres. Después de la cena, mamá y papá se sentaron el uno junto al otro en el sofá, turnándose para mecer a su primera nieta. Jessica se puso a lloriquear y Susan la cogió de los brazos de papá. "Probablemente haya que cambiarla", dijo, llevándose al bebé a la habitación de mis padres para cambiarle el pañal.

Cuando Susan volvió al salón, había un extraño brillo en sus ojos. Volvió a poner a Jessica en los brazos de papá, para después cogerme de la mano y llevarme en silencio a la habitación. "Mira", me dijo en voz baja, señalando con los ojos el lugar junto a la cómoda. Para mi sorpresa, allí estaba, como si nunca lo hubiesen quitado, el viejo jarrón, con el fondo ya repleto de monedas.

Caminé hacia el jarrón, me hurgué en el bolsillo y saqué un puñado de monedas. Embargado por emociones diferentes, las dejé caer en el jarrón. Al levantar la vista, vi que papá, trayendo a Jessica con él, se había colado en silencio en el cuarto. Nuestras miradas se cruzaron y en ese momento supe que él estaba sintiendo lo mismo que yo. Ninguno de los dos podía hablar.

A. W. Cobb

Los geranios del amor

Tú eres el espejo de tu madre, y ella rememora en ti los encantos de su primavera.

William Shakespeare

Al ser la quinta de siete hermanos, fui al mismo colegio público que mis tres hermanas mayores y mi hermano mayor. Todos los años, mi madre asistía a las mismas representaciones e iba a hablar con los mismos profesores. Lo único que cambiaba era el niño en cuestión. Y todos los niños participábamos en una vieja tradición escolar: la venta anual de plantas que tenía lugar a principios de mayo, justo antes del Día de la Madre.

La primera vez que me permitieron tomar parte en la venta de plantas, yo estaba en tercer curso. Quería darle una sorpresa a mi madre, pero no tenía dinero. Fui a hablar con mi hermana mayor, le conté mi secreto y ella me dio algo de dinero. Cuando llegué a la venta de plantas, elegí una con muchísimo cuidado. Me costó horrores tomar esa decisión e inspeccioné cada una de las plantas hasta asegurarme de que había escogido el mejor geranio. Después de colarme en casa con la planta, con la ayuda de mi hermana, lo escondí sobre el porche del vecino. Tenía mucho miedo de que mamá lo encontrase antes del Día de la Madre, pero mi hermana me aseguró que eso no ocurriría, y así fue.

Cuando llegó el Día de la Madre, yo no cabía en mí de orgullo al darle aquel geranio. Recuerdo cómo le brillaban los ojos y lo mucho que le gustó mi regalo.

Cuando yo iba a cumplir los quince, mi hermana pequeña estaba en tercer curso. A principios de mayo vino a hablar conmigo con mucho secreto para decirme que iba a haber una venta de plantas en el colegio y que quería darle una sorpresa a mamá. Como hizo conmigo mi hermana mayor, le di algo de dinero y allá se fue ella. Volvió a casa toda nerviosa, con el geranio escondido en una bolsa de papel, por debajo del jersey. "Miré bien todas las plantas", me explicó, "¡y estoy segura de que he escogido la mejor!"

Con una dulce sensación de déjà vu, ayudé a mi hermanita a esconder el geranio sobre el porche del vecino, asegurándole que mamá no lo encontraría antes del Día de la Madre. Yo estaba presente cuando le dio el geranio y pude observar que las dos estaban llenas de orgullo y de satisfacción. Era como estar en un sueño que ya había soñado. Mi madre vio que estaba observando y me dirigió una sonrisa cómplice. Con el corazón en un puño, le devolví la sonrisa. Me había preguntado cómo haría mi madre para sorprenderse cuando su sexto hijo le hiciese el mismo regalo que los anteriores, pero al ver sus ojos iluminándose de gozo cuando mi hermana le dio aquel regalo único, tuve la certeza de que no estaba fingiendo.

Harriet Xanthakos

El ratoncito Pérez

Los niños son apóstoles de Dios, enviados para predicar cada día el amor, la esperanza y la paz.

Jane Russell Lowel

Apartó la pequeña almohada roja y señaló la bolsita donde, en vez de su diente, había una moneda. "¡Mira, mamá! Mira lo que me ha traído el ratoncito Pérez. ¡25 centavos!"

Yo compartía su emoción y durante un rato charlamos sobre lo que haría con su recién adquirida fortuna. Volví a mis actividades en la cocina, pero él merodeaba por allí, en silencio, con una mirada pensativa en los ojos. "Mamá", me preguntó por fin, "¿de verdad existe el ratoncito Pérez o eres tú quien pone el dinero en mi almohada y se lleva el diente?"

Está claro que sabía que algún día tendría que contestar a preguntas de ese tipo, pero, a pesar de siete años de preparación, no se me había ocurrido ninguna respuesta adecuada. Traté de ganar tiempo preguntándole: "¿Qué crees tú, Simon?".

"Podría ser cualquiera de las dos cosas", razonó. "Parece algo que podrías haber hecho tú, pero también sé que existen cosas mágicas."

"¿Qué te gustaría pensar?", continué, todavía sin estar segura de si debía romperle el corazón o no.

"En realidad, no tiene mucha importancia", dijo con seguridad. "Me gusta de las dos formas. Si existe el ratoncito Pérez, eso está muy bien, pero si eres tú, pues tampoco está mal."

Llegué a la conclusión de que mi respuesta no iba a causar ninguna decepción, así que confesé que era yo su benefactora y él sonrió con satisfacción. Después le advertí que no se lo contara a su hermano pequeño, explicándole: "Cada niño debe creer en la magia hasta que esté preparado para formular la pregunta que tú me has hecho hoy. ¿Lo entiendes?".

"Sí", dijo, asintiendo. Se sintió muy orgulloso de asumir el papel de hermano mayor y yo tuve la certeza de que nunca metería la pata en eso de manera intencionada. Consideré la cuestión zanjada, pero él seguía merodeando por la cocina.

"¿Pasa algo más, Simon?", le pregunté.

"Sólo una pregunta más, mamá. ¿Lo sabe papá?"

Elaine Decker

Vamos a jugar con la cometa

Los padres son especialistas en lanzar piedras, revolcarse en el barro, hacer batallas de agua, trepar al techo, llevar a caballito, hacer carreras de aquí para allá. Los padres son contrabandistas y confidentes.

Helen Thomson

Cuando mi hijo era muy pequeño, alrededor de los cinco o seis años, yo viajaba mucho. Me preocupaba sobremanera la influencia que pudiera llegar a tener esa ausencia en su vida según fuera creciendo, por no hablar de lo que me costaba estar lejos de él y perderme todos los pequeños hitos de su infancia. Pero yo era consciente de lo importante que es para un niño tener a su padre cerca. Mi propio padre, aunque muy presente en mi vida, era callado y más bien reservado, por lo que yo apreciaba sobre todas las cosas los momentos especiales que pasábamos juntos, aquellas ocasiones en las que conectábamos al margen de los rigores de la vida cotidiana, que le robaban tanto tiempo. Yo adoraba aquellos momentos especiales e incluso hoy sigo atesorando esos recuerdos. Decidí que, ya que no podía pasar tanto tiempo como me gustaría con mi hijo, iba a hacer un esfuerzo consciente por crear ese tipo de momentos especiales entre nosotros dos.

Un año tuve que estar en Europa durante la mayor parte del verano, una de las épocas que más me costaba pasar fuera. Mi hijo no tenía clases y, para todas las familias, eran las vacaciones. Mi mujer trataba de suavizar la separación mandándome desde casa pequeños paquetes en los que metía fotos y notitas de mi hijo. En una ocasión me envió una chocolatina con un mordisco y una nota en la que se leía: "Comparto mi golosina contigo".

En una de mis cartas le prometí a mi hijo que le enseñaría a volar una cometa. Iríamos a una playa cercana y la haríamos volar tan alto como fuese posible. En mis viajes yo guardaría cosas para nuestra cometa y se las enviaría. Compré un par de manuales sobre cómo construir una cometa y se los mandé. Encontré madera de balsa y le envié un trozo de cada vez, empaquetado con mucho cuidado. Poco a poco, en cada carta o paquete que enviaba a casa, iba algo para nuestra cometa. Hacia el final de mi viaje, tuve que ir a Japón. Allí di con una preciosa seda azul bordada con hilo de oro. Era un material perfecto para la cometa. Lo envié a casa. Encontré también unos cordeles de colores fuertemente trenzados que resultarían perfectos para la cola. Los mandé a casa, junto con una pequeña figura de Buda que serviría de peso. Le dije que no tardaría mucho, que ya estaba en camino.

Llegué a casa una noche, muy tarde. Me metí en el cuarto de mi hijo y lo encontré profundamente dormido, completamente rodeado de todas las cosas que le había mandado para nuestra cometa.

Toda la semana siguiente la pasamos trabajando en nuestra obra maestra. Disfruté de cada momento. Todos los días había un rato reservado para estar los dos solos, en el garaje, después de cenar.

Al fin, un día la terminamos. Era preciosa. La seda azul la hacía muy elegante, parecía más una cometa de exhibición que un juguete. Hice todo lo que pude para evitar que mi hijo durmiera con ella aquella noche. "No querrás tumbarte encima y romperla, ¿no?" Él, pacientemente, intentó explicarme que no había ninguna posibilidad de que hiciera eso, porque, aunque estuviera profundamente dormido, en el fondo sabría que la cometa estaba allí y dormiría con cuidado. Al final accedió a dejarla en una silla, al lado de su cama. "Mañana iremos a jugar con ella, ¿verdad, papá?"

"Si el tiempo nos lo permite, sí." Le expliqué que se necesita viento para que la cometa se levante del suelo. Sinceramente, tenía miedo que hubiese pasado el buen tiempo. Hasta parecía que iba a llover.

"Mañana la volaremos, porque voy a rezar con todo mi corazón para que haga el mejor tiempo para las cometas." Cuando, más tarde, fui a ver cómo estaba, vi que había acercado la silla a su cama y que estaba durmiendo con la mano apoyada en su cometa.

Al día siguiente, el tiempo estaba dudoso. No soplaba ni la más mínima brisa. Mi hijo entró en la sala con la cometa en la mano. "¡Vamos, papá!" Salimos afuera. Yo tenía mis dudas, pero él estaba listo. Mientras íbamos hacia la playa, seguía sin hacer nada de viento. En cuanto pisamos la arena, se levantó un fuerte viento, de modo que pudimos elevar la cometa sin problemas. El viento siguió soplando, hizo un precioso día de sol y nos lo pasamos entero volando la cometa. "Te lo dije, papá." Él tenía razón. Nunca volveré a subestimar el poder de la oración de un niño.

Ahora mi hijo ha crecido y tiene sus propios hijos. El otro día quedamos para tomar un café. Aunque el mundo gira a toda velocidad a nuestro alrededor, seguimos intentando sacar tiempo para estar juntos. Mientras nos

tomábamos el café, mencionó que tenía algunas fotografías nuevas de su hija que quería darme. Cuando sacó
la cartera para buscarlas, algo se cayó. Me incliné para
recogerlo y dárselo. De pronto, caí en la cuenta de qué era
lo que mi hijo guardaba en su cartera y los ojos se me
llenaron de lágrimas. Cuando se lo di, él me sonrió. Una
oleada de recuerdos nos inundó a los dos mientras él se
guardaba en la cartera su tesoro: un trocito de seda azul
bordada con hilo de oro.

Robert Dixon
Según el relato hecho a Zan Gaudioso

El álbum de fotos

Un padre es un hombre acosado por la muerte, el miedo y la ansiedad. Pero, ante sus hijos, aparece como el refugio donde resguardarse del mal. Y hace que ellos siempre sepan que, pase lo que pase, todo saldrá bien.

Clara Ortega

Era una somnolienta mañana de domingo, el típico día en el que salir de la cama requiere un gran esfuerzo y en el que, al sacar por fin los pies y ponerlos en el suelo, la primera reacción es volver a meterlos bajo la ropa y enterrarse de nuevo debajo de la manta. A regañadientes, Marilyn y yo abandonamos el calor de la cama y bajamos a tomar un tardío desayuno. Cuando entramos en la cocina, Lori ya estaba haciendo los deberes en la mesa.

Hablamos sin mucha continuidad sobre temas generales. Marilyn y yo acabamos de desayunar y la habitación se quedó en relativo silencio, con los tres absortos en nuestros asuntos. Marilyn estaba tomando un café, yo leía el periódico y Lori escribía afanosamente en su libro.

Desde detrás de mi periódico oí que Lori cerraba sus libros de texto. Al levantar la vista, vi que se levantaba y empezaba a salir de la cocina. De pronto, se dio la vuelta y se puso frente a mí. "¿Por qué hay más fotos de Lisa que mías?", preguntó. Lisa es nuestra hija mayor.

Yo la miré, sin entender la pregunta. Lori se dio la vuelta y salió de la cocina. Cogido por sorpresa por la pregunta, miré a Marilyn. "¿Hay más fotos de Lisa que de Lori?" Marilyn levantó las cejas en señal de asombro. "¿Tú sabías que hay más fotos de Lisa que de Lori?", añadí.

Marilyn dijo: "Nunca las he contado. No lo sé."

"¡Críos!", fue mi primera reacción. "Te vuelven loco con preguntas tontas." Y volví a levantar el periódico para reanudar la lectura. "No puede haber muchas más fotos de Lisa que de Lori", murmuré tras el periódico, pero me costaba concentrarme en la lectura.

La reacción de Marilyn fue idéntica a lo que yo acababa de pensar: "No me había dado cuenta de que hubiera una diferencia significativa." Volví a bajar el periódico y pregunté: "Y, ¿por qué Lori habrá preguntado semejante cosa?"

Marilyn tan sólo agitó la cabeza y me miró. Después de pensarlo unos instantes, dijo: "Cuando Lisa nació, te gustaba la fotografía. Casi nunca salías sin la cámara. Cuando nació Lori, en cambio, hacías diapositivas en color. En algún lugar de la casa debe de haber cientos de diapositivas de Lori que ella nunca ha visto o que sencillamente no recuerda."

Tras digerir las observaciones de Marilyn, asentí. "Cuando Lori se vaya, buscaremos esas diapositivas. ¿Quién sabe? Puede que haya más diapositivas de Lori que fotos de Lisa", bromeé.

Después, por la tarde, cuando nos quedamos solos, fuimos al sótano, donde habíamos acumulado las cajas traídas de nuestra antigua casa. No tardamos mucho en descubrir las diapositivas y pasamos el resto de la tarde separando aquéllas en las que destacaba Lori.

"¿Qué vas a hacer", me preguntó Marilyn.

"Dentro de poco es su cumpleaños", le dije. "Vamos a seleccionar unas cien diapositivas de Lori y a ponerlas en un álbum para regalárselo. No sé si el álbum contestará a su pregunta, pero por lo menos sabrá que nos hemos preocupado de buscarle una respuesta."

Los días siguientes, repasamos en secreto todas las diapositivas, seleccionando y rechazando fotos hasta que estuvimos completamente satisfechos. Marilyn llevó las diapositivas a que las pasaran a papel. Cuando estuvieron listas, las colocamos en un álbum. Cuando lo terminamos, lo escondimos hasta el día de su cumpleaños.

El álbum nos trajo recuerdos de los primeros días de nuestro matrimonio y esperábamos que mostrase lo que sentíamos por nuestra hija. Lo que había empezado como una pregunta sorprendente se había convertido en una necesidad de hacerle saber lo mucho que la queríamos, a pesar de no haber sabido demostrárselo.

El 24 de noviembre, al pasar por el cuarto de Lori antes de ir a trabajar, abrí la puerta y deslicé el álbum dentro, dejándolo en la alfombra. Con él iba una nota en la que su madre y yo le explicábamos por qué habíamos preparado ese álbum. Salí de casa y me fui a trabajar.

Hacia las ocho sonó el teléfono de mi despacho. Pronuncié el nombre de mi empresa y pregunté: "¿Puedo ayudarle en algo?".

Al otro extremo del hilo, una vocecita habló con evidente dificultad. "Te quiero, papá", dijo, y colgó. El receptor siguió junto a mi oreja durante unos minutos más, hasta que por fin lo puse en su sitio. Nuestro mensaje había sido recibido y descifrado.

Alvin Abram

El Plato Giratorio

Al examinar tu vida, descubres que las mayores felicidades son las que proporciona la familia.

Dr. Joyce Brothers

Uno de los platos estaba defectuoso y deberíamos haberlo cambiado cuando compramos la vajilla, pero para cuando descubrimos el defecto que tenía, hacía ya tiempo que habíamos tirado el envoltorio y el recibo de compra. Cada vez que alguien lo tocaba con el cubierto, una pequeña protuberancia en su base hacía que se pusiese a girar. Esto obligaba al desafortunado comensal a sujetar el plato en su sitio mientras intentaba al mismo tiempo manejar el tenedor y el cuchillo. Aunque había ocho platos y nosotros éramos sólo cuatro, el plato hacía aparición en la mesa con molesta regularidad. Empezamos a elucubrar trucos para evitar que nos tocase el temido Plato Giratorio en nuestro sitio de la mesa. Los niños empezaron a ofrecerse a poner la mesa como astucia para designar tanto su sitio como el del plato. Lo primero que hacía la última persona que se sentaba era inmediatamente comprobar la estabilidad de su plato, lo que a menudo provocaba una serie de lamentos: "¡Ay! A mí me tocó ayer por la noche. ¿No quedan más platos limpios? ¡Yo no quería sentarme aquí!". Incluso tengo que admitir que alguna que otra vez llegué a compadecerme de mí misma cuando me tocaba el plato maldito.

Harto de oír quejas, mi marido decidió una noche intentar poner fin a las lamentaciones o, por lo menos, compensar al que le tocase el plato. "A partir de ahora", anunció, "al que le toque le daremos un montón de besos." Entonces se volvió hacia nuestra hija, a quien aquella noche había caído en suerte el plato, y la besó cariñosamente en las dos mejillas. Nos animó a mi hijo y a mí a hacer lo mismo. En vez de sentirse la víctima desamparada de una vajilla defectuosa, nuestra hija se sintió especial y ése fue el comienzo de un cambio radical en nuestra actitud hacia el Plato Giratorio.

Los niños siguieron intentando cambiar el sitio del plato, pero por un motivo totalmente diferente. Cuando todos estábamos sentados, alguien sonreía con orgullo, proclamando "Me ha tocado el Plato Giratorio", y lo hacía girar, como si alguien pudiera disputarle ese privilegio. Si sabíamos que algún miembro de la familia había tenido un día especialmente duro, poníamos el Plato Giratorio en su sitio a propósito. Después de una ronda de besos, empezábamos a cenar habiendo limado, o quizá incluso olvidado, los problemas.

El Plato Giratorio tuvo una muerte precoz, debida quizá a que lo usábamos más que los otros, y con él se acabó el ritual de los besos en la cena. No me había dado cuenta de la importancia de la pérdida del plato hasta hace poco. Un día salimos a cenar con los niños y, cuando el camarero colocó delante de mi marido su plato, éste dio un giro familiar. Las caras de los niños se iluminaron cuando le di a mi marido los besos que le correspondían, de modo que decidí reemplazar nuestro Plato Giratorio en cuanto pudiese. Algo que todos los días nos sirviese para recordarnos el afecto que sentimos los unos por los otros. Todos necesitamos besos de vez en cuando.

Lori Broadfoot

Café con leche y galletas Oreo

Las palabras que un padre les dice a sus hijos en la intimidad del hogar no las oye el mundo, pero, como en galerías con eco, se oyen claramente al final y quedan para la posteridad.

Jean Paul Richter

Me gusta la última hora de la tarde, cuando la casa se calma y los niños se sosiegan después de los gritos, las risas, las canciones y los saltos del viaje que han hecho a lo largo del día a través del colegio, el aprendizaje y el juego. La tarde puede terminar viendo la televisión o jugando al escondite (lo que quiere decir que los niños se esconden en los sitios de siempre y yo hago como si no los encontrase). Algunas noches hacemos algún juego, otras noches leemos libros. Últimamente, como Sarah ha empezado a sentirse segura en la lectura, le gusta que la escuche leer *Huevos verdes con jamón* o *El cuento de Perico el Conejo*. Resulta agradable encontrar un momento para sentarnos juntos después del ajetreo del día y del barullo de la cena, en la que todo el mundo intenta contarle al mismo tiempo a los demás lo que ha hecho.

Y, algunas tardes, sencillamente nos sentamos y pasamos el rato juntos.

Sarah, Max y yo estábamos sentados a la mesa de la cocina una tarde, a punto de hacerse de noche. Estábamos comiendo galletas Oreo, separando las dos mitades, chupando y masticando el relleno, y después comiéndonos los bordes de cada mitad en círculos concéntricos hasta que sólo nos quedaban pequeños trocitos de galleta.

Para acompañar el chocolate y el relleno, Sarah contaba con un gran vaso de leche y los hombres teníamos sendas tazas de café con leche (para Max, la mitad de leche y la mitad de café descafeinado, con un poco de azúcar, y para mí, una cucharada de leche, edulcorante artificia–para ayudar a compensar lo de las galletas–y un montón de descafeinado en una taza del tamaño de un tiesto pequeño).

Había algo extraordinariamente relajante en el hecho de estar sentado con mis hijos al final del día. Ya habíamos cenado; nos habíamos deshecho de los platos gracias a nuestra particular fregona eléctrica (el lavaplatos); Sarah acababa de darse una ducha y estaba enfundada en su camisón (el de la Sirenita); y Max estaba recién bañado, con las mejillas sonrosadas y muy a gustito con su pijama. De vez en cuando, dejaban la disección de las galletas para mirarme y me pillaban observándolos. Y me dirigían unas sonrisas asombrosas, algo así como absolutamente encantadoras pero con un toque de picardía, para que supiera que no son del todo angelitos. Vivo para tener momentos como ésos.

Los niños y yo hablamos de todo tipo de cosas a esa hora de la noche. De lo que hemos hecho hoy, de lo que han aprendido en el colegio, de lo que Max quiere para su cumple (para el que normalmente aún faltan seis meses cuando lo menciona), de cuáles son en este momento los mejores amigos de Sarah en el cole, y a veces hasta hablamos de lo que he hecho yo durante el día. No entienden demasiado bien las ocupaciones de un ingeniero, pero por lo menos fingen que se interesan. En ocasiones, sin embargo, las conversaciones tratan asuntos serios.

Mis hijos tienen mentes curiosas que profundizan en temas muy diversos. Quieren saberlo todo sobre la ciencia y la electricidad. Están especialmente interesados en las cosas que hacen que el mundo marche. A veces entramos en una compleja discusión sobre cómo funciona una cosa o cómo ocurrió algo, y tenemos que rastrear el diccionario o algún libro de ciencias para ver si podemos descubrir la verdad sobre el asunto.

Otras veces, sin embargo, Max y Sarah prefieren lidiar con las cuestiones más profundas de la vida, las verdades filosóficas. "Papá", me preguntó Max aquella noche en concreto, "¿estás haciéndote viejo?" Así sin más, sin prepararme.

Admití que cada día envejecía. Algunos días la espalda me duele más que otros, de vez en cuando las rodillas me crujen de una forma horrorosa y me he dado cuenta de que algunas de las arrugas que se me forman en la cara cuando sonrío siguen ahí cuando dejo de hacerlo. Supongo que estoy haciéndome viejo. Le pregunté a qué se refería con "viejo".

"Tus manos son viejas", dijo, cambiando ligeramente de tono mientras me cogía el pulgar izquierdo y me levantaba la mano para que la examinase de cerca. "Mira, papá, tus manos están arrugándose y tú estás haciéndote viejo. ¿Vas a morirte pronto?" Envuelta en la más absoluta inocencia, con los ojos abiertos, una pregunta seria.

Bueno, no tengo las manos tan arrugadas, en realidad casi nada, pero dije que esperaba que mi fin no estuviese demasiado próximo. Pero podría ocurrir, les dije. Podría sufrir un accidente o contraer una enfermedad grave. A veces la gente se muere sin más, les expliqué, pero había muchas posibilidades de que yo fuera a vivir mucho más tiempo. ¿Y por qué quería saberlo?

"Sólo preguntaba. Estás haciéndote viejo, como los abuelos, y algún día te morirás, pero primero, ¿puedes esperar hasta que yo tenga hijos para que seas su abuelo y podamos todos comer galletas y beber café con leche juntos?"

¿Cómo podría haberme negado a una petición así?

Los metí en la cama con nuestro ritual nocturno, que consistía en soltarlos de modo que rebotasen un poquito, arroparlos hasta el cuello y que después volviesen a llamarme al menos dos veces (para que les llevase otro vaso de agua fresca, les diese un beso o un abrazo más o sencillamente para bromear conmigo y reírse). Para ellos es una forma agradable de irse a la cama. Entonces me retiré a mi despacho en el sótano para meditar el tema de la noche.

¿Soy viejo? ¿Voy a morir pronto? ¿Moriré algún día? Esta última pregunta tiene por respuesta un rotundo sí: algún día moriré, y probablemente sea ésa la última decepción, no poder seguir aprendiendo y experimentando para siempre. Pero si duro bastante tiempo como para poder sentarme a la mesa de mi cocina, bebiendo café con leche y comiendo galletas Oreo con mis nietos, eso me basta.

Hunter S. Fulghum

Papá

Había oído hablar de gente que experimenta dolores por simpatía o que aumenta de peso cuando su pareja está en las últimas fases del embarazo. Nunca lo creí hasta que ocurrió en nuestra casa.

Cuando estaba esperando mi segundo hijo y a punto de terminar el embarazo, se hizo evidente que la cintura de mi marido había empezado a competir con la mía.

Una mañana estábamos en la cocina con nuestra hija Courtney, que entonces tenía tres años, y nos dimos cuenta de que nos miraba con curiosidad. Aunque la habíamos aleccionado a menudo sobre la llegada de su hermanita, parecía sentirse confusa por algo. Courtney miraba a su padre y después a mí. Y otra vez volvía a observar a su padre. Reflexivamente, y con toda la seriedad de la que puede hacer acopio una niña de tres años, preguntó: "Papá, ¿y tú cuándo vas a tener tu bebé?".

Laurin Broadbent

El juez de los tebeos

Todos los niños son en el fondo unos acaparadores y pocas veces quieren compartir. Todo lo que ven lo quieren y se lo guardan.

El otro día mi hija de cinco años estaba enumerando sus posesiones cuando sacó su colección de tebeos.

"Éste es mío y éste es mío y éste es mío y ...", repetía, como en una letanía, cogiendo los cómics uno a uno.

"Espera un momento", le dijo mi mujer. "Ése no es tuyo, es de Richard."

"No, es mío. ¡Es mío!", insistió Jane.

"Es de Richard, tiene su nombre escrito."

"Es mío."

"No es tuyo. Mira, está escrito ahí, bien clarito: Richard." Jane no se rindió ante las evidencias.

"Me da igual. Es mi pila de tebeos y es mío", se obstinó.

"Tienes que devolvérselo a Richard", replicó mi mujer.

"No."

"¿No te pondrías furiosa si Richard tuviera algo tuyo y no te lo devolviera?"

Entonces Jane se echó a llorar, su reacción normal en casi todas las discusiones.

"Pero, ¡es mío!", gimió. "Me lo regaló la abuela."

"No, no te lo regaló la abuela. Fue un regalo de Navidad para Richard. Me acuerdo perfectamente... Quiero decir que reconozco la letra de Papá Noel. Puso el nombre de cada uno en un tebeo para vuestras colecciones."

Más lágrimas. Más alaridos. Más Bette Davis. Y se agarraba cada vez con más fuerza al cómic.

La acusación procedió a cerrar el caso llamando a un testigo imparcial (el hermano mayor de Jane, Stephen) para pedirle que comprobase el nombre escrito en el tebeo.

"Richard", juró.

Ni Perry Mason habría sido capaz de ayudar a Jane después de ese testimonio acusador.

El veredicto.

"Tienes que devolverle el tebeo a Richard", sentenció mi Salomón doméstico.

A continuación siguió un discurso sobre los derechos del prójimo, las numerosas ventajas de ser honesto (sobre todo en el más allá) y, por último, la amenaza de fatales consecuencias si Jane no entregaba el cómic.

"Y ahora, por última vez, ¿de quién es ese tebeo?", preguntó mi mujer.

"De Richard", admitió Jane con resentimiento.

Entonces llamamos a Richard, que estaba en el jardín.

"Adelante", mi mujer animó a Jane. "Ya sabes lo que tienes que hacer."

"Toma tu tebeo, Richard", dijo Jane.

"No lo quiero", contestó Richard, y salió corriendo a reunirse con sus amigos.

Caso siguiente.

Gary Lautens

A vueltas con el coche

Puedes aprender muchas cosas con los niños.
Hasta dónde llega tu paciencia, por ejemplo.

Franklin P. Jones

Uno de los momentos culminantes de la vida de cualquier padre es enseñarle a sus hijos a conducir.

Yo estoy llegando a ese momento precisamente ahora, y es comparable a los dolores del parto y las entrevistas con los profesores.

Cuando mi hijo recibió el permiso para hacer prácticas con un adulto, mi vida cambió.

Ahora ya no conduzco. Voy dando tumbos. Mi hijo y yo llevamos una semana dando tumbos por toda la cuidad porque, según él, algo raro le pasa al coche.

"Al embrague le pasa algo raro", me dice cada vez que llegamos dando tumbos a la siguiente plaza de aparcamiento, o sea, prácticamente siempre que intenta arrancar el coche.

En las ocasiones en que consigue que arranque, por lo general mete la segunda y a continuación deja de preocuparse por el cambio de marchas.

"Estamos cogiendo velocidad", le digo. "Deberíamos pasar a tercera."

Pero él no quiere hacerlo porque eso significaría que en algún momento tendría que volver a enfrentarse con el cambio de marchas y pasar de nuevo a segunda.

"Pasa algo raro al meter tercera", dice. "Me quedo en segunda."

De modo que, cuando finalmente conseguimos que el coche, siempre dando tumbos, se ponga en movimiento, entonces vamos zumbando por todo el pueblo a velocidad regular y en segunda.

Enseñarle a mi hijo a conducir nos ha unido mucho. Antes de que empezara a hacer prácticas, nunca le apetecía hacer determinadas cosas conmigo, como por ejemplo acompañarme al centro a comprar un cartón de leche.

"¿Quieres acompañarme al centro a comprar leche?", le decía antes. "Pues, no. La verdad, no creo que me apetezca mucho." En aquella época, acompañarme a comprar un cartón de leche no era una de sus actividades preferidas.

Pero, ahora, cuando intento escabullirme con las llaves del coche, él es capaz de oír el tintineo mejor que los perros. Y de pronto ya está en la entrada, ansioso por pasar un rato estupendo conmigo acompañándome a comprar leche. Y eso significa que vamos a pasarnos un buen tiempo juntos en el coche.

Y eso porque no sólo tenemos que ir a todas partes en segunda, sino que además no podemos sacar el coche hasta que haya terminado de hacer ajustes en él. Toda la gente que está aprendiendo a conducir tiene que hacer ajustes antes de poder ponerse en marcha.

Le hacen complicados ajustes a los asientos, por ejemplo. Hacia delante. "Demasiado cerca." Hacia atrás. "Demasiado lejos." Hacia delante. "Demasiado cerca." Hacia atrás. "Demasiado lejos." Pueden pasarse unos dos o tres minutos deslizándose hacia delante y hacia atrás, sin llegar nunca a "sentirse a gusto".

"A este asiento le pasa algo raro", me asegura mi hijo.

Y se pasa un tiempo desmesurado ajustando el espejo retrovisor. Mi hijo ajusta el espejo retrovisor con la misma precisión con la que fue ajustado el telescopio Hubble antes de que lo enviaran al espacio. Su espejo retrovisor está absoluta y totalmente ajustado.

Lo que sin embargo resulta más bien irónico, porque nunca lo usa.

También he pasado mucho tiempo conduciendo marcha atrás, sin que esto tenga nada que ver con el espejo retrovisor. Lo que, para mi hijo, hace diferente la marcha atrás es que, en vez de ir dando tumbos, sencillamente sale despedido.

La primera vez que intentó sacar el coche marcha atrás, pasó de 0 a 60 en dos segundos y medio y no paró hasta que chocó con la canasta.

"A la marcha atrás le pasa algo raro", me dijo.

Además, he aprendido a ver con nuevos ojos las carreteras de la zona. Antes daba por sentado que todas las carreteras eran lo bastante anchas para que pasaran dos coches que iban cada uno en un sentido. Pero, viendo a mi hijo desviarse hacia el arcén cada vez que se cruza con un coche, me he dado cuenta de que tenía una visión limitada del asunto.

"¿Por qué te has salido de la carretera?", le pregunté la primera vez que noté esa costumbre.

"A ese conductor le pasa algo raro", me contestó.

Ayer por la noche mi hijo me anunció que cree que está preparado para la autopista.

Le dije que no estaba de acuerdo, por lo menos hasta que no quisiera empezar a usar la tercera y la cuarta. No acabo de comprender qué sentido tendría ir zumbando por la autopista en segunda.

Se sintió molesto por mi fastidiosa preocupación por seguir con vida.

"A ti te pasa algo raro", me dijo.

Y en eso seguro que no se equivoca.

Beth Mullally

Estoy bien

*La maternidad es la experiencia más emocio-
nante de la vida. Es como unirse a una especie
de mafia femenina.*

Janet Suzman

La casa, hecha un desastre; los platos, mugrientos.
Ya paso de los treinta, estoy vieja para esto.
El coche no está limpio, tengo el pelo fatal
y no sé si a fin de mes podré llegar.

Los niños son ruidosos, hay que hacer la colada
y nunca tengo tiempo para una escapada.
A pesar de que hago mucho, no es bastante nunca,
siempre parece revuelto, no se termina nunca.

Me miré al espejo, y ¿qué es lo que vi?
Una extraña vieja y preocupada en vez de mí.
Cuanta más prisa me doy, menos hago.
Hoy es mañana y aún no he terminado.

Mis hijos a tal velocidad están creciendo
que estoy perdiéndome su infancia para llegar a tiempo.

Trabajo y limpio y cocino y luego tengo que gritar:
"¡Hincad los codos! ¡Ordenad el cuarto!" No hay tiempo
    para jugar.

El Señor, por algún motivo, me escogió a mí para cuidar
a tres de Sus hijos, ¡pero no sé si lo podré lograr!
Tengo que calmarme para hacer mi papel de madre
antes de que hagan las maletas y todos se larguen.

Soy sólo una persona, pero si te fijas,
¡la que parece una se multiplica!
Soy conductora, cocinera, jardinera,
profesora, árbitro y hasta enfermera.

A veces olvido que, muy dentro de mí,
hay una mujer que siente y no deja de gemir.
Sin que la aprecien, se siente sola y cansada,
quiere ver florecer las semillas plantadas.

Entonces, entre la confusión de este ritmo loco,
mis niños me miran directamente a los ojos
y, justo cuando lo necesito, todos a la vez,
me dicen "Mamá, te quiero" y, entonces, ¡estoy bien!

Rabona Gordon

2

AMOR DE MADRE

De pronto llegó ella. Y yo había dejado de ser una embarazada para convertirme en madre. Antes de eso no creía en los milagros.

Ellen Green

Convertirse en madrastra

Los niños pueden crecer en una gran variedad de tipos de familias: se desarrollan plenamente con padres solteros, con padres que no están casados, con varios adultos a su cargo y con familias tradicionales biparentales. Lo que los niños necesitan son adultos que los quieran y se preocupen por ellos, y no un tipo determinado de familia.

Sandra Scarr

Cuando aparecieron en la puerta los hijos de mi marido, con sus maletas llenas de ropa sucia, sus expedientes médicos y la confusión impresa en sus jóvenes rostros, se hizo evidente que no venían sólo a cenar. En los largos (larguísimos) segundos que siguieron a su llegada, tuve que elegir entre varias opciones. Una era encerrarme en mi cuarto a leer todos los libros que había querido leer en mi vida sin llegar a encontrar nunca tiempo para hacerlo. Otra era abandonar al hombre con el que me había casado para lo bueno y para lo malo. Y otra era sonreír, asumir las responsabilidades que se presentaban ante mí y empezar con su colada.

Huelga decir que escogí la tercera opción. Salí y me fui a comprar detergente para ropa en envase familiar, tres barras de pan, una tonelada de fiambre, un quintal de fruta y varias bolsas extra grandes de patatas fritas. Y me lancé de cabeza a mi papel de madrastra.

Por desgracia, los modelos de madrastras que tenía eran los de los cuentos de hadas. Y yo no quería ser como esas madrastras.

En realidad, ni siquiera tenía demasiada experiencia como madre *verdadera*. Mi hija sólo tenía dos años y medio y yo aún estaba aprendiendo lo absorbente que puede llegar a ser un hijo.

Lo que lo hacía todo aún más difícil era que, a pesar de que yo había aceptado mi responsabilidad con respecto a aquellos niños, ellos todavía no me habían aceptado a mí. Allí estaban, un niño de seis años y una niña de ocho, observándome, examinándome, esperando que yo hiciera todas las cosas que hacía su madre y preguntándose, ante todo, por qué ella los había mandado a vivir con nosotros.

Ellos no habían pedido venirse a vivir con su padre y conmigo. Según iban transcurriendo los días, yo me daba cuenta de lo mucho que echaban de menos a *su otra madre*, y eran demasiado jóvenes para vérselas con sentimientos de ese tipo. Algunos días no tenía ni ganas de verlos, y me avergonzaba admitir que me sentía así.

Al principio, se ponían tan nerviosos en mi presencia como yo cuando estaba con ellos. Por supuesto, ya nos conocíamos. Habíamos hecho muchas excursiones al zoo o a la playa. Habíamos ido de picnic y habíamos salido juntos a cenar. Habíamos jugado al escondite. Les había leído cuentos y los había arropado en la cama. Pero, en todas esas ocasiones, habían sido mis invitados, y yo había sido una amiga especial de su padre. Lo que teníamos que lograr a partir de entonces era hacernos amigos y descubrir los límites de nuestra nueva relación.

Por otra parte, también había que tener en cuenta a mi propia hija. Y fue a través de ella como finalmente aprendí a ser su madre.

De repente, mi hija tenía un hermano y una hermana. No un hermanastro y una hermanastra, sino sencillamente un hermano y una hermana. Yo había sido su madre, y a partir de ese momento era también la de ellos. Cuando le preguntaban si tenía hermanos, ella contestaba que sí, sin matizar la respuesta ni dudar un momento.

Era demasiado pequeña para entender la situación de otra manera. Además, ¿es que había otro modo de entenderla?

Al principio, sí. Porque, daba igual cuánto me esforzase, seguía actuando como una versión de mí misma creada por los hijos de mi marido. Aunque hacía todo lo que debe hacer una madre (preparaba la comida, hacía la colada, corregía los deberes), nunca era suficiente.

Los veía jugar a que eran huérfanos o hijos adoptivos. Por las noches oía a mi hijastra murmurar sobre mí. Les decía a los otros niños lo mala que era yo. Que no tenía un pelo normal, como tienen que tenerlo las madres, y que le ponía demasiada mostaza en los bocadillos. Yo era demasiado delgada y demasiado ruidosa. En otras palabras, yo era todo lo contrario que su verdadera madre. Supongo que esa descripción se acercaba mucho a la de la malvada madrastra de los cuentos.

En aquellas ocasiones, me alejaba de su cuarto con el corazón en un puño. Y, mientras ellos jugaban a que se mudaban de casa, yo lloraba hasta quedarme dormida.

Y entonces ocurrió algo. El ritmo de la vida se impuso a todo lo demás.

Empezamos a llenar álbumes de fotos y a crearnos recuerdos. Los días fueron acumulándose uno tras otro. Empezamos no sólo a parecer una familia, sino a sentirnos como una.

Y, definitivamente, sí que parecíamos una familia. El dentista no notaba ninguna diferencia cuando estaba empastándole una caries a alguno de los niños, que me cogía la mano. El cajero del supermercado sólo veía a tres críos bulliciosos que se peleaban por un paquete de galletas y le chillaban a su madre para que interviniera.

A veces me entraban ganas de gritar: "¡En realidad no son míos!". Pero, ¿a qué madre no le ocurre eso?

¿Qué madre no tiene días en los que sus hijos la vuelven loca?

Cuando la enfermera del colegio llamaba para decirle a mamá que su hijo tenía fiebre, era yo quien aparecía por allí. Me iba a todos los partidos de fútbol americano de mi hijo a sentarme en un incómodo banco y ver cómo él se sentaba en otro.

Llevaba a mis hijas de puerta en puerta para que vendieran las galletas de los Scouts. En Halloween, caminaba con ellos por las calles desapacibles.

"Entonces, ¿cuántos hijos tienes?", me pregunta alguien. "Tres", contesto, "un niño y dos niñas." Digo sus nombres. Y lo dejo así.

Claro que hay una complicación que las otras familias no tienen. Algún día podrían irse y dejarnos solos. Pero todos los hijos se marchan de casa algún día.

Ahora que soy una profesional en la materia, el otro día una amiga que acaba de convertirse en madrastra me preguntó: "¿Conseguiré gustarles algún día?"

"Primero, tienen que gustarte ellos a ti", le dije. "Y no pienses que una madrastra es menos que la madre que les dio la vida."

Porque cuando te enfrentas a las cosas básicas, a la ropa sucia y las rodillas con costras, no hay ninguna diferencia entre la madrastra y la madre biológica. Lo que importa es que hay una madre que quiere y que se preocupa.

Janie Emaus

La otra madre

Amar a un niño es un círculo. Cuanto más das, más recibes y más quieres dar.

Penelope Leach

Nací en 1931, la menor de seis hermanos, y tuve que aprender a compartir el cariño de mis padres. Criar a seis hijos durante los años de la Depresión hizo mella en la relación de mis padres y, cuando yo tenía 18 años, se divorciaron. Papá nunca había tenido una relación estrecha con sus hijos y se alejó aún más de nosotros después del divorcio.

Algunos años más tarde apareció en su vida una mujer maravillosa y se casaron. Ella tenía dos hijos, y uno de ellos todavía vivía con ella. Bajo su influencia, nos convertimos en una familia mezclada y se desarrolló una buena relación entre las dos familias. Siempre nos trató como si fuésemos sus propios hijos.

Fue por causa de nuestra otra madre (la segunda esposa de papá) por lo que él se acercó más a sus propios hijos. Compartieron 25 años de sus vidas antes de que nuestro padre falleciera. Cuando murió, se planteó la cuestión de si mi madre (la primera esposa de papá) debía asistir al funeral.

Nunca olvidaré el cariño incondicional que demostró mi madrastra cuando le pregunté si le importaba que mi madre asistiera al funeral de papá. Sin pensárselo dos veces, inmediatamente contestó: "Pues claro que no, cariño. Es la madre de mis hijos."

Jewel Sanders

Papá es pelirrojo

Una joven llamada Mary dio a luz a su primer hijo y, como su marido era militar y estaba de servicio, después del parto pasó un par de semanas en casa de sus padres.

Un día, Mary le mencionó a su madre que se sorprendía de que el bebé tuviese el pelo rojizo, ya que tanto ella como su marido eran rubios.

"Bueno, Mary", dijo la abuela, "recuerda que tu padre es pelirrojo."

"Pero, mamá", contestó Mary, "eso no cambia nada, porque soy adoptada."

Con una ligera sonrisa, la madre pronunció las palabras más dulces a los oídos de su hija: "Siempre se me olvida."

The Best of Bits & Pieces

Vivo con un extraterrestre

Los padres son los huesos con los que los hijos se afilan los dientes.

Peter Ustinov

En mi casa vive un extraterrestre. No tiene ni tres ojos ni seis piernas. No muda de piel por las noches para dejar al descubierto un cuerpo peludo y lleno de escamas. Ni tampoco se alimenta a través de un agujero en la nariz.

Pero sí que cambia de humor con bastante frecuencia. De hecho, en menos de un segundo puede pasar de reírse a carcajadas sin poder controlarse a desgañitarse gritando y dar portazos. Se comunica por medio de un lenguaje no verbal que consiste en movimientos de los ojos, encogimientos de hombros y algún que otro ocasional gruñido, aderezado con palabras como "tío" o "colega". Además, engulle la comida como si fuera a evaporarse antes de llegarle a la boca.

A estas alturas cualquier persona que conviva con una de estas criaturas sabrá que estoy refiriéndome a un adolescente. En concreto, al adolescente demasiado joven para conducir pero demasiado mayor para que lo vean por ahí en el coche de su madre.

"Déjame aquí, mamá. Ya estoy bastante cerca." Dios prohibió que fuera visto en el coche con una madre de carne y hueso.

Las hormonas le corren por el cuerpo como si de una montaña rusa se tratara, convirtiéndolo en un verdadero extraterrestre, incapaz de relacionarse con el resto de su familia, por lo demás perfectamente normal.

Es capaz de comerse un paquete de galletas, dos pasteles de carne y un burrito, y beberse un cuarto de litro de leche antes de la cena, para después quejarse de que no queda nada de comer en casa.

Deja cuencos de gelatina debajo de su cama hasta que se convierten en cultivos de hongos cuyo olor ninguna criatura viva debería verse obligada a respirar.

Es el centro de su extraño mundo y ninguna otra persona lo entiende. En los últimos años he llegado a aceptar su existencia como miembro de la comunidad extraterrestre. He ido viendo cómo crecía hasta igualarme en altura y después superarme, y cómo dejó de usar ropa de niño para pasarse a los vaqueros. He podido ir oyendo cómo pasaba de las melodías de Barrio Sésamo a los temas de raperos de barrio.

He pasado de bañar a sus amigos imaginarios a recordarle que se duchara antes de ir al instituto.

Y no habría ningún problema si pudiese vivir con él. Pero esa palabra, "si", marca una gran diferencia.

Si yo, su madre, pudiera seguir siendo yo misma mientras él se transforma en un hombre adulto... Pero parece que eso es imposible.

Me doy cuenta de que, por mucho que lo intente, no soy capaz de mantener la calma ante la visión de su ropa esparcida por todas partes, de un paquete vacío de mis panecillos favoritos o de sus inocentes encogimientos de hombros y movimientos de los ojos.

Aunque sé que llegará un día en que termine todo esto,

pierdo los estribos. Me miro al espejo y veo el rostro de un extraterrestre. ¿Qué me está pasando? Grito sin poder controlarme. Vocifero diciendo palabras sin sentido.

Como es lógico, lo comprendo.

Él ha llegado a ese punto de su vida donde comienzan los recuerdos de la mía. Me acuerdo de aquellos desengaños. De la visión de un enorme grano el día de una cita importante. De las llamadas nocturnas. De las palpitaciones al cruzarme con el chico que me gustaba, sin que él ni siquiera se fijara en mí. De la indecisión, la inseguridad y aquella permanente tensión sexual. Yo también he pasado por ello. Pero sólo con eso no basta para ayudar.

No estaría de más de vez en cuando un "Gracias, mamá", un beso en la mejilla y un "Te quiero".

Y, ¿sabéis una cosa? A veces ocurre. Cuando menos me lo espero, viene y me planta un suave beso en la mejilla. Y un momento después ya vuelve a estar en comunicación con la nave espacial.

A veces rezo para que vengan y se lo lleven. "Que crezca", ruego, "y después me lo devolvéis. Más alto, más sensato, con barba y con sus propios hijos".

Después voy a su cuarto vacío y escucho los sonidos que dejaría atrás. El "bip-bip" de la consola de juegos. Los susurros al teléfono a altas horas de la noche. La música que resuena al otro lado de la puerta. Allí de pie, en el centro de su mundo, de su caos, me doy cuenta de que algún día se irá.

Dejará atrás estas cosas que yo recuerdo y tendrá nuevas vivencias. Algunas por las que yo también he pasado y otras que no he vivido.

Y algún día tendrá su merecido. Un buen día un extraterrestre se mudará a su casa, se comerá toda su comida e irá por la vida como si nadie lo entendiese.

Y querrá a ese chico tanto como yo lo quiero a él.

Janie Emaus

Un momento para el amor

*La mejor manera para amar algo es darse
cuenta de que podríamos perderlo.*

G. K. Chesterton

"Cuando tu hijo menos merece tu amor, es cuando más
lo necesita."

Una y otra vez, me venía a la mente la sabiduría de mi
propia madre. Sus palabras me resonaban en la cabeza,
empujándome hacia delante, dándome determinación y
valor.

Luchaba por contener las lágrimas mientras acercaba la
furgoneta alquilada a los desgastados escalones de la casa
destartalada en la que se reunían los consumidores de
crack. El cuerpo me temblaba de terror. Mi pensamiento se
aceleraba con la fiereza de dos tigres salvajes enfrentán-
dose. Dos jóvenes, antiguos amigos de mi hija y muy mus-
culosos, saltaron de la parte trasera de la furgoneta.
Armados con bates de béisbol, se lanzaron a través de la
puerta y desaparecieron en la casa, buscando a mi hija o su
cadáver. Llena de temor, recé para que volvieran todos
sanos y salvos.

¿Cómo habíamos llegado a ese punto? Como madre soltera, me había esforzado en inculcar a mis dos hijas los valores con los que me habían educado a mí, igual que hacía con los niños del colegio en el que trabajaba. Una de las cosas que más me gustaban de ser profesora era que a menudo mis dos niñas me ayudaban en las clases. Habíamos formado un equipo.

Pero cuando llegaron los años de la adolescencia, las cosas empezaron a ir de mal en peor. Cuando tenía 17 años, mi hija pequeña, Rebecca, se rebeló y se fue de casa después de una discusión sobre las reglas que yo consideraba esenciales para vivir bajo mi mismo techo. Había salido corriendo de casa. Sin fuerzas para aguantar más agonía y confusión, dejé que se fuera sin oponerme. La rabia y la frustración por las dos partes se habían hecho insoportables. El comportamiento abusivo que mi hija había tenido en los dos años anteriores me había hecho sentir como si viviera en una perpetua incertidumbre. Había perdido todas las esperanzas, de modo que la dejé en libertad. Supongo que creí que también me liberaba a mí misma.

Después, una tarde, llegó la temida pero esperada llamada de un amigo que no dijo su nombre. "Su hija tiene una pulmonía aguda. Está todo el tiempo entre la consciencia y la inconsciencia. Hace días que no come. Usted es su madre, su única esperanza de sobrevivir. Por favor, venga a buscarla y llévesela de aquí."

Los sentimientos de ira y odio que había albergado dentro de mí volvieron a aflorar. Pero entonces oí la voz de mi madre susurrándome una vez más: "Cuando tu hijo menos merece tu amor, es cuando más lo necesita".

Pensé en todas las veces en que mi madre había acudido a mí cuando necesitaba desesperadamente su amor. Ella nunca me había abandonado, y había llegado mi turno. Mi hija me necesitaba y no podía abandonarla.

Rápidamente entré en acción. Una llamada a uno de sus antiguos amigos, una furgoneta alquilada y enseguida estuvimos allí.

En aquellos momentos, llena de ansiedad, con los ojos fijos en la puerta, mi cabeza se llenó de plegarias. "Por favor, que la encuentren viva. Por favor, que mi niña vuelva a casa. Por favor, por favor, dame otra oportunidad para quererla, educarla y devolverla a la salud y a la vida."

En aquel instante, los dos jóvenes reaparecieron, sujetando entre ellos una tercera figura. Se me aceleró el corazón. Contuve las lágrimas mientras quitaba con precaución el seguro de la puerta de la furgoneta. Cuidadosamente, la depositaron en el asiento que había detrás del mío. Con ella reposando en mi hombro, susurré en silencio una oración de gratitud por esa segunda oportunidad.

Entre las lágrimas, le dije a Rebecca las primeras palabras en muchos meses. "¡Soy tan feliz! ¡Te quiero tanto!" Inclinó el rostro abatido hacia arriba y murmuró débilmente: "Gracias, mamá . . . Yo también te quiero".

Varios años después, una noche estaba tranquilamente sentada, cuando me llamó una amiga para decirme: "Hay aquí un mensaje electrónico para ti de Rebecca".

Tras recuperar la salud, había vuelto a la escuela nocturna y se había convertido en una joven adulta. Por aquel entonces estaba en Corea enseñando Inglés como segunda lengua.

Al leer su mensaje, los ojos volvieron a llenárseme de lágrimas.

Querida mamá:

Te quiero más que a nada en el mundo y te agradezco todo lo que has hecho por mí. Si no fuera por ti, ni siquiera estaría viva. Nunca podré pagártelo, pero sí que puedo recordártelo todos los días. He madurado mucho y nunca podré volver a ser la persona que fui o a tratar

*con la gente de antes. Ahora soy mucho mejor persona
y me siento mucho mejor. Soy inteligente, hermosa y
estoy llena de vida. Voy a volver, estoy preparada para
empezar de nuevo. Vuelvo a casa.*

Y entonces, en aquel momento de lágrimas y gratitud,
recordé a mi propia madre, su amor y sus intemporales
palabras de sabiduría.

Noreen Wyper

Cuando duerme

Actúa como si,
en vez de 16,
tuviera 12 años.
Esconde sus inseguridades
tras una fachada hosca y engreída.
Como otros de su edad y condición,
vive para los fines de semana y se esfuerza en ser mediocre,
entristeciendo a sus padres y tiñendo de gris sus cabellos.

Pero, si pudierais verlo cuando duerme,
veríais la verdad,
un rostro perfecto y pecoso, enmarcado por
un mechón rebelde.
Veríais al niño que en una ocasión obligó a su padre
a dejar de cortar el césped para rescatar a una flor.

Puede que lo oigáis gritar prepotentes amenazas a sus
    contrarios,
cuando juega al baloncesto.
Vomita estadísticas sobre equipos y jugadores,
con una mirada de sabelotodo en los ojos.
Los bíceps que él se ve en el espejo son dos veces mayores
que los que ve el resto del mundo.

Pero si pudierais verlo cuando duerme,
veríais al niño flacucho
al que siempre escogían el último en los equipos.
Veríais unos ojos que idolatraban
a los héroes del deporte, como su papá.
Veríais grandes aspiraciones
en un niño pequeño.

Ahora quizá lo conozcáis como un seguro y voluble
conquistador,
un Casanova adolescente, cuyo mayor talento es ligar.
De hecho, en cualquier momento podéis oírle exclamar:
"¡Qué tía tan buena!".

Pero si pudierais verlo cuando duerme,
veríais al debilucho del barrio,
capaz de defender a sus hermanas hasta la muerte.
Veríais unas manitas sucias
que se alegraban de estar entre las de su madre.

Hoy justifica su comportamiento como el de
"un chico normal".
Alega que es como los demás,
pero yo sé más que él.
Lo he visto como en realidad es,
   cuando duerme.

Josie Lauritsen

Definir el amor

Hace unos cinco años, la "pasión primaveral" estaba en el aire y los enamoramientos brotaban por todas partes. Yo me di cuenta de esto porque mi hijo, que entonces tenía nueve años, vio a la canguro dándole un beso de despedida a su novio cuando vino a dejarla. Inmediatamente, mi hijo quiso saber: "Pero, ¿por qué a la gente le gustan tanto los besos y eso del amor?". Me di cuenta de que no estábamos hablando de "pájaros y abejitas", porque habíamos tratado ese tema desde que él fue capaz de distinguir el rosa del azul. De lo que hablábamos era del Amor con mayúscula.

Definir el amor y explicar por qué siempre parece que ocurre en primavera era todo un desafío. Pensé que el concepto de amor resultaría más fácil de entender si compartía mis experiencias personales con él. Era consciente de que, cuanto más ridículo pareces ante tus hijos, más te creen. De modo que, para que la explicación fuese sencilla (y no tener que entrar en detalles embarazosos), mi charla romántica se centró básicamente en dos temas: el primer beso y el primer amor.

Respecto al primer beso le dije que cualquier mujer en todo el planeta (y casi cualquier hombre) puede decir exactamente dónde estaba, cuántos años tenía y a quién estaba besando. Yo estaba en un campamento de verano (el caldo de cultivo ideal para los enamoramientos de una niña de 12 años) y me emocionó tanto que le escribí una postal a mi madre preguntándole si no le importaba que ya fuese mujer (podréis imaginaros las llamadas y cartas que siguieron a esa pequeña confidencia). Le dije que un primer beso es algo emocionante, inquietante y extraño, en forma de contacto torpe (y con toda probabilidad húmedo) cerca de la boca. Su repuesta: un "¡Puag!", seguido de un ruido muy grosero.

Las explicaciones sobre el primer amor fueron un poco más espinosas. No resultó fácil tratar de explicar que los efectos secundarios (las manos sudorosas, los ataques de acné y los calambres en la boca del estómago) iban acompañados de algo bueno. Al decir que me sentía como si fuera a tener la gripe logré impresionarlo aún más.

Le conté que mi primera experiencia fue el típico amor de instituto. Él era el hombre mayor y sofisticado, mientras que yo era la jovencita. Siempre he creído que nunca lo superé. Han pasado más de veinte años y todavía sigo sonriendo cuando nos recuerdo pegados el uno al otro, dándonos la mano, o cuando pienso en los ataques de nervios que me entraban cuando estaba esperando a que él me llamase. Le dije a mi hijo que no me acuerdo de por qué rompimos, pero lo que sí recuerdo es que me rompió el corazón. Al llegar a este punto de la explicación noté que mi hijo tenía los ojos como platos. Era bastante mayor para hacer las preguntas, pero no lo suficiente como para entender las respuestas.

Me di cuenta de que tratar de explicarle lo que significa "enamorarse" y la "pasión primaveral" a un crío que todavía *se apasiona* por sus tebeos, *se apasiona* por el equipo de baloncesto de la universidad de Indiana y siente una verdadera *pasión* por sus patines en línea sería algo así como pedirle a un chico de 15, que acaba de empezar a hacer prácticas, que aparque una furgoneta en el Everest. Técnicamente, saben aparcar, pero no tienen el más mínimo punto de referencia.

Decidí decirle a mi hijo que el primer beso y el primer amor hay que vivirlos para entenderlos. Parece más frecuente enamorarse en primavera porque es cuando empieza a crecer todo. Pareció satisfecho con esa respuesta, pero yo me quedé convencida de que medio minuto más tarde la olvidaría por completo. No habría recordado nuestras confidencias de no ser porque ayer mi hijo, que ahora tiene 14 años, llegó a casa con los ojos ligeramente vidriosos, una sonrisa estúpida en la boca y un anuario firmado por la chica de sus sueños. Le pregunté si se encontraba bien. Cuando pasaba a mi lado, de camino a hurgar en la nevera, sonrió de esa manera que me hace recordar por qué me enamoré de su padre y me dijo: "Me cuesta admitirlo, mamá, pero sí que tenías razón. Me siento como si tuviera la gripe". Me eché a reír y entonces dijo: "No te preocupes, probablemente sólo sea un virus de 24 horas y mañana volveré a estar bien". Pensando que se pasaba de listo, le pregunté cómo podía estar tan seguro de eso. "Es fácil", dijo. "No se parece lo bastante a ti como para hacer que me ponga realmente enfermo."

Eileen Goltz

Plegaria del ama de casa

Limpiar en una casa donde hay niños pequeños es como quitar la nieve del camino antes de que deje de nevar.

Phyllis Diller

Adorado Señor, te quiero agradecer
las cosas que tengo que hacer,
las tareas que tengo que realizar,
que nunca se acabarán.
Gracias por la lavadora
siempre llena de ropa,
por la bañera que acabo de limpiar,
aunque sé que no va a durar.
Gracias por los juegos
esparcidos por el suelo,
por los zapatos manchados
que están llenos de barro.
Gracias por las huellas digitales
en todos mis cristales.
Gracias por la moqueta,
ahora cubierta de hierba.

Gracias por la cocina,
que nunca está limpia;
Gracias por los pucheros
que me esperan en el fregadero.
Todas esas cosas de mi vida
sólo prueban que he sido bendita.
Con una familia Dios me quiso bendecir,
creo que en ese desorden puedo vivir.

Sheila Hammock Gosney

Mi mujer no "trabaja"

Cualquier madre podría desempeñar las funciones de varios controladores aéreos sin ningún tipo de problema.

Lisa Alther

¿Hay algo más deshonroso hoy en día que estar casado con una mujer que no "trabaja"?

Por ejemplo, Jackie.

Hace calceta, hila lana, va a clase de arte dos veces a la semana y actualmente está confeccionando un tapiz de dos metros que ha diseñado ella misma para el salón. También se afana en preparar unas cien comidas por semana, plancha una docena de camisas, friega y encera el suelo, pasea al perro e invita a cenar a los amigos una vez por semana.

Pero no "trabaja".

Le toca comprobar la temperatura de al menos dos frentes por semana (para ver si hay fiebre), revisa tantos deberes que podría sacarse una carrera en la universidad de Oxford, lleva el presupuesto familiar, encuentra cosas en el sótano que ningún otro ser humano podría encontrar, le recuerda a Richard que se peine todas las mañanas, anima a Jane cuando le sale un grano en la cara y restaura muebles.

Hace la compra, localiza las ofertas, lava la ropa deportiva, le sigue la pista a la ropa interior de todo el mundo, contesta la correspondencia familiar, se asegura de que nadie pierda un anillo por el desagüe del baño y se ocupa de los problemas médicos poco graves.

Pero no "trabaja".

Corta el pelo, limpia el filtro del horno, le corta las uñas al perro, enseña a bailar el vals a los miembros masculinos de la familia, pasa la aspiradora, pone golosinas junto con el almuerzo para sorprender a los niños a mediodía, cuelga los abrigos, frota los pies cuando se quedan fríos, hace reír cuando hace falta y también cuando no, quita astillas, da consejos sobre cómo echarse sombra de ojos, anuncia si es día de lluvia, sonríe al recapitular las parodias de Monty Python y archiva las fotografías escolares.

No deja que nadie salga de casa sin un beso; arropa a Jane en la cama todas las noches (a pesar de que Jane tiene catorce años y es casi tan alta como su madre); se sabe los códigos postales; cambia de sitio los sofás; escucha con solemnidad cuando algún miembro de la familia declara que va a ser presidente, un atleta famoso o un extraordinario detective (la ambición más corriente de Richard); cuelga cuadros (ochenta en total); cose botones; visita galerías de arte.

Pero, ¿y "trabajar"? Me temo que no.

Jackie le alarga los bajos a los vaqueros, hace arreglos de fontanería, se acuerda de preparar espaguetis dos veces a la semana (es el plato favorito de los niños), guarda montones de recortes de periódico, hace treinta abdominales cada mañana para mantener la línea, le explica pacientemente a Richard por qué no puede llevar la misma camisa 18 días seguidos y fabrica ella misma las tarjetas de Navidad.

La verdad es que ya no hace *footing* tres veces a la semana, no colabora como salvavidas en la asociación de jóvenes cristianos ni estudia alemán en la escuela nocturna, además de que ya han terminado las clases sobre grandes novelas que daba en la universidad.

Pero, en cambio, puso la moqueta del cuarto de Jane, hizo la mesa de café que tenemos en la entrada (utilizando una vieja mesa de comedor) y (justo la semana pasada) descubrió cómo cambiar la bombilla de nuestro proyector de diapositivas (después de que papá no lo consiguiera).

Por desgracia, todo eso no tiene que ver con la cuestión.

Jackie no va a ninguna oficina, no hace intervenciones de neurocirugía, no conduce un camión, no pertenece a ningún sindicato, no mecanografía cartas, no vende casas, no presenta ningún programa de la tele y ni siquiera se dedica a la lucha libre.

Resumiendo, no "trabaja".

Sí que trabajó los tres primeros años de casados, cuando intentábamos salir adelante, pero lo dejó un par de meses antes de que naciera Stephen.

De modo que ahora es sólo ama de casa, esposa y madre.

Puede que algún día, cuando los chicos hayan crecido un poco, Jackie vuelva a trabajar, pero por el momento me temo que está demasiado ocupada.

Gary Lautens

El don de la vida

Nací en Inglaterra, justo antes de la Segunda Guerra Mundial. Mis padres eran pobres, y a los 20 años yo era ya el principal pilar económico de la familia.

Entonces conocí a Tim. Era 11 años mayor que yo y pronto nos convertimos en una pareja estable. Después, en 1957, el mundo se nos hundió: me quedé embarazada.

Tim se ofreció a casarse conmigo, pero yo no estaba segura de estar realmente enamorada de él. Consideré la posibilidad de abortar, pero no podía pasar por eso. Decidí tener el bebé y darlo en adopción. Había cometido un error y tenía que cargar con las consecuencias.

Los meses siguientes fueron una pesadilla. Siempre estaba mareada, odiaba mi cuerpo, odiaba a Tim, odiaba a todos y a todo.

Cuando me puse de parto, un vecino me llevó a la maternidad. Me sentía terriblemente sola y asustada. Nadie me acompañó, ni siquiera mi madre. En aquella época era una deshonra concebir un hijo fuera del matrimonio.

Cada vez que tenía una contracción, me decía a mí misma que todo iba a salir bien, que no tendría que cuidar al bebé, que lo adoptarían enseguida y mi vida volvería a la normalidad. Finalmente, tras inquietantes complicaciones, el bebé nació.

Un momento después, todos mis planes se quedaron en agua de borrajas. La enfermera me puso un bulto pequeño en los brazos diciéndome: "Toma, Beryl, saluda a tu hijo". Miré a aquel ser pequeño y arrugado, ¡era tan hermoso! Me sentí invadida por un amor tan doloroso e intenso que no me dejaba respirar. Me eché a llorar, al principio suavemente, pero después sin poder controlarme.

Las horas siguientes fueron confusas y las pasé entre el sueño y el llanto. Cuando por fin me desperté, no podía esperar para volver a abrazarlo. La enfermera me lo trajo, todo rosadito y oliendo a polvos de talco. Mientras lo sostenía y lo miraba, pensé: "De ninguna manera podré separarme de él. Es parte de mí, es mi bebé". Lo llamé Steven.

Mi repentino cambió de decisión provocó muchos problemas. Ya había firmado los papeles de adopción y los padres adoptivos habían sido seleccionados. Pero mi decisión era irrevocable: iba a quedarme con mi bebé.

Cuando llegué a casa, mi madre estaba loca de inquietud. Ni siquiera quería mirar a Steven. Decía que no era capaz de cogerlo en brazos y luego separarse de él. Cuando le dije que iba a quedarme con él, se echó a llorar, suplicándome que volviera a pensarlo. Me sentí dividida, pero me mantuve firme: iba a quedarme con mi bebé.

No estaba en absoluto preparada para la montaña rusa emocional que se sucedió a continuación. Un día estaba convencida de que me quedaba con él y al día siguiente miraba a mi alrededor y veía la futilidad de mis sueños. No dejaba de hacerme las mismas preguntas. "¿Cómo puedo criar a este bebé y seguir manteniendo a la familia? ¿Quién lo cuidará mientras estoy trabajando?" Mi madre no podía hacerlo y ni se me pasaba por la cabeza confiar en mi padre para eso. En aquella época no había guarderías subvencionadas y yo no tenía ni un cochecito para el niño. Tuve que pedirle uno prestado al vecino. Hasta la ropa del bebé me la dieron. Gracias a Dios, le daba el pecho, de modo que por lo menos podía alimentarlo regularmente.

Al final, me obligué a mí misma a afrontar la realidad. Lo único importante era el bienestar de mi bebé. Me di cuenta de que sus necesidades eran mayores que las mías. Contemplando nuestra destartalada casa, a mi desamparada madre y a mi padre, que tenía tantos problemas, tomé la decisión más dura de mi vida. Daría a mi bebé en adopción. Llorando, le comuniqué mi decisión a la asistente social. Los padres adoptivos que habían seleccionado todavía estaban deseando quedarse con Steven.

El 24 de enero de 1958, envolví a mi hijo en un precioso chal blanco, le puse en el brazo la pulsera de plata que había comprado para él y lo apreté contra mi cuerpo. Sentí como si todas y cada una de la fibras de mi cuerpo fluyesen hacia él. Nunca había sentido un amor tan intenso.

La asistente social llegó con una sonrisa compasiva. "Pobre Beryl", dijo, quitándome con cuidado a Steven de los brazos. La vi alejarse por la calle, doblar la esquina y desaparecer de mi vista. Toco había acabado, mi hijo se había ido.

No hay palabras para describir cómo me sentí durante las semanas siguientes. Pasaba del llanto a la cólera y hasta pensaba en suicidarme. Llamé a la asistente social todos los días durante tres meses y después seguí haciéndolo periódicamente durante los dos años siguientes. No podía dejarlo así. Me mandó cartas en las que me contaba lo bien que estaba Steven. Sus nuevos padres estaban entusiasmados con él, tanto que habían adoptado un niñita un año más tarde. Daba gracias por saber que estaba sano y que lo querían, pero eso no aliviaba mi corazón roto ni mis profundos remordimientos.

Me refugié totalmente en el trabajo. Me hice una perfeccionista, teniendo que probar constantemente lo buena que era en todo lo que hacía. Toda mi forma de ser cambió.

Reanudé mi relación con Tim y, durante los años siguientes, seguimos postergando la fecha de la boda. Al final, nos separamos. Yo tenía 34 años.

Entonces, en enero de 1972, conocí a Matt. Había un vínculo especial entre nosotros. Finalmente me pidió que me casara con él y yo acepté sin dudarlo un momento. Dos meses más tarde estábamos casados.

Matt y yo parecíamos hechos el uno para el otro. Lo único que enturbiaba nuestra relación era que a Matt le encantaban los niños y quería ser padre. Me habían dicho que, por culpa de las complicaciones que hubo durante el parto de Steven, tenía poquísimas probabilidades de volver a quedarme embarazada. Eso me causaba un enorme desasosiego y, sin darme cuenta, no dejaba ni un momento de pensar en ello.

Después, estando de vacaciones, me puse terriblemente enferma. Pensé que habría sido alguna comida en mal estado. Cuando llegamos a casa, fui a ver a mi médico y más tarde me llamó. Con mucha seriedad, me dijo que me sentara. Tenía algo muy importante que decirme. Yo me temí lo peor. Hubo una larga pausa y entonces dijo: "Beryl, estás embarazada". No podía creer lo que oía. Pensé que tenía que haber algún error. Pero no había ningún error, ¡estaba embarazada! Matt y yo nos quedamos alucinados con la noticia, al igual que mi madre, ya viuda.

Nueve meses después nació nuestro hijo y para mí fue como un milagro. Me sentí redimida. Sentí como si me hubiesen dado una segunda oportunidad. Había recibido la bendición de otro hijo.

Cuando se calmó la agitación, me puse a pensar en

aquel frío día de enero de 1958, cuando la pérdida de mi primer hijo me llevó a las profundidades de la desesperación. Por primera vez desde aquel día, me permití imaginar la alegría de los padres adoptivos al ver por primera vez a aquel ser pequeño y arrugado, y la emoción que sentirían al abrazarlo y llamarlo "hijo". Sólo entonces me di cuenta de que todo tiene un propósito, para estar aquí, para las cosas que ocurren.

Llevo 40 años intentando sin éxito encontrar a Steven y seguiré intentándolo mientras viva. Sólo quiero decirle que lo quiero y que su propósito en esta vida ya se ha cumplido, por partida doble.

Beryl Paintin

La revelación del amor de madre

Algunas cosas . . . llegan en su propio y misterioso momento, con sus propias condiciones y no las tuyas, para que las tomes o las pierdas para siempre.

Gail Goodwin

Con los ojos arrasados en lágrimas, por última vez le tendí a la enfermera a mi hijo de cinco días. "Sé fuerte, mi adorado niño. Sé que tus nuevos papás te querrán tanto como yo. Nunca te olvidaré."

Algunos años después de que yo diese a luz y renunciase a mi único hijo, mi tía Amanda estuvo de visita en la granja familiar para colaborar con mi abuela en la elaboración del árbol genealógico de la familia. La abuela abrió su "cofre del tesoro" para rescatar algunos de los preciosos documentos familiares y dio con la carta que yo les había escrito a mis abuelos pidiéndoles que me ayudaran para poder quedarme con mi hijo. "¿Alguna vez te he enseñado esta carta?", le preguntó a Amanda. Como no era así, las dos la leyeron juntas. Los ojos se les llenaron de lágrimas al pensar en la difícil decisión que había tenido que tomar.

Entonces la abuela dijo: "Cuando el abuelo y yo contestamos a la carta de Nicole, ella ya había cambiado de opinión, considerando no ya lo mucho que quería quedarse con el bebé, sino lo que sería mejor para él. He guardado esta carta durante todos estos años. En el fondo de mi corazón, sé que Nicole volverá a reunirse con su hijo algún día. Cuando eso ocurra, será importante que comparta esta carta con él". Amanda estuvo de acuerdo con ella y volvieron a guardarla cuidadosamente en el cofre del tesoro.

Un año después, mi abuela murió de un repentino ataque al corazón. A todos nos costó mucho asumir la muerte de una persona tan extraordinaria como ella. Mi abuelo, sin embargo, fue el que más sufrió. Estaba completamente perdido sin la mujer que lo había acompañado durante 53 años.

En los meses que siguieron, mi tía Amanda volvió varias veces a la granja para intentar ayudar al abuelo. En una de sus visitas, se dio cuenta de que habían desaparecido algunas de las cosas de la abuela. Al sacarle el tema, con mucho tacto, al abuelo, confesó que le resultaba muy duro seguir viendo las cosas de la abuela. Amanda se asustó. Rápidamente, aunque con discreción, fue hasta el cofre del tesoro. La caja seguía estando allí, pero al abrirla se confirmaron sus peores temores: el cofre del tesoro estaba vacío. Intentando luchar contra su dolor y su ira, el abuelo había tirado todos los documentos genealógicos, así como las cartas y las fotos enviadas por sus hijos a lo largo de los años, incluida la que yo había escrito tanto tiempo atrás. Amanda fue corriendo al porche trasero, donde estaba la cesta en la que se almacenaban los papeles a la espera de quemarlos. Vacía. Todos los tesoros se habían perdido, quemados por un hombre embargado por la pena, en un intento de aliviar su dolor.

Transcurrió otro año y Amanda volvió a la granja a pasar

unos días con el abuelo. Como solía hacer, lo ayudó a limpiar la casa. Aquella mañana, cuando estaba fregando el suelo del porche, levantó la cesta de los papeles para limpiar debajo. Inmediatamente reparó en algo que parecía un pequeño triángulo junto al rodapié. Acercándose, se dio cuenta de que el triángulo era en realidad la esquina de varios papeles doblados. Tiró de ellos y, de debajo del rodapié, salió una carta. Cuando la examinó, se dio cuenta con sorpresa de que era la que yo había escrito 17 años antes, la carta que la abuela sabía que algún día sería necesaria. Amanda la miró con incredulidad. ¿Cómo podía ser? Había fregado ese suelo varias veces aquel año y el triángulo de papel nunca había estado allí. Rápidamente se guardó la carta en el bolsillo, prometiéndose cumplir el sueño de mi abuela. Guardaría la carta hasta el día en que yo volviese a reunirme con mi hijo.

Los años pasaron. La curiosidad sobre su nacimiento siguió aumentando en el joven y empezó a albergar deseos de un reencuentro. Su curiosidad se mezcló con miedo cuando su hermana adoptiva intentó contactar con su propia madre biológica. La respuesta que obtuvo fue de abandono: su verdadera madre no quería tener nada que ver con la hija a la que había renunciado. "¿Y si mi madre biológica siente lo mismo por mí?", pensó. También temía que sus padres adoptivos se sintieran fracasados porque él intentaba buscar a su madre biológica. "Tengo que saberlo", pensó. "Tengo que saber si yo le importaba, o si simplemente se deshizo de mí."

"Nicole", dijo una voz al teléfono, "hay alguien que quiere pasar su 21º cumpleaños contigo." La llamada era de la agencia de adopción con la que había colaborado hacía casi 21 años. "Tu hijo siente curiosidad y está muy ilusionado, pero también nervioso. Sus padres adoptivos le brindan todo su apoyo. ¿Qué opinas?" Me dejé caer en el suelo. Apenas podía respirar. El miedo se apoderó de mí. Siempre había soñado con ese momento. Y, cuando por fin llegó, ¿cómo iba a ser capaz de encontrar las palabras para explicarle a mi hijo la lucha interior que había tenido que librar para tomar una decisión tan difícil? ¿Cómo iba él a darse cuenta de que lo quería tanto que le ofrecí una vida con unos padres que podían dárselo todo? Pero, ¿cómo iba a negarme? En medio del llanto, conseguí decir: "Claro. Claro que quiero conocerlo".

Más tarde, aquella noche, después de saber que el reencuentro iba a ser una realidad, mi hijo escuchó al asistente social contarle cosas sobre mí. "¡Es mi madre biológica! ¡Es real! Está muerta de miedo y voy a conocerla!", exclamó, sonriendo de oreja a oreja. En el fondo de su alma, sin embargo, seguía preguntándose por qué lo había dado en adopción y si realmente me importaba.

Dos semanas después, mientras mi hijo me tendía un ramo de flores, estreché en mis brazos a mi querido niño por segunda vez en su vida. Pasamos las diez horas siguientes hablando de nuestras vidas, de nuestros sentimientos y del futuro. Aunque nuestro reencuentro era maravilloso, seguía sintiendo que mi hijo aún dudaba. Se preguntaba si yo había hecho todo lo posible para quedarme con él 21 años atrás y si realmente me importaba.

Cuando volví a casa, llamé a mi tía Amanda para contarle la increíble noticia. Amanda se echó a llorar mientras yo compartía mi experiencia con ella. "Sabe todo lo que hay que saber", dije. "Sólo espero haber sido capaz de hacerle ver que lo quería tanto como para renunciar a él."

Cuando dejé de hablar, Amanda dijo con dulzura: "Tengo algo para ti". Entonces me contó la historia de cómo la abuela había decidido salvar aquella preciosa carta. Unas semanas después, le tendí a mi hijo las hojas ya amarillentas, que contenían estas palabras tan especiales:

Queridos abuelos:

Llevo dos semanas intentando hacer acopio de valor para pediros esto, sin conseguir encontrar las palabras adecuadas para hacerlo. Espero que no os pongáis furiosos por habéroslo pedido.

Como probablemente sabéis, no puedo volver a casa a no ser que dé este bebé en adopción. Y ése es precisamente el problema, que no quiero hacerlo. Quiero a este bebé más que a nada en el mundo. He reflexionado mucho sobre las ventajas y los inconvenientes de quedarme con él o no. He hablado de ello muchas veces con la gente de la agencia de adopción. Hay muchas razones que respaldan las dos opciones, pero he decidido que quiero quedarme con él. Esto es lo que os pido: ¿me ayudaríais a mantenerme hasta que me recupere y encuentre un trabajo? Sé que es mucho pedir, pero cuando empiece a trabajar, podría devolvéroslo. Es probable que necesite ayuda durante algunos meses. He pensado en otras salidas que no me obligasen a pediros dinero, pero no hay otra opción. Espero que seáis capaces de entender por qué os pido esto. ¡Quiero tanto a este bebé! Sois la única esperanza que me queda. Si creéis que no debéis hacerlo, lo entenderé. He intentando explicarle a mamá lo mucho que lo quiero, pero parece no entenderlo. Siempre me contesta lo mismo: "Sé exactamente cómo te sientes". ¡Pero no sabe cómo me siento! Ella se quedó conmigo y os tuvo a vosotros dos para ayudarla todo el tiempo. He luchado para hacer esto en casi completa soledad. Abuelos, sois los únicos a quienes puedo acudir. No habríais podido dejarme ir cuando mamá me tuvo. ¿Y a vuestro primer nieto? ¿Qué más puedo decir? Por favor. Por favor, os necesito. Nunca había suplicado nada, pero ahora os lo suplico. Por favor.

Con cariño,
Nicole

P.D. En la carta me he referido al bebé en masculino.
Los médicos me han dicho que es un niño.

Sentada junto a mi hijo, observé la expresión de su rostro mientras leía la carta. Confiaba en que el poder de las palabras le enseñaría la profundidad de mi cariño. Dejó la carta en su regazo y me miró. "Cualquier duda que haya podido albergar en el fondo de mi ser ha desaparecido", dijo. "A partir de este día seremos una familia."

De hecho, seis años después, seguimos siendo una familia. Pude asistir a la boda de mi hijo el año pasado y acabo de saber que voy a ser abuela. He sido bendecida.

Nunca sabremos cómo misteriosamente la carta se abrió camino bajo el rodapié y cómo parece que se descubrió cuando había llegado el momento de que la encontraran. Siempre pensaré que de algún modo mi abuela tuvo que ver con aquello y, por ese motivo, le estaré eternamente agradecida.

Nicole Smith

Cibermadrastra

Sólo una madre sabe lo que es el amor de madre.

Lady Mary Wortley Montagu

Siempre he pensado que los términos "madrastra" y "padrastro", etiquetas que se les ponen a los hombres y las mujeres que se casan con personas que ya tienen hijos, fueron acuñados simplemente por la sencilla razón de que hay que llamarlos de alguna manera. Pero da la impresión de que los términos "padre" y "madre" no estén realmente incluidos en ellos. Al menos, así es como yo me sentía al convertirme en madrastra de los cuatro hijos de mi marido.

Mi marido y yo llevábamos seis años juntos, y junto a él yo había visto a sus hijos convertirse en adolescentes. Aunque vivían fundamentalmente con su madre, pasaban mucho tiempo con nosotros. Con el paso de los años, todos aprendimos a compenetrarnos, a estar a gusto juntos y a adaptarnos a nuestro nuevo modelo de familia. Pasábamos las vacaciones juntos, celebrábamos comidas familiares, hacíamos los deberes, jugábamos al béisbol y alquilábamos películas de vídeo. Sin embargo, de algún modo yo seguía sintiéndome como una intrusa que estuviese invadiendo su territorio. Había una línea que no podía franquearse, un círculo familiar interior que me excluía. Como yo no tenía mis propios hijos, mi experiencia como madre se limitaba a la que tenía con los cuatro hijos de mi marido y a menudo me lamentaba de que nunca conocería ese vínculo especial que existe entre una madre y su hijo.

Cuando los chicos se mudaron a una ciudad que estaba a cinco horas de viaje, mi marido, como es lógico, se quedó deshecho. Con objeto de comunicarnos regularmente con ellos, pronto nos servimos del correo electrónico y de los *chats*. Estas herramientas, combinadas con el teléfono, nos permitían estar en contacto diario, enviándonos frecuentes notas y mensajes, e incluso *chateando* juntos cuando estábamos todos conectados.

Irónicamente, estas modernas herramientas de comunicación también pueden ser herramientas de alienación, haciendo que nos sintamos fuera del alcance del otro y más necesitados de verdadero contacto humano. Si un mensaje de correo electrónico venía dirigido a "Papá", yo me sentía olvidada y desatendida. Si mi nombre aparecía junto al suyo, me alegraba el día, haciéndome sentir como parte de su unión familiar. Sin embargo, siempre había una distancia que recorrer, no sólo en las líneas telefónicas.

Una noche, tarde, mientras mi marido dormitaba frente al televisor y yo estaba comprobando mi correo electrónico, un "mensaje instantáneo" apareció en la pantalla. Era Margo, la hija mayor de mi marido, que también estaba levantada a esa hora y llevaba cinco horas delante del ordenador. Como siempre habíamos hecho, nos enviamos varios mensajes, intercambiando las últimas noticias. Cuando nos comunicábamos de esta manera, ella no tenía por qué saber si era yo o su padre quien estaba al otro lado del hilo, a no ser que lo preguntase. Aquella noche ella no preguntó nada y yo tampoco me identifiqué. Después de enterarme de todos los detalles sobre sus últimas marcas en voleibol, sobre un baile que iba a haber en el instituto y sobre un trabajo de Historia que estaba haciendo, le comenté que era tarde y que debería irme la cama. Su mensaje de respuesta fue: "Muy bien, ¡ya hablaremos! Te quiero".

Al leer el mensaje, me invadió la tristeza y me di cuenta de que debía de haber pensado que estaba escribiéndole a su padre todo el rato. Ella y yo nunca habríamos intercambiado palabras tan cariñosas de manera abierta. Sintiéndome culpable por no haberlo aclarado, pero sin querer hacer que se sintiera violenta, sencillamente contesté: "Yo también te quiero. Que duermas bien".

Pensé de nuevo en su círculo familiar, ese espacio privado en el que yo era una intrusa. Volví a sentir el agudo dolor del vacío y de la alienación. Entonces, justo cuando mis dedos buscaban la teclas para apagar el ordenador, apareció el último mensaje de Margo. Decía: "Dale las buenas noches a papá de mi parte". Con los ojos llenos de lágrimas, apagué el aparato.

Judy E. Carter

3

AMOR DE PADRE

Pero, una vez que los has criado, educado y abrigado, sencillamente alargan sus deditos y te atrapan con ellos.

Ogden Nash

Mi rayo de esperanza

La seguridad, para un niño, es la mano de su padre, apretándolo con fuerza.

Marion C. Garrety

Cuando tenía cinco años, caí gravemente enfermo. Mis padres estaban aterrorizados y los médicos estaban desconcertados. Finalmente, se hizo un diagnóstico. Padecía meningitis espinal. En aquella época, no se sabía mucho de la enfermedad y el único hospital que podría internarme era el County General, en el centro de Los Ángeles. Como la enfermedad se consideraba altamente contagiosa y letal, el único lugar en el que podían colocarme era la sala de enfermos contagiosos.

Me pusieron en una cuna entre enfermos terminales. Todos los días moría alguien, y sus cadáveres se quedaban allí hasta que los auxiliares del turno de noche pudieran llevárselos. Cuando el auxiliar entraba para sacar el cadáver, yo espiaba a través de las barras de mi cuna y observaba cómo se lo llevaban en una camilla. Aún puedo oír el escalofriante sonido de los pulmones artificiales zumbando en la noche y, después, el sonido aún más espantoso del silencio, cuando el hombre moría.

Mis padres iban a verme todas las noches. Desde Santa Mónica hasta el centro de Los Ángeles se tardaba una hora o más, según el tráfico. Y lo peor era que ni siquiera podían tocarme. El calor de sus brazos envolviendo mi pequeño cuerpo era algo que echaba de menos más que nada. Sus brazos permanecían pegados al cuerpo, dentro de un traje estéril. Sus caras estaban casi completamente cubiertas por máscaras. Lo único que yo veía eran sus ojos, que a menudo estaban llenos de lágrimas. Poco después de ingresar, entré en coma. Mi médula parecía un verdadero alfiletero, sometida a pinchazos diarios. Aunque estaba en coma, recuerdo haber oído a los médicos decir que iba a morir.

Mi madre empezó una vigilia en la iglesia, de modo que a todas horas habría alguien rezando por mí. Mi padre estaba desesperado, tan lejos de su niño, de su único hijo. Sé que se pasaba horas tratando de imaginar cómo entrar en el extraño mundo en el que estaba viviendo yo. Desesperadamente quería hacerme saber que él estaba allí, que yo no estaba solo. Pronto ideó un sencillo plan y rezó, quizá por primera vez en su vida, para que yo viviera.

El día que salí del coma, me llegaron como en una ola las palabras de los médicos. Pensé que iba a morir. Estaba asustado y me sentía confuso. De pronto, noté que había algo en la cama, junto a mí. Pronto supe que mi padre me había dejado un regalo. Una pequeña linterna que había pasado por el autoclave (el esterilizador del hospital), para que yo pudiera usarla. Llevaba una nota que decía: "Te quiere, Papá".

Mejor que cualquier juguete que hubiesen podido darme, esa linterna se convirtió en todo mi mundo. Con cuidado de no enfocarla a ningún sitio que pudiese molestar, por miedo a que me la quitasen, jugué con aquel pequeño rayo de luz todo el día. Jugaba a enfocarla a mis pies y por debajo de la manta.

Aquella noche, ocurrió algo emocionante. Cuando llegó la hora de la visita de mis padres, vi un rayo de luz que llegaba desde el aparcamiento, mucho más abajo. Contesté enviando un rayo con mi linterna. Me contestaron tres brillos, entonces contesté con otros dos, y después con tres. Me sentí contento por primera vez en muchos meses. ¡Era papá! Había encontrado una manera de entrar en mi mundo y alejarme del terror.

A partir de aquel día, mi padre y yo jugamos al juego del rayo de luz todas las noches, y yo dejé de pensar en la muerte. Él había encontrado una forma de que yo participase en mi propia vida, aunque tuviese que ser desde la cama de un hospital. En Navidades, mis padres decoraron un árbol en mi habitación, en casa. Bajo el árbol había varios regalos, con preciosos envoltorios, y una flamante bicicleta. Le sacaron fotos al árbol, con todos los regalos, y mi padre las pegó a los pies de mi cuna. Aquel alegre *collage* simbolizaba toda la alegría de las vacaciones. Yo enfocaba las fotos con la linterna y me pasaba horas intentando adivinar qué tesoros se escondían en cada paquete. Tomé la determinación de mejorar para poder abrir mis regalos y montar en mi nueva bici. Por las noches, esperaba a que mi padre encendiese su linterna desde el aparcamiento, anunciando su llegada. Nos enviábamos mensajes en diferentes códigos que habíamos inventado y nuestros juegos siempre me hacían reír. La pesadilla acababa: estaba mejorando. Cinco meses después, salí del hospital.

Mis padres se animaron a tener otro bebé. Yo volvía a estar sano y la vida parecía haber vuelto a la normalidad. Pero, a lo largo de mi vida, mi padre y yo seguimos compartiendo el mundo secreto escondido en un rayo de luz que emanaba de una linterna.

Muchos años después de que mi hermana y yo hubiésemos convertido a mis padres en orgullosos abuelos, mi padre sufrió un ataque al corazón. No podía comunicarse y yo veía el miedo en sus ojos. Aquella noche volví al hospital, busqué su ventana y dirigí hacia ella la linterna más brillante que había podido encontrar. No hubo respuesta.

Poco después, mi padre falleció. En aquel momento, me pasó por la cabeza que mi padre, llamado Ray (que en inglés significa "rayo"), había sido el único rayo de esperanza que me mantuvo con vida, sólo con idear un sencillo plan con una linterna y un rayo de luz.

En el funeral, me dijeron algo que me alivió más de lo que podría haberlo hecho cualquier palabra de consuelo. Una enfermera, que estaba con mi padre la noche en que murió, me dijo que había estado nervioso y molesto todo aquel día. "Pero en un momento dado miró hacia arriba, hacia el cielo, pensé yo, sonrió de oreja a oreja y todo su cuerpo pareció relajarse. "¡Qué extraño!", pensé. Miré para ver lo que él veía y había una luz que llegaba desde fuera. Como si alguien estuviese enfocando con una linterna desde el aparcamiento hacia su ventana." La enfermera se rió y dijo: "A lo mejor eran los ángeles iluminando su camino hacia el cielo . . . Supongo que nunca lo sabremos".

Robert Dixon
Según el relato hecho a Zan Gaudioso

Verdes palabras ocultas

Mi hija menor y yo no siempre hemos visto las cosas de la misma manera. Como en muchas familias, las opiniones encontradas y el conflicto generacional no siempre ayudan a facilitar la relación. En un intento de comunicarme con aquella personita que era una versión femenina de mí mismo, me di cuenta de que miraba demasiado en mi propio interés. 31 años en la misma empresa habían logrado que pudiese salir airoso de una infernal reunión de negocios, pero ni siquiera era capaz de hablar con mi propia hija.

Frases como "Te quiero" o "Bien hecho" podrían haber sido eliminadas de nuestra lengua sin demasiadas consecuencias para nosotros, ya que las empleábamos muy pocas veces. Cenábamos frente a la televisión, los fines de semana intentábamos evitarnos y los acontecimientos especiales siempre eran iguales. Ésa no era mi manera de entender la paternidad, ni tampoco algo que me gustase.

Sin embargo, con el sincero deseo de cambiar la situación, di con un "interés común" que nos permitía comunicarnos el amor que en el fondo compartíamos. Afortunadamente, desenterré un modo de comunicarnos, emocionalmente más efectivo de lo que jamás podría haber pensado y que, después de diez años, sigue funcionando.

Un año, mientras trabajaba en la carrera de coches Indianápolis 500, conocí a un vendedor que llevaba un maletín lleno de lo que ahora llamamos con cariño "hombrecitos verdes". Un pompón verde y peludo daba forma al cuerpo. Dos antenas blancas le salían de la cabeza y dos grandes ojos saltones, de plástico, se movían sin rumbo de un lado a otro al sacudirlo. Diez deditos, que salían todos del mismo pie adhesivo, estaban pegados a la base de estas divertidas criaturitas. Decidí llevarme a casa unos diez ejemplares de estos simpáticos hombrecitos, sin darme cuenta de lo mucho que iban a cambiar mi vida. Estaba a punto de embarcarme en un viaje que ahora mi familia llama "La Guerra de los Hombrecitos Verdes".

Mi hija menor, que en aquella época estaba estudiando en Florida, en la universidad, iba a venir a Indiana para pasar las vacaciones de Navidad. Iba a llegar de madrugada, y yo estaba tomando una medicación para el corazón que no me permitía conservar la cabeza fresca a altas horas de la noche. Decidí que, ya que no podía mantenerme despierto para besar su cansada cabeza, desplegaría mis tropas verdes para que le dieran una cálida bienvenida. Coloqué dos de los hombrecitos peludos en la mesa de su habitación. Puse también una pequeña señal amarilla, consistente en dos *post-it* pegados el uno al otro, como formando una tienda, entre los dos gemelos. Con mi mejor letra, escribí cuidadosamente en el diminuto tablón de anuncios el mensaje: "Bienvenida a casa. Luv y Pop". El conjunto animaba y decoraba la ordenada habitación. Mi esperanza era que se riera un poco antes de arrastrarse hasta la cama.

Mirando la solitaria cama, recordé el pequeño cuerpo que solía tenderse allí sin apenas ocupar la mitad del interminable colchón. Nadie había dormido allí desde hacía meses. Me senté en la cama, miré hacia el techo y me pregunté adónde había ido a parar todo aquel tiempo. Entonces, con la única intención de provocarle otra carcajada, despegué la tira adhesiva de la base de un tercer hombrecito verde, salté sobre la cama y lo pegué en el techo, justo encima de la almohada que la aguardaba. De vuelta a mi habitación para pasar la noche, estaba satisfecho del riesgo que corría. Me había convencido de que daba igual si la única reacción que conseguía era un suspiro de adolescente ante las tonterías de su padre.

A la mañana siguiente, me levanté, fui al baño y me dispuse a levantar la tapa del retrete... Pero lo que me encontré fueron dos bizcos ojos de plástico que me miraban fijamente desde debajo de la tapa.

Se había declarado la guerra.

Con astucia, colocábamos los hombrecitos verdes en los sitios más inesperados: en frascos de medicinas, en cajas para regalos, en el cajón de los calcetines, en aparatos de música, en zapatos, en tazas de café y en cajas para guantes. Encajaban en cualquier sitio, tanto en Indiana como en Florida. Eran los muñecos más viajeros de la Costa Este.

Algunos los escondíamos tan bien que olvidábamos dónde estaban, hasta que de pronto aparecían en los sitios más extraños. Las numerosas *emboscadas* creaban nuevos escondites, muy creativos y difíciles de descubrir. Había que darle un giro al asunto, un desafío originado por mi hija, en respuesta a aquel *infantil* acto de muchos meses atrás, cuyas consecuencias sólo podría haber imaginado en sueños.

Yo iba a hacer un viaje de negocios a Florida, donde me encontraría con mi hija entre dos clases. Al llegar al hotel, noté que el recepcionista miraba con sorna hacia algo que había detrás de mí. Me volví y vi seis enormes globos verdes con gigantescos ojos fijos, largas antenas rígidas y pies descomunales, surgiendo de las escaleras mecánicas, seguidos por mi hija. Los globos eran tan enormes que estaba convencido de que en cualquier momento ella iba a salir volando.

La sonrisa que tenía en los labios era tan inmensa como los globos que sostenía. Yo me di cuenta de que empezaba a crearse un vínculo allí donde antes había sólo un vacío. Aquellas fantásticas y graciosas criaturas estaban construyendo un puente entre mi hija y yo. Seguía habiendo momentos en que no éramos capaces de hablar de nuestros problemas diarios, ya fuera de su universidad, de los chicos o de la vida. Sin embargo, teníamos otra forma de confianza que se desarrollaba poco a poco y que la mayoría de los padres tan sólo anhela.

A partir de entonces, los hombrecitos verdes crecieron en tamaño y esplendor. Para consolarme tras la muerte de mi madre, un hombrecito casero, del tamaño de una lechuga, con un gran sombrero de Papá Noel, apareció bajo el árbol de Navidad. Cuando mi hija se operó del pie, le preparé una muleta con un hombrecito en la punta. Cuando yo me operé del corazón, mi familia se presentó junto a mi cama llevando gorras verdes con enormes ojos y meneantes antenas. Venían a entregarme una sudadera de los hombrecitos verdes para que me diera calor en el frío hospital. No podría haber una imagen más acogedora en todo el mundo. Y, cuando mi hija terminó la universidad, encargamos para ella un escritorio verde en el que estaba escrito: "Estoy orgulloso de que te hayas graduado".

Y la guerra continuó, con hombrecitos verdes surgiendo en todas las vueltas que da la vida. Pequeños soldados que expresan amor, compasión, amabilidad y comprensión.

Nunca habría podido pensar que aquellos muñequitos verdes iban a tener consecuencias tan enormes en mi vida. La comunicación entre un padre y su hijo puede ser, en realidad, algo divertido. Justo cuando pensaba que no la había, llegaron ellos, dos ojos de plásticos que me miraban fijamente. Enseñando, dando, compartiendo, amando . . . arriesgándose. Todos gritando un secreto mensaje en cada *emboscada*.

Sarah J. Vogt y Ron Vogt

Eh, hijo, yo también te quiero

Tus hijos se convertirán en lo que eres, de modo que sé como quieres que sean ellos.

David Bly

Si quisiera, podría buscarme un montón de excusas. Estaba cansado después de un largo día. Me pilló por sorpresa. O a lo mejor es que tenía hambre. El caso es que, cuando entré en el salón y mi hijo de 12 años me miró y me dijo "Te quiero", no supe qué decir.

Durante largos momentos, lo único que pude hacer fue quedarme allí de pie mirándolo, esperando a que llegara la segunda parte. "Será que necesita ayuda con los deberes", fue mi primer pensamiento. "O que va a pedirme un adelanto de su paga." "O que ha asesinado a su hermano (siempre supe que algún día ocurriría) y está preparándome para la noticia."

Al final, dije: "¿Qué quieres?".

Se echó a reír y comenzó a salir de la habitación. Pero yo lo llamé. "Eh, ¿de qué va todo esto?", pregunté.

"Nada", dijo, sonriendo. "El profesor de Educación para la Salud nos ha mandado decirle a nuestros padres que los queremos, para ver lo que contestan. Es una especie de experimento."

Al día siguiente, llamé a su profesor para saber algo más de ese experimento. Y, para ser sincero, con intención de averiguar cómo habían reaccionado los otros padres.

"Básicamente, la mayoría de los padres tuvo la misma reacción que usted", me dijo el profesor de mi hijo. "La primera vez que les sugerí que lo probaran, les pregunté a los niños qué pensaban que dirían sus padres. Todos se echaron a reír. Un par de ellos se imaginó que a los suyos les daría un ataque al corazón."

Sospecho que a algunos padres no les gustó lo que había hecho el profesor. Después de todo, el cometido de un profesor de Educación para la Salud es enseñar a los niños a tener una dieta equilibrada y lavarse los dientes correctamente. ¿Qué tiene que ver con todo eso decir "Te quiero"? Se trata, después de todo, de algo personal entre los padres y sus hijos. No es asunto de nadie más.

"La cuestión es", explicó el profesor, "que sentirse amado es una parte importante de la salud. Es algo que todo ser humano necesita. Lo que intento decir a los niños es que está mal que no expresemos esos sentimientos. No sólo los padres a los hijos o los chicos a las chicas. Un niño debería ser capaz de decirle a su amigo que lo quiere."

El profesor, un hombre de mediana edad, entiende lo mucho que nos cuesta a algunos decir las cosas que deberíamos decir. Admite que su padre nunca le decía esas cosas. Ni él se las decía a su padre, ni siquiera cuando estaba muriéndose.

Muchos de nosotros somos así. Hombres y mujeres criados por padres que nos querían, pero que nunca lo decían. Con frecuencia es la causa de la forma en que la mayoría de nosotros se comporta.

Pero, como excusa, no se sostiene. Nuestra generación ha dedicado una gran atención a tomar contacto con sus sentimientos, a verbalizar sus emociones. Sabemos, o deberíamos saber, que nuestros hijos (tanto los niños como las niñas) necesitan de nosotros algo más que comida en la mesa y ropa en el armario. Sabemos, o deberíamos saber, que el beso de un padre encaja igual de bien en la mejilla de un niño que en la de una niña.

Ya no basta con decir que nuestros padres eran unos chulos machistas que nos criaron para ser "de esa manera". Hemos hecho muchas otras cosas que nuestros padres nunca hicieron. Nuestros padres no asistían al parto ni aspiraban el suelo ni preparaban postres.

Si somos capaces de adaptarnos a todos esos cambios, seguro que podríamos saber qué hacer cuando un niño de 12 años nos mira y nos dice "Te quiero". Yo no lo supe... Al menos, al principio. No siempre es fácil pasar de ser John Wayne a ser como James Stewart. Pero cuando mi hijo vino a darme un beso de buenas noches (un beso que parecía hacerse cada día más breve), lo retuve en mis brazos un poco más. Y, justo antes de que se escabullera, le dije con mi voz más profunda y masculina: "Eh, hijo, yo también te quiero".

No sé si decir aquello mejoró la salud de alguno de los dos, pero sí que nos hizo sentirnos bien. Puede que la próxima vez que uno de mis hijos me diga "Te quiero", no tarde todo un día en encontrar la respuesta.

D. L. Stewart

Hace falta un hombre
especial para estar en el pellejo
de un padrastro

Según se acercaba el Día del Padre, se me ocurrió que a este país le falta una fiesta, el Día del Padrastro.

Si hay alguien que merece un día especial, son esos valientes que tienen que hacerse un hueco en familias ya hechas con el cuidado y la atención de un neurocirujano.

Es por eso por lo que tenemos un Día de Bob en nuestra familia. Es nuestra personal versión del Día del Padrastro, y su nombre viene del de Bob, el padrastro. He aquí por qué lo celebramos.

Bob acaba de mudarse a casa.

"Si haces cualquier cosa que le haga daño a mi madre, podría hacer que acabaras en el hospital, ya sabes", le dice el hijo universitario, que es mucho más grande que el padrastro.

"Lo tendré en cuenta", dice Bob.

"No se te ocurra empezar a decirme lo que tengo que hacer", le dice el adolescente que está empezando el instituto. "No eres mi padre."

"Lo tendré en cuenta", dice Bob.

El universitario está al teléfono. Se le ha averiado el coche a 70 kilómetros de casa.

"Salgo hacia allá", dice Bob.

El subdirector está al teléfono. El adolescente ha participado en una pelea.

"Salgo hacia allá", dice Bob.

"Necesito una corbata que pegue con esta chaqueta", dice el universitario.

"Coge una de mi armario", dice Bob.

"Tienes que ponerte un pendiente en la oreja", dice el adolescente.

"Tienes que dejar de eructar a la mesa", dice Bob.

"Lo intentaré", dice el adolescente.

"Lo pensaré", dice Bob.

"¿Qué te parece la chica con la que salí anoche?", pregunta el universitario.

"¿Acaso importa?", pregunta Bob.

"Sí", dice el chico.

"Tengo que hablar contigo", dice el adolescente.

"Tengo que hablar contigo", dice Bob.

"Deberíamos compartir una experiencia entre padrastro e hijastro", dice el universitario.

"¿Haciendo qué?", dice Bob.

"Cambiándole el aceite a mi coche", dice el chico.

"Lo sabía", dice Bob.

"Deberíamos compartir una experiencia entre padrastro e hijastro", dice el adolescente.

"¿Haciendo qué?", dice Bob.

"Acercándome en coche al cine", dice el chico.

"Lo sabía", dice Bob.

"Si bebes, no cojas el coche. Llámame", dice Bob.

"Gracias", dice el universitario.

"Si bebes, no cojas el coche. Llámame", dice el universitario.

"Gracias", dice Bob.

"¿A qué hora tengo que estar en casa?", pregunta el

adolescente.

"A las once y media", dice Bob.

"Vale", dice el chico.

"No hagas nunca nada que pueda hacerle daño", me dice a mí el universitario. "Lo necesitamos."

"Lo tendré en cuenta", contesto.

Y por eso tenemos un Día de Bob. Los chicos le compran a su padrastro un regalo con el que todos puedan divertirse. Bob asa carne en la parrilla. Y yo doy gracias por haber tenido la suerte de que Bob se haya abierto camino en esta familia con tanta desenvoltura que ahora parece que siempre haya estado ahí.

Beth Mullally

La tostadora

*Los padres no tienen por qué ser altos ni fuertes
ni guapos ni inteligentes. El amor hace que lo
parezcan.*

Pam Brown

Al escoger regalos para los demás, una tostadora es
probablemente uno de los objetos más arriesgados. Está
bien para una celebración familiar de un primo al que apenas recuerdas o para un soltero inepto que no sabe mane-
jarse más que con el pan y la mantequilla de cacahuete.
Definitivamente, es un regalo tabú para una esposa por su
cumpleaños o por el aniversario de boda. Pero la tostadora
que me regaló mi padre fue uno de los regalos más con-
movedores y memorables de toda mi vida.

Durante mi tercer año en la universidad, en una ocasión
fui a pasar el fin de semana en la granja de mis padres,
donde me había criado. Pasé la mayor parte del tiempo
poniéndome al corriente de la vida de mis hermanas, charlando con mi madre y contando anécdotas sobre mis
clases, mis compañeras de piso y el chico con el que salía.
Incluso había llevado fotos del modesto chalé adosado que

había alquilado con otras dos estudiantes. Mi madre y mis hermanas se partieron de risa cuando vieron una foto en la que aparecía yo abanicando desesperadamente una alarma de incendios con una mano y sujetando una tostada carbonizada con la otra (la temperamental tostadora de segunda mano era un permanente motivo de bromas en nuestra casa de estudiantes). Mi padre, como de costumbre, permanecía al margen de aquel ruidoso mundo femenino.

El último día de mi fin de semana en casa, mientras estaba lavando los platos, con las manos sumergidas en humeante agua con jabón, miré por la ventana hacia el cobertizo donde estaba trabajando mi padre. Él y un jornalero estaban inclinados sobre un aspersor de abono, examinando ejes y cadenas, dando golpes aquí y allá con la llave inglesa. Observándolos a los dos, tan llenos de sentido, recordé los tiempos en que era yo quien acompañaba a mi padre en aquella cabaña, pasándole las herramientas o sujetando oxidados trozos de material para la granja, según lo que me pidiese, pero sobre todo observando, como lo estaba haciendo en aquel momento, ya sin formar verdadera parte de la imagen. Yo era una extraña, una extranjera en aquel mundo de grasa, suciedad y acero. Entonces, me pregunté de qué hablarían mientras trabajaban. ¿Del tiempo? ¿Del hockey? ¿De nada de nada? Las conversaciones masculinas del establo parecían más allá de mi alcance. En realidad, no me imaginaba más que gruñidos, órdenes, peticiones, maldiciones y suspiros de alivio, todo muy básico. Aquello no debía de tener nada que ver con las interminables charlas de las que disfrutábamos mi madre, mis hermanas y yo, tendidas en una de las enormes camas de la granja.

Aquel día en concreto, durante las dos últimas horas antes de volver a la universidad, sentía una sobrecogedora sensación de pérdida al contemplar a mi padre en aquel mundo suyo, que me parecía tan remoto. Me preguntaba si prefería aquel aislamiento, aparentemente voluntario, o si le gustaría formar parte de un mundo que parecía igual de remoto e imposible de alcanzar para él.

Después de lavar los platos de la comida, fui arriba para leer un rato, empaquetar mis cosas y prepararme para el largo viaje de vuelta a la universidad. Iba a recoger a mi madre del trabajo a las dos, para que ella me llevase en coche. Había oído a mi padre salir del establo y entrar en la casa. Había oído la ducha, la maquinilla de afeitar y los ruidosos cajones de su cómoda abriéndose y cerrándose. Cuando salió de su cuarto, me llamaron la atención la camisa y los pantalones recién lavados, y me pregunté dónde pensaba pasar aquella tarde. Media hora después, bajé la escalera, cargada de libros y bolsas camino del coche. Papá se quedó en la puerta diciéndome adiós mientras yo embutía apresuradamente mi equipaje en el maletero y me sentaba en el asiento del conductor.

Cuando llegué al trabajo de mi madre, se sorprendió de verme llegar sola en el coche y me preguntó dónde estaba papá. Me dijo que había estado pensando en acompañarnos durante el viaje y así conocer por fin la casa y la universidad donde yo había pasado los últimos dos años y medio. Inmediatamente me di cuenta de por qué papá se había afeitado y había abandonado su habitual mono verde. Había tenido la intención de venir, pero yo no había hecho ademán de invitarlo. No tenía ni idea de que quisiese venir con nosotros. Asombrada y avergonzada, corrí hacia una cabina para decirle a papá que tardaríamos diez minutos en volver a buscarlo.

Esa vez, papá se deslizó al asiento del conductor y yo me arrastré hasta la parte de atrás, junto a mi pila de libros y mi maleta. No se me ocurría nada que decir. Lo único que me venía a la cabeza era lo que no había dicho antes. Mientras atravesábamos mi ciudad natal, papá se desvió por la calle principal y desapareció en la ferretería. Unos segundos después, volvió a meterse en el coche y me tendió una pequeña caja que contenía una flamante tostadora nueva.

"Parece que os hace falta una, chicas", fue todo lo que dijo.

Le di las gracias, aunque las palabras, estoy segura, apenas fueron audibles. Con la tostadora en el regazo, aferrándola con manos temblorosas, observé desde detrás la cabeza y los fuertes hombros de mi padre. Se me ocurrió darle un abrazo, o tocarle el brazo y darle las gracias de nuevo, pero nunca nos habíamos acostumbrado a ese tipo de manifestaciones. De modo que, en vez de eso, me limité a quedarme sentada mirando la brillante foto de la caja. En aquellos momentos, la tostadora parecía hablar por los dos.

Incluso ahora, en una tranquila mañana, mientras miro por la ventana de mi propia cocina y espero a que la tostada del desayuno salte de mi nueva tostadora plateada, recuerdo perfectamente aquel día, hace quince años. Aquel día, sentada en el coche de mis padres con otra tostadora en el regazo, mirando la cabeza de mi padre, con lágrimas corriéndome por la cara. A veces, ni los padres ni los hijos sabemos encontrar una forma de contactar con los demás o encontrar las palabras adecuadas que decir. A veces no hay palabras que decir, pero una tostadora todavía puede calentarme el corazón.

Judy E. Carter

Carta a Hacienda

La paternidad ha sido para mí no tanto una tarea, sino más bien una inestable y sorprendente combinación de aventuras, palos de ciego, lucha de guerrillas y crucigramas.

Frederic F. Van De Water

Estimados señores:

Por la presente, contesto a la carta en la que su Ministerio me denegó la deducción por dos menores a mi cargo que solicité en mi declaración de 1994. Se lo agradezco. Llevo años preguntándome si esos niños son míos o no. Son malos y caros.

Es justo, puesto que son menores y no están bajo mi responsabilidad, que el Estado (que evidentemente ahora me cobra más impuestos por hacerse cargo de estos niños desamparados) sepa algo sobre ellos y sobre lo que puede esperarse durante el próximo año. Al año siguiente, pueden solicitar que vuelva a hacerme cargo de ellos y hacer de nuevo efectiva la deducción. Este año, ¡son suyos!

La mayor, Kristen, tiene ahora 17 años. Es muy brillante. ¡Pregúntenle a ella! Les sugiero que la pongan a trabajar en sus oficinas, donde puede contestar a las preguntas del público sobre sus devoluciones. Aunque no tiene ninguna formación concreta, eso no le impide dominar cualquier materia que se le ocurra. Los impuestos podrían ser un cambio para ella. El año que viene irá a la universidad. Me parece maravilloso que ahora vayan a hacerse cargo ustedes de ese pequeño gasto. Cuando reflexionen sobre ello, tengan en cuenta que tiene una furgoneta. Actualmente no funciona, de modo que tienen que decidir si van apropiarse de fondos del Ministerio de Defensa para reparar el vehículo o si van a madrugar para llevarla a clase.

Kristen también tiene un novio. ¡Qué alegría! Aunque posee toda la sabiduría del universo, a su supuesta madre y a mí nos ha parecido conveniente recordarle de vez en cuando las virtudes de la abstinencia y, en situaciones de pasión irreprimible, del sexo seguro. Este tipo de cosas son siempre violentas y me siento muy aliviado de que en el futuro vayan a encargarse ustedes de ello.

Patrick tiene 14 años. Siempre me ha dado qué pensar. Tiene los ojos más juntos que la gente normal. Puede llegar a convertirse algún día en inspector de Hacienda, si ustedes no lo encarcelan antes. En febrero, a las tres de la madrugada me despertó de malos modos un policía que traía a casa a Pat. Él y sus amigos habían estado envolviendo casas en papel higiénico. En el futuro, ¿desean que lo depositen en el Ministerio de Hacienda o prefieren que se lo lleven directamente a Ogden (Utah)? Los chicos de 14 años son capaces de hacer cualquier cosa por un desafío. Lleva el pelo morado. ¿Tinte permanente? ¿Tinte temporal? ¿Qué más da? Acostúmbrense a verlo.

Tendrán mucho tiempo para hacerlo cuando lo expulsen unos días del instituto por haber provocado una pelea. Ya me encargaré de darle su número de teléfono al subdirector. ¡Ah, sí! Tanto él como sus amigos tienen las hormonas desbocadas. Éste es el hogar de la testosterona, así que nos quedaremos mucho más tranquilos cuando se vaya a vivir con ustedes. Bajo ningún concepto dejen a ninguno de ellos a solas con chicas, explosivos, material inflamable o hinchable, vehículos o teléfonos. (Estoy seguro de que se darán cuenta de que los teléfonos son una fuente inagotable de diversión y se asegurarán de bloquear las líneas 903).

Heather es una extraterrestre. Se coló por una grieta del tiempo y un año apareció como por arte de magia. Estoy segura de que ésta es de los suyos. Tiene 10 años, a punto de cumplir 21. Parece recién llegada de un viaje a los sesenta. Lleva ropa desteñida, abalorios, sandalias y su pelo se parece al de Janis Joplin. Es una suerte que vayan a subirme los impuestos para contribuir a compensar los gastos de sus cursos de corrección de los hábitos de lectura. *Enganchados a la Fonética* es un libro tan caro que los colegios han dejado de comprarlo. ¡Buenas noticias! Pueden adquirirlo por la mitad del importe de la deducción que me han negado. Resulta obvio que nosotros éramos unos padres horrorosos (pregúntenselo a los otros dos), de modo que ellos nos han ayudado a llevar a ésta a un nuevo grado de terror. No sabe hablar nuestra lengua. La mayoría de la gente de menos de 20 años entiende ese curioso dialecto que ha construido combinando la forma de hablar de una chica de campo, un joven urbano, un aficionado al *reggae*, un *yuppie* y un político. Yo, no. En el colegio la han enviado a un logopeda que la obliga a pronunciar de tal manera que su voz ha adquirido un fresco toque entre mexicano e irlandés. Se pone los sombreros del revés, lleva pantalones abombados y quiere hacerse cuatro agujeros más en una de las orejas. Siente una fascinación por los tatuajes que me preocupa, pero estoy convencido de que ustedes podrán manejarla. Traigan un camión cuando vengan a buscarla y sacarla del nido que es su habitación, y creo que sería más fácil tratar de trasladar la cosa entera antes que intentar averiguar de qué está hecha.

Ustedes me han denegado dos de las tres deducciones, por lo que considero justo que elijan con cuál de los tres quieren quedarse. Yo preferiría que se quedaran con los más jóvenes. Con la universidad de Kristen, no evitaré la ruina, pero después, ¡seré libre! Si se quedan con los dos mayores, aún me quedará tiempo para asesorarme antes de que Heather llegue a la adolescencia. Si se quedan con las dos chicas, entonces no me sentiré tan mal por meter a Patrick en una academia militar. Les ruego que me hagan saber su decisión tan pronto como sea posible, puesto que ya he aumentado la retención en mi nómina para hacer frente a los 395 dólares del incremento en los impuestos y ya he dado la entrada para la compra de un aeroplano.

Atentamente,
Bob Mullen

Nota: El contribuyente en cuestión añadió este apunte a fecha posterior: "¡Maldita sea! Me han hecho la devolución y me han concedido las deducciones".
Nuestra respuesta: "Bob, a veces no puedes tomarte ni un momento de respiro".

Bob Mullen

Consejos del padre del novio

*Las palabras tienen un extraordinario impacto.
Las impresiones que provoca la voz de un padre
pueden poner en movimiento toda una corriente
de vida.*

Gordon MacDonald

Tengo el trabajo más inútil del mundo.

Soy el padre del novio.

Nuestro hijo Stephen se casa este fin de semana y, como padre del novio, se espera de mí que no haga absolutamente nada.

Vale, tengo que hacer acto de presencia.

Pero eso es todo. No tengo ninguna obligación. No tengo que contratar un cuarteto de cuerda, ni ocuparme de las flores, ni seleccionar un vino modesto pero exquisito, ni caminar por el pasillo de la iglesia.

Podría echarme una cabezadita sin que a nadie le importase ni se diese cuenta.

Pues bueno, la pasividad no va conmigo. Quiero dar mi opinión, aunque no sirva de nada.

Así pues, como contribución personal a la boda, les

ofrezco a Stephen y a Rhea, su prometida, estos consejos sobre el matrimonio.

Tomad siempre un buen desayuno. Un matrimonio requiere invariablemente una gran cantidad de energía, y no deberíais empezar el día con el estómago vacío.

Poned siempre por delante a la otra persona.

Nunca salgáis de casa sin darle un beso al otro. Resulta agradable. Si podéis deslizar alguna que otra caricia, tampoco estaría mal.

Divertios. Si no sois capaces de haceros reír el uno al otro, hay algo que falla.

Aceptad pronto que habrá cosas en las que nunca os pondréis de acuerdo (la temperatura adecuada para la habitación, el coche, los pantalones pirata, los cómicos de la tele). Es normal. Que no cunda el pánico.

No intentéis tener la razón en todas las discusiones. Comprometeros con dignidad. Y nada de mostrarse jactanciosos.

Vivid dentro de vuestras posibilidades. La administración del dinero es mucho más importante de lo que pensáis para la felicidad matrimonial. Que no os dé miedo prescindir de algunas cosas. Las cosas no os mantendrán unidos. Cuando miréis atrás, no serán las cosas lo que recordaréis.

Sorpresas. Necesitáis muchas sorpresas. Hace poco, una mañana me encontré con un pequeño poema en mi escritorio. Ahora ya sabéis por qué creo que tengo la mejor compañera de toda la galaxia.

No pongáis mala cara, no refunfuñéis ni dejéis cosas en los bolsillos el día que vayáis a hacer la colada.

No os guardéis las mejores sonrisas para los extraños, los compañeros de trabajo o los clientes. Dejad claras vuestras prioridades.

Hablad el uno con el otro. Creo firmemente que es necesario.

Tened una gran cama, bonita y acogedora, donde podáis empezar y acabar el día con un achuchón. Si estáis demasiado ocupados para achucharos, es probable que estéis padeciendo un caso de egocentrismo, fatal para un matrimonio.

No asumáis que el otro siempre estará ahí, ni aun cuando celebréis vuestras bodas de oro.

Sed fieles.

No penséis que la pasión termina una vez que os hayáis casado. Si jugáis bien vuestras cartas, empezará justo entonces.

Reunios todos para la cena alrededor de la mesa y comentad los acontecimientos del día. No encendáis la televisión. No leáis el periódico. No os limitéis a quejaros. Es el momento de alegrarse y relajarse.

Servid nata montada de vez en cuando. La nata montada pone de buen humor a todo el mundo.

Tened hijos. Y, cuando los tengáis, cuidadlos, queredlos, disfrutad con ellos, pasad tiempo con ellos, decidles "no" de vez en cuando, jugad con ellos, abrazadlos. Los hijos serán probablemente vuestra mayor contribución al mundo, de modo que no los tratéis como si fuesen sólo un pasatiempo ni dejéis que los críen extraños.

Tened un porche en cuanto podáis. Y un buen par de sillas. En verano, sentaos fuera a contemplar las puestas de sol. No siempre tenéis que estar corriendo.

Estad ahí cuando las cosas vayan bien, pero también cuando vayan mal.

Escuchad, escuchad, escuchad. Os sorprenderá lo que aprendéis.

Juzgadlo todo por el mismo rasero.

Por la mañana, temprano, cuando aún estéis medio dormidos, alargad la mano y tocad a vuestro compañero, sólo para saber que está ahí y que todo va bien. La ternura todavía es legal.

Y, por último:

Invitad a cenar al padre del novio cuando tengáis rollo de carne o filetes empanados. Promete no dar más consejos.

Gary Lautens

4

CONEXIONES ESPECIALES

Si no tenemos paz, es porque hemos olvidado que pertenecemos a los demás.

Madre Teresa

Contra todo pronóstico

Martin Wall fue prisionero en Siberia durante la Segunda Guerra Mundial. Había dejado atrás, en Ucrania, a su mujer Anna y a su hijo Jacob. Sin que él lo supiera, después de su partida Anna había dado a luz a una niña y la había llamado Sonya.

Cuando Martin salió de la cárcel, se había convertido en un hombre frágil y avejentado, en cuyas manos y pies se veían las huellas de la tortura, y sabía que nunca volvería a tener otro hijo. Pero, a pesar de todo, era libre. Inmediatamente se puso a buscar sin parar a Anna y a Jacob. Finalmente, supo a través de la Cruz Roja que su familia había muerto de camino a Siberia y se quedó deshecho. Seguía sin saber que tenía una hija pequeña.

Anna había tenido suerte durante la primera etapa de la guerra, después de huir a Alemania. Trabajó para un matrimonio que se ocupaba de una granja y que la trataba bien. Fue allí donde nació Sonya. Parecía como si hubiesen pasado siglos desde que ella y Martin eran niños en su apacible hogar en un pueblo ucraniano. "¿Podrá algún día la vida volver a estar libre de dolor, sufrimiento y separación?", se preguntaba. Ella creía que sí, si es que Martin pudiera, también él, ir a Alemania para empezar de nuevo.

Pero no iba a ser así. La guerra terminó con la derrota de Alemania, y las fuerzas de Stalin cogieron a Anna y a sus hijos y les dijeron que iban a volver a casa. Los llevaron por la fuerza en fríos vagones para el transporte de animales, a menudo sin comida ni agua, y el corazón le decía a Anna que se dirigía al horror de los campos de la muerte de Siberia. Su esperanza había muerto y ella estaba enferma. "Dios mío, protege a estos niños inocentes", rogaba una y otra vez. Su agitada respiración y el continuo dolor en el pecho empeoraban.

"Jacob", le susurró a su hijo, "estoy muy enferma. Es posible que muera. Iré al cielo y le pediré a Dios que os proteja. No abandones nunca a la pequeña Sonya. Dios os cuidará a los dos."

A la mañana siguiente Anna había muerto, y se llevaron su cadáver en un camión para enterrarlo en una de las muchas fosas comunes. Sacaron a sus hijos del tren y los transportaron a un orfanato comunista. Estaban verdaderamente solos en el mundo.

Cuando Martin recibió la noticia de que su familia había muerto, dejó de rezar. Sentía que Dios lo había abandonado en todos los momentos difíciles. Le asignaron un trabajo en una comuna. Allí, mientras trabajaba mecánicamente, poco a poco comenzó a recuperar la salud y las fuerzas. Pero sentía como si su corazón y sus sentimientos estuviesen muertos. Ya nada le importaba.

Entonces, una mañana conoció a Greta, que también trabajaba en la misma comuna. Si ella no le hubiera sonreído, Martin nunca habría reconocido a la que en otra época había sido una antigua compañera de clase de su pueblo natal, alegre e inteligente. ¿Qué afortunado azar los había reunido de nuevo en aquel preciso lugar, después de tantos años y de todo lo que había ocurrido?

Pronto se casaron. La vida comenzó a merecer la pena de nuevo. Pero hay mujeres a las que les falta algo hasta que no tienen en sus brazos a un pequeño al que amar. Greta era de esas mujeres. Sabía que Martin nunca podría volver a ser padre y, sin embargo, seguía anhelando un hijo.

"Martin, los orfanatos están llenos de niños. ¿Por qué no adoptamos uno?", suplicó.

"Greta", replicó Martin, "¿cómo quieres traer un niño a nuestro hogar para amarlo? ¿No sabes lo que les ocurre?" Su corazón no podría soportar romperse de nuevo, de modo que lo había cerrado.

No obstante, el anhelo de Greta perduraba y acabó por triunfar el amor. Al fin, una mañana, Martin le dijo: "Greta, puedes ir y traer un niño a casa".

Cuando llegó su día libre, Greta, que ya había escogido un orfanato, se subió al tren y se encaminó a buscar un niño. Al penetrar en la oscura y enorme sala del orfanato y ver los rostros silenciosos y suplicantes que la llenaban, deseó poder estrecharlos a todos en sus brazos y llevárselos.

Justo entonces, una niña pequeña se acercó y le sonrió tímidamente. "Ésta es la forma que tiene Dios de ayudarme a escoger", sintió Greta. Se agachó junto a la niña y le preguntó: "¿Te gustaría venirte conmigo a un verdadero hogar en el que hay un padre y una madre?".

"Sí, muchísimo", replicó la niña, "pero espere a que vaya a buscar a mi hermano. Nos vamos juntos, nunca podría abandonarlo."

Greta agitó la cabeza con tristeza. "Sólo puedo llevarme un niño. Me gustaría que fueras tú." La niña volvió a sacudir la cabeza con fuerza. "Tengo que quedarme con mi hermano. Antes teníamos una madre. Ella le dijo que me cuidara. Dijo que Dios nos cuidaría a los dos."

Greta se sintió incapaz de buscar otro niño. Aquella chiquilla le había robado el corazón. "Martin", suplicó al volver a casa, "por favor, por favor, tengo que traerme dos.

La que escogí tiene un hermano y se niega a venir sin él."

"De verdad, Greta", contestó Martin, "de los miles de niños entre los que puedes escoger, ¿sólo puedes traer a ésa y a ningún otro? No te entiendo."

Martin vio que Greta estaba triste y que no había vuelto al orfanato. De nuevo, el amor triunfó. Sugirió que podrían volver juntos y ver a la niña. Quizá él pudiera convencerla de que se fuese con ellos sola y dejase a su hermano. Entonces pensó en su pequeño Jacob. ¿Y si había acabado en un orfanato? ¿Acaso no le gustaría que lo adoptase una mujer amable como Greta?

"Has vuelto a buscarnos", susurró la niña al saludarlos, con los ojos muy abiertos. En esa ocasión cogía de la mano a un niño frágil y delgado, de ojos dulces. "Prometí que no la abandonaría nunca", dijo él. "Cuando murió mi madre, me dijo que tenía que prometerlo. Y lo prometí. Siento mucho que no pueda irse con vosotros."

Martin miró a los dos niños en silencio y, tras un momento, anunció con voz decidida: "Nos llevamos a los dos". Enseguida se había sentido unido a aquel frágil niño.

Mientras Greta iba a recoger la ropa de los niños, Martin fue al despacho a arreglar y firmar los papeles de la adopción. Cuando Greta llegó, con un chiquillo de cada mano, encontró a Martin completamente aturdido. Estaba blanco como el papel y le temblaban tanto las manos que no podía firmar los documentos.

Inmediatamente Greta corrió hacia él, gritando: "¡Martin! ¿Qué te pasa?". ¿Acaso iba a ponerse enfermo allí mismo?

"Greta, ¡lee los nombres!" Le puso un papel delante de los ojos. Cogiéndolo, ella leyó los nombres de los dos niños: "Jacob y Sonya Wall. Madre: Anna (Bartel) Wall. Padre: Martin Wall". Todas las fechas de nacimiento coincidían."¡Greta, son mis propios hijos! Éste es mi amado hijo Jacob, que yo creía muerto, y una hija que nunca supe que tenía. Si no hubiese sido por tu ruego de que adoptásemos un niño y por tu corazón rebosante de amor, ¡me habría perdido este milagro!" Estrechó en los brazos a su hijo y exclamó: "¡Oh, Greta, hay un Dios!".

Elizabeth Enns

Las ciento una noches atlánticas

Un padre orgulloso alardea poco de las habilidades y los logros de su hijo, pero se precia de su bondad, de su dulzura, de su callado coraje.

Pam Brown

Al llegar a casa, vi que tenía un mensaje esperándome en el contestador. Eso no era nada raro y, sin embargo, algo me hacía sentirme intranquila. Apreté el botón y oí la voz desgarrada de mi hijo de 21 años, Daniel:

"¡Estoy perdido, mamá, Jaish no puede hacerlo!"

Lancé un grito sofocado, sintiendo su decepción y también la mía. Tres meses antes, en el otoño de 1995, Jaishan, un antiguo compañero de clase de Danny, le pidió que formara equipo con él para participar en la Gran Carrera de Remo del Atlántico y navegar desde Tenerife hasta Port St. Charles, en Barbados. Había aceptado con mucha ilusión. Pagaron la tasa de inscripción e inmediatamente comenzó la planificación.

A mí me hacía ilusión poder usar mi experiencia en las relaciones públicas para ayudarlos a promocionarse, a obtener los fondos que necesitaban y a conseguir la embarcación, que debía ser diseñada específicamente para la ocasión. Teníamos por delante dos años.

Los dos eran cadetes del ejército británico y necesitaban un permiso para ese periodo de tiempo. La solicitud de Danny había sido aceptada. Entonces nos enteramos de que la solicitud de Jaish había sido denegada. Le aseguré a Daniel que encontraría otro compañero sin problemas.

"No es tan fácil, mamá. Necesito a alguien que pueda comprometerse durante los dos próximos años a promocionarnos, recaudar fondos y entrenar. Pero sobre todo tiene que ser alguien con quien pueda pasar tres meses a solas en un barco de siete metros."

No estoy muy segura de lo que pasó a continuación. No sé si él me lo pidió o si yo me ofrecí. El caso es que al acabar aquella conversación había accedido a ser su nueva compañera y a atravesar remando el Atlántico con él. ¡Éramos un equipo!

Mi amado segundo marido, Keith, había muerto de cáncer algunos años antes y con él se había ido mi antigua vida. Tenía 50 años y era viuda. Mi vida parecía vacía y sin dirección. Me pareció irresistible la posibilidad de pasar los dos años siguientes preparándome para una emocionante aventura y la oportunidad de compartir esa experiencia única con mi hijo. Una vez que me decidí, no había marcha atrás. Mi hijo estaba ofreciéndome una oportunidad única en la vida y no iba a desperdiciarla.

Me había comprometido a atravesar el Atlántico remando, pero aún faltaba el aspecto logístico. El dinero era una cuestión de la mayor importancia. Yo tenía un buen trabajo, pero de ninguna manera podría financiar el proyecto. Así que me fui al banco.

Como antigua alcaldesa de mi cuidad natal, Chipping Norton, era bastante conocida, de modo que albergaba algunas esperanzas. Pero, una vez que todo estuvo dicho y hecho, mi petición seguía pareciendo la de una viuda de

50 años que pide un crédito para cruzar el Atlántico remando con su hijo. ¡Y eso era!

Así pues, hipotequé mi hogar, mi casita de piedra de 200 años.

Oficialmente, ya éramos un equipo.

Cuando estuvo terminada nuestra embarcación a remo, construida para la ocasión y apta para el océano, ceremoniosamente la bautizamos Carpe Diem: ¡Aprovecha el momento! Empezamos a entrenar juntos, sobre todo en el Támesis. Daniel empezaba a sentirse algo culpable por la carga económica que creía que me había impuesto. En un momento dado, caí en la cuenta: "Dios mío, si esto no funciona, ¡podría perder mi casa!". Pero no teníamos tiempo para pensamientos de ese tipo. Cada uno de nosotros empleó sus habilidades en la empresa. Yo sabía que era cosa mía que llegásemos a la línea de salida en Canarias, mientras que al capitán Daniel le tocaba llevarnos hasta la línea de meta, en Barbados.

Cuando finalmente tuve valor para contarle a mi madre nuestros planes, su reacción me alegró inmensamente, ya que se mostró comprensiva y optimista, sin ningún miedo. Su respuesta fue: "Los años que van de los 50 a los 60 pasan volando". Y chasqueó los dedos. "¡Hazlo! Yo te apoyo incondicionalmente."

El 12 de octubre de 1997 llegó por fin. Tras dos años de duro trabajo, dejamos Tenerife junto con otros 29 equipos. Con 53 años, yo era la participante de más edad, y éramos el único equipo formado por madre e hijo. Nuestra embarcación estaba diseñada con dos asientos, uno detrás del otro. Durante las seis primeras horas remamos juntos. Después, comenzamos con la rutina que íbamos a seguir durante los siguientes 100 días: dos horas remando en solitario y después dos horas de sueño en el pequeño camarote de proa. Durante la primera semana, Danny estuvo enfermo por culpa de una comida en mal estado y yo tuve que ser el capitán y ocuparme de todo. Nos probó a los dos que yo era capaz de trabajar tan duro como cualquiera en el agua.

Una vez que Daniel mejoró, nos acostumbramos a una cómoda rutina que le dio una nueva dimensión a nuestra relación. A veces él dormía tan profundamente que yo seguía remando una hora más. Dan hacía lo mismo a menudo: remar una hora más para dejar dormir a su madre. Los cuidados que nos prodigábamos el uno al otro eran extraordinarios, y me pareció sobrecogedora la amabilidad de mi hijo hacia mí. Éramos un equipo de remo, sí, pero por encima de todo seguíamos siendo madre e hijo, queriéndonos y preocupándonos el uno por el otro sin condiciones. Si cualquiera de los dos hubiese podido proporcionarle al otro ocho horas seguidas de sueño, lo habría hecho inmediatamente.

El permanente balanceo de la embarcación, la humedad constante, la falta de sueño y de comodidad y, por supuesto, el duro ritmo de remo comenzaron a hacer mella en mi cuerpo, algo que a los dos nos preocupaba mucho. Tenía las manos rojas, en carne viva, y rígidas como garras. Tenía rozaduras en las nalgas y empecé a padecer una ciática. Tenía una hinchazón en la cadera, porque me había desgarrado un músculo antes de la carrera, y me había dañado el hombro al caerme por culpa de los bamboleos del mar agitado. Danny temía que su empeño por alcanzar su meta pudiese causarle a su madre daños irreparables y yo tenía miedo de que la fragilidad de mi cuerpo de 53 años pudiese arruinar el sueño de mi hijo. De pronto me sentí vieja y una carga para la empresa. Pero entonces Danny comenzó a sufrir los mismos males y me di cuenta de que no se trataba sólo de mí, sino de las durísimas condiciones en las que estábamos viviendo.

A lo largo del viaje, hubo muchas cosas que nos hicieron pensar en rendirnos. Había días difíciles en los que nos culpábamos el uno al otro. "¿Cómo le has podido hacer esto a tu pobre madre?", gritaba yo entonces. "¡Es todo culpa tuya!" A lo que Danny contestaba a voces: "¡No esperaba que dijeras que sí!". Pero, en realidad, habíamos decidido que sólo nos rendiríamos si una ballena aplastara nuestra embarcación. Ahora Daniel se ríe y dice: "¡Y la de veces que rezamos por que eso pasara!".

Era sorprendente lo que nos animaba, cuando teníamos la moral baja, algo tan insignificante como un arco iris o un pez saltando fuera del agua. Además, antes de salir, todos nuestros amigos y familiares nos habían escrito poemas y cartas, que después habían cerrado y fechado. De ese modo, teníamos correo todos los días que duró nuestro viaje. El humor y el amor que contenían aquellas cartas nos alegraban y nos ayudaban a seguir adelante cuando las cosas se ponían realmente difíciles.

También teníamos a bordo un faro de radar que permitía que siempre estuviésemos localizados. Todas las noches las posiciones de las embarcaciones aparecían en Internet, de modo que nuestros amigos y familiares podían seguirnos la pista. Cada noche, en sueños, mi dulce madre atravesaba el Atlántico conmigo. Mi padrastro dibujó un mapa a escala en la pared y todas las noches los amigos llamaban para comunicarle a mi madre nuestra posición. En aquel mapa trazaban nuestro recorrido. En cierto modo, las tres generaciones de la familia estábamos cruzando el Atlántico.

Tanto Daniel como yo seleccionamos cuidadosamente libros y música para llevar a bordo. ¡Quien piense que remar por el Atlántico es aburrido debería probar a no remar! Después de un tiempo, para variar, empezamos a intercambiar los libros y la música. Daniel comenzó a apreciar mis gustos clásicos, mientras que yo empecé a disfrutar escuchando a UB40 y el *reggae* que tanto le gustaba.

Cada equipo de la carrera tenía sus propias razones para participar. Algunos deseaban ganar. Nosotros, sin embargo, nos lo tomábamos como un desafío y como una oportunidad única de pasar tiempo juntos. Como sabíamos que no íbamos a ganar, nos tomábamos dos horas cada noche para cenar y charlar tranquilamente. Nos contábamos las historias y anécdotas de nuestras vidas, cosas que de otro modo quizá no habríamos compartido. Una noche, después de cenar, le dije: "Esto me recuerda a Scherazade, ya sabes, de *Las mil y una noches*". Daniel replicó: "Sí, mamá. Tal vez deberíamos llamar a nuestro libro *Las ciento una noches atlánticas*". Por completa casualidad (¿o no?), ése fue exactamente el tiempo que nos llevó cruzar el Atlántico: ciento una noches.

En la noche del 22 de enero de 1998 estábamos acercándonos a Barbados, pensando que aún nos quedaban unos 30 kilómetros por recorrer. Estábamos holgazaneando, saboreando la última noche de nuestra larga aventura juntos. Por última vez, mi hijo se puso a prepararme una taza de chocolate caliente y encendió su faro unos instantes. De pronto, la radio comenzó a graznar. Era un buque de escolta que había estado buscándonos. Cuando nos identificamos como el *Carpe Diem*, oímos un gran revuelo y griterío a bordo: "¡Son ello! ¡Son ellos! ¡Están a salvo!". Habían visto la luz de Daniel durante unos momentos y confiaban en que fuéramos nosotros. Entonces nos dieron la agradable noticia de que en realidad sólo nos faltaban unos 10 kilómetros para llegar. Daniel remó durante la primera hora y me permitió a mí, su dolorida pero dichosa madre, que remara las otras dos. Sería yo quien nos llevaría a través de la línea de longitud que era la línea de meta oficial.

Para nuestro asombro, toda una flotilla de embarcaciones que trasportaba a familiares y amigos empezó a celebrarlo. Después lanzaron fuegos artificiales, que iluminaron la noche, acompañados por los triunfantes cañones de la Obertura 1812 para darnos la bienvenida y celebrar que habíamos llegado a salvo. Toda la emoción de la hazaña realizada me invadió y me eché a llorar, exclamando: "¡Lo hemos conseguido! ¡Daniel, lo hemos conseguido!".

A causa del fuerte viento en contra y de nuestro agotamiento, preferimos subir al buque de escolta y remolcar a nuestro pequeño *Carpe Diem*, medio inundado de agua e inclinándose hacia un lado. Llegamos casi dos meses después del equipo ganador, el *Kiwi*, y pensábamos que todo el mundo se habría olvidado de nosotros (después de todo, éramos la última embarcación). Pero nos sorprendió y nos emocionó de verdad el gran recibimiento que nos dieron a nuestra llegada. Todo el mundo quería conocer y felicitar a "Jan y Dan", el equipo británico de madre e hijo que había conseguido con éxito atravesar el Atlántico remando y terminar la carrera.

A bordo del barco de escolta tuvimos un emotivo reencuentro con mi hija, Becky, la hermana de Daniel. Y había otra agradable sorpresa. Esperándonos en tierra con lágrimas y abrazos estaba mi dulce madre, que había venido desde su casa en Francia para dar la bienvenida a sus jubilosos hija y nieto.

Cuando intento expresar en palabras lo que se me quedará más grabado en la mente, la entrada de mi diario correspondiente al día 69 habla con más elocuencia de esas cosas que sólo mi corazón conoce. Aquel día escribí:

> *No creo que esto sea lo más hermoso (los delfines, las ballenas, los amaneceres y las puestas de sol), aunque siempre me acompañarán. El brillante cielo nocturno, las estrellas, la delicada luna nueva, la luna llena que brilla como si fuera de día. El poder y la gloria del océano.*
>
> *No. Es descubrir cómo la mente y el cuerpo aprenden a superarse. Ver cómo aguanta Daniel. He sentido tal*

*orgullo al ver su inquebrantable buen humor y su opti-
mismo, su bondad intrínseca y su sensatez. He amado
al bebé, al niño, al joven. Me he sentido orgullosa de
ellos, pero ahora admiro al hombre, Daniel, con todo mi
corazón.*

Durante el resto de nuestras vidas, da igual por qué
caminos nos lleven, siempre recordaremos ese tiempo tan
especial que pasamos juntos y el orgullo de haber logrado
una hazaña espectacular, que era nuestra y sólo nuestra.
Lo conseguimos. Los dos juntos.

*Jan Meek con Daniel Byles
Según el relato hecho a Janet Matthews*

Desde el corazón

Cuanto más viejo me hago, más pienso en mi madre.

Ingmar Bergman

Cuando tenía 14 años (la edad que tiene ahora mi hija), mi madre y yo no teníamos dinero para la cena de Navidad, y mucho menos para los regalos. Yo sabía que eso le causaba pena y me había propuesto no dejar que nos bajara la moral. Los regalos hechos por uno mismo son bonitos, pero yo no era muy creativa ni tenía dinero para los materiales. Resolví regalarle a mi madre algo que era para mí un tesoro: la única joya que poseía, un collar con una cruz de oro.

Lo limpié, me aseguré de que no hubiese nudos en la cadena y lo envolví en el papel más bonito que encontré. Estaba tan ilusionada que no podía esperar a que mi madre lo abriese.

Las madres solteras lo tienen muy difícil (como ahora sé por propia experiencia) y realmente quería verla sonreír. Siempre abríamos los regalos en Nochebuena y aquella tarde yo ya no podía esperar más.

Le pregunté si podíamos "celebrar la Nochebuena" más temprano. Esperaba aquella Nochebuena con más impaciencia que cuando sabía que iba a tener muchos regalos. No esperaba que me regalasen nada aquel año. De lo que se trataba era de dar.

Le di la cajita y luego la abracé y la besé, deseándole una feliz Navidad. Esperaba ansiosa a que la abriese, pero ella se quedó allí sentada con la caja en las manos, mirándola.

Recuerdo que la mirada de mi madre era una mezcla de tristeza y serenidad. Ella sabía que su mejor regalo para mí era su amor. Después de lo que pareció un buen rato, me miró y me dijo: "Yo también tengo algo para ti".

Buscó en su bolsillo, sacó otra cajita y me dijo que, aunque no era gran cosa, estaba repleto de amor.

Yo sentía una gran curiosidad y también algo de miedo. Sabía que el dinero no sobraba y esperaba que mamá no se lo hubiese gastado en algo que no pudiéramos permitirnos.

Era una cajita de terciopelo y, cuando levanté la tapa, descubrí un pequeño anillo con un diamante en el centro. En una nota, me decía que el anillo tenía 23 años, que esperaba que me diera buena suerte y . . . "Te quiero".

Se me hizo un nudo en la garganta y la miré. Sonrió y me dijo que era la alianza que le había dado mi padre. A partir de ese momento, era mío. Lo deslicé en mi dedo y abracé a mi madre.

Abrió mi regalo y, cuando vio el collar, se le llenaron los ojos de lágrimas. Me pidió que se lo pusiera. Acarició el collar y me dijo que eran las mejores Navidades que habíamos pasado juntas. Yo sólo pude asentir con la cabeza.

Estas Navidades, doy gracias por la madre que he tenido y atesoro cada uno de los recuerdos que compartí con ella. Ahora mi madre sufre Alzheimer en una fase avanzada y ya no me reconoce. Pero miro "nuestro" anillo y recuerdo su carácter dulce y sabio, dando gracias a Dios por haberme otorgado la bendición de tenerla como madre.

Pero ése no es el final de la historia.

Hace cuatro años entraron a robar en nuestra casa. Una de las cosas que se llevaron fue ese pequeño anillo. Había dejado todas mis joyas en casa por seguridad, porque era fiesta e iba a pasar el fin de semana fuera. Me quedé deshecha cuando descubrí que el anillo había desaparecido. Por supuesto, tampoco estaban sus anillos de diamantes, mi alianza, mi anillo de compromiso, etc., pero era aquel anillo lo que yo más sentía.

Escribí una carta al periódico local suplicándole a quien lo hubiese robado que, por favor, lo devolviese por correo de forma anónima.

Pasaron algunas semanas sin que hubiera respuesta y entonces un día apareció un policía a mi puerta. Llevaba una bolsita y me pidió que identificara lo que había dentro.

¡Era mi anillo! Nunca he sabido dónde ni cómo lo encontró, pero ha seguido en mi dedo hasta hoy.

Nancy McBee

El bebé de la Marina

*Es un hueco bastante grande como para colo-
car en él la esperanza, pues cada niño que viene
al mundo es . . . una posibilidad radiante y
siempre fresca.*

Kate Douglas Wiggin

En el verano de 1953 el portaaviones de escolta de la
Marina estadounidense *Point Cruz* llegó a la ciudad de
Inchon, en Corea, después del combate. La ciudad estaba
devastada por tres años de guerra. La comida escaseaba y
los orfanatos estaban llenos de niños abandonados. El
capellán del barco, el teniente Edward O. Riley, recibió un
mensaje urgente de su vieja amiga la hermana Philomena,
una extraordinaria monja irlandesa que dirigía el Hogar
para Niños Estrella del Mar. Como todos los orfanatos,
estaba saturado de niños y falto de comida y medicinas.
Cuando llegó, el padre Riley se sobresaltó al ver a un niño
enfermo y desnutrido que lo miraba con sus ojos azules.

"¿De dónde viene?", preguntó. La hermana Philomena
se lo dijo. El bebé había sido abandonado junto a la enfer-
mería del ASCOM (el puesto de mando de la Armada).

Una calurosa noche de julio, Lyle Van Meter, farmacéutico de la Marina, había salido y había descubierto a un bebé de un mes, enfermo y escuálido, envuelto en harapos. Tras investigar un poco, Lyle y sus compañeros se dieron cuenta de que, en Corea, el mejor sitio para aquel bebé blanco era junto a la hermana Philomena.

La hermana lo recibió con los brazos abiertos, pero cuando vio sus ojos azules, se quedó consternada. Sabía que, al ser un bebé medio blanco, no tenía ningún futuro en Corea. Si sobrevivía, en esa cultura sería despreciado y blanco de burlas. Pero su primera preocupación era la desesperada necesidad de atención médica que tenía. Los marines que lo encontraron lo llamaron George ASCOM, le dijo al padre Riley. "Es estadounidense, padre, y está muy enfermo. No tengo comida para él, ni medicinas. ¿No puede ayudarme?"

El padre, que era un hombre decidido, al anochecer ya estaba de vuelta en el Point Cruz y reunido con su capitán.

El capitán John T. Hayward, alias "Polluelo", y el padre Riley eran del mismo tipo de personas. En cuanto comprendió la situación, el capitán le ordenó al padre Riley que llevase al bebé a bordo del *Point Cruz* "para quedarse con él hasta que se curase". Le dijo: "Vaya a tierra y consígale un visado para entrar en los Estados Unidos, y no vuelva al barco sin haberlo obtenido". Luego, el *Point Cruz* se hizo a la mar, dejando atrás al padre Riley para que llevase a buen término su misión de misericordia.

Poco después, el barco-hospital estadounidense *Consolation* entró en el puerto de Inchon. En aquella sofocante mañana, el teniente Hugh Keenan, cirujano militar, consiguió por fin un permiso para bajar a tierra y, junto con algunos compañeros, hablaron de pasar aquel día en la playa, porque necesitaban desesperadamente relajarse. Pero, en vez de eso, decidieron ir al Hogar para Niños Estrella del Mar. También conocían a la hermana

Philomena y pensaron que la visita le resultaría agradable. Quizá podrían ayudar en algo.

La hermana les dio la bienvenida y los invitó a entrar al fresco. Pronto averiguó que el joven médico estaba casado y era padre. Lo condujo al cuarto de los niños y allí, entre docenas de niños coreanos, reparó en el pequeño bebé blanco y de ojos azules. No llegaba a los tres meses y estaba escuálido y apático, cubierto de sarpullidos. Estaba claro que su padre era estadounidense, algo inaceptable en Corea.

Cogió al niño y lo abrazó. Él y su mujer, Genevieve, habían perdido a cuatro bebés en los cuatro años anteriores. Algo en aquel bebé le recordaba al niño que habían perdido más recientemente. Quedó cautivado de tal manera por el bebé que decidió allí mismo adoptarlo.

Al día siguiente, volvió con un ungüento para el sarpullido. Después cogió al pequeño George y comenzó a darle de comer. Con una sonrisa, le contó a la hermana su plan. Se lo llevaría a casa con Genevieve y lo criarían como si fuese suyo, un estadounidense. Ella sonrió con satisfacción y le dijo que el padre Riley, amigo de los dos, ya estaba tratando de conseguir un visado para sacar a George de Corea.

Aquella noche el doctor Keenan sondeó a su capitán, que no dio muestras de sentirse conmovido por la situación. Decepcionado, se dio cuenta de que tendría que dejar en manos del padre Riley el papeleo y encontrar otra manera de llevarse a George a los Estados Unidos.

Mientras tanto, el padre Riley por fin había conseguido un pasaporte coreano para George. Pero el cónsul de los Estados Unidos se negó en redondo a emitir un visado. El *Point Cruz* había vuelto a Inchon y el capitán ordenó: "¡Traed a ese bebé a bordo!". El padre Riley estaba un poco preocupado por lo que pensaría la Marina de que tuvieran un bebé a bordo. Lo que más preocupaba al capitán era la reacción de la tripulación. No tenía motivos.

Toda la tripulación ya conocía la historia de George y estaba preparándose para su llegada. El armisticio había sido firmado en julio, las Navidades se acercaban y la tripulación sólo pensaba en volver a casa. La moral estaba baja, tan baja como puede llegar a estar a bordo, de modo que los hombres centraron su atención en el bebé. Prepararon una guardería y construyeron una cuna y un parque. Fabricaron con todo el cariño juguetes y sonajeros caseros para el bebé, que para todos representaba las familias a las que echaban de menos. Cortaron sábanas para hacer pañales y convirtieron un carro para transportar bombas en un cochecito de niños, con objeto de poder pasearlo por el barco. La impaciencia comenzó a crecer mientras esperaban la llegada del bebé.

Cuando el padre Riley por fin subió por la pasarela con el bebé, toda la tripulación del *Point Cruz* se agolpó en la barandilla celebrándolo y saludando con la mano. ¡Su bebé por fin estaba a bordo! Lo llamaron George Ascom Cruz, pero la tripulación lo llamaba sobre todo Baby-San Y se ofrecieron en masa a cuidarlo. Se eligió a seis hombres para que se ocuparan de él. El requisito era que supieran cambiar pañales.

El pequeño George pronto respondió a todo ese amor y a tantos cuidados. Aumentó de peso, el sarpullido desapareció y, para la delicia de todos, pronto estaba balbuceando y sonriendo. Los hombres descubrieron enseguida que cuando George los miraba desde abajo con sus ojos azules, ¡se les derretía el corazón! Había tantos que querían visitar la guardería que el capitán Hayward empezó a pegar boletines para informar de su mejoría. Todos los días sacaban a George a pasear a la cubierta en su cochecito y el sistema de megafonía del barco anunciaba: "¡Atención todo el mundo! Baby-san estará en la cubierta del hangar de dos a dos y media". Entonces los hombres hacían fila para visitar a su bebé, para mimarlo, hacerle monerías y sacarle fotos. Lo trataban con tanto cariño y orgullo como si fuese su propio hijo. Rodeado por un mar de amor paternal, ¡era como si tuviese 800 padres! En ocasiones, el capitán Hayward incluso llegaba a ordenar que llevaran a George al puente de mano para disfrutar de algún tiempo a solas con él.

Un día que tocaba colada, los tripulantes reemplazaron la bandera del Almirante y colgaron media docena de pañales en la verga, para que se secaran. Cuando pasaba algún barco y les decía por radio que no entendían la señal, la respuesta del *Point Cruz* era simplemente: "¡Bebé a bordo!".

Finalmente, le dieron permiso al doctor Keenan para bajar a tierra y se reunió con el padre Riley. Como Keenan todavía tenía que servir en el ejército durante otro año, el capitán Hayward accedió a que George se quedara en el *Point Cruz* hasta que consiguiera enviarlo a los Estados Unidos.

Cuando Hugh Keenan le escribió a su mujer comunicándole que estaba haciendo gestiones para conseguir que en Navidades tuviese un bebé entre los brazos, contuvo la respiración esperando la respuesta. Cuando ésta llegó, era un rotundo "¡Sí!".

La alegría estalló aquella noche en el *Point Cruz* cuando, durante la cena, se anunció por megafonía que su bebé iba a viajar a los Estados Unidos, donde tendría una familia de verdad, un verdadero hogar.

Mientras tanto, el padre Riley seguía sin tener suerte con el visado. Entonces, a mediados de noviembre, el vicepresidente Richard Nixon fue a Corea y movió algunos hilos. Algunos días después, llegó el visado. Después, el capitán Hayward hizo las gestiones necesarias para que George volara a Japón, donde lo recogerían en el navío de transporte *General Gaffey,* que lo llevaría a casa, a Seattle.

A finales de noviembre, cuando el *Point Cruz* se preparaba para hacerse a la mar, Hugh Keenan le dio un beso de despedida a su hijo y se lo confió al padre Riley, que iba a acompañarlo durante todo el camino hasta su nuevo hogar, en los Estados Unidos. Diez días después, 800 hombres se agolparon en la barandilla para despedir a George Ascom Cruz, que emprendía el viaje hacia su nuevo hogar en los Estados Unidos.

En un frío día de Seattle, poco antes de la Navidad, Genevieve Keenan esperaba con impaciencia en el muelle para conocer a su nuevo hijo. Todos los ojos estaban fijos en el bebé, que ya tenía ocho meses, mientras bajaba por la pasarela en brazos de una enfermera de la Marina, con el padre Riley detrás. Con la multitud mirando, la señora Riley cogió en brazos a su nuevo bebé, un regalo de Navidad muy especial de su marido, y exclamó: "¡Dios mío, qué niño tan hermoso!".

Le cambiaron el nombre por el de Daniel Edward Keenan. Daniel por el padre de Hugh y Edward por el padre Riley. Un año después, Hugh Keenan terminó su servicio en la Marina, regresó a casa con su mujer y sus dos hijos y volvió a trabajar como residente en la clínica Mayo. Más adelante se mudó a Spokane, donde se estableció como cirujano. Danny creció en el estado de Washington, estudió en la universidad, se casó y formó su propia familia.

Según iban pasando los años, los tripulantes del *Point Cruz* no dejaban de preguntarse qué habría sido de su bebé. En 1993, Bill Powers, el antiguo jefe de hangar, organizó una reunión y se propuso que Dan estuviese allí. Cuando se corrió la voz de que "George" había aceptado, los veteranos se pusieron como locos. ¡Su bebé iba a estar allí!

Cuando Bill Powers se levantó para presentar a Dan formalmente a los 70 hombres que esperaban, terminó diciendo: "Y ahora, caballeros, después de 40 años, aquí está nuestro bebé". Y después no pudo evitar echarse a llorar. No había nadie que no tuviese los ojos húmedos. Los antiguos tripulantes del *Point Cruz* se agolparon a su alrededor de la misma manera en que lo habían hecho, muchos años atrás, alrededor del cochecito que le habían construido. Estaban emocionados por poder verlo y darle la mano, y lo obsequiaron con historias y anécdotas de sus primeros meses de vida a bordo del *Point Cruz*. Algunos se abrazaban a él, otros declaraban que habían tenido el privilegio de cambiarle los pañales. Un caballero se le acercó con lágrimas en los ojos y sólo dijo: "No sabes lo mucho que significa para mí tener la oportunidad de volver a verte por fin". Y después le plantó un gran beso en la mejilla.

Cuando se levantó para despedirse, Dan Keenan se esforzaba en buscar palabras para hacerlo. Se preguntaba qué podría decirles a aquellos hombres para expresar su gratitud por haberle salvado la vida. Observó los rostros envejecidos. Todos eran desconocidos para él. Pero todos lo habían querido, para ellos era como un hijo. Significaba tanto para ellos que estaba profundamente conmovido. De pie en el estrado, las palabras comenzaron a fluir.

"¿Cómo puedo agradecerles que me hayan salvado la vida? Sin ustedes y su formidable capitán, yo no estaría aquí. Ni en este hotel ni en este país. Y puede que ni siquiera sobre la tierra."

Se hizo un gran silencio a continuación, mientras los tripulantes del *Point Cruz* contemplaban al hombre en el que se había convertido aquel bebé al que todos habían amado. Les había subido la moral y les había dado esperanzas en la vida y la paz, y en el final de la guerra. Y ellos, a cambio, conducidos por su capitán, le habían dado a él su vida y su futuro.

Janet Matthews con Dan Keenan

ENCUESTA AL LECTOR

A nosotros nos importa su opinión. Por favor tome un momento de su tiempo para llenar esta tarjeta y envíela por correo. Nosotros le enviaremos información sobre nuestros nuevos libros y **un regalo muy especial. Gracias.**

Por favor escriba en letra MAYÚSCULA.

Nombre |___|___|___|___|___|___|___|___|___|___| Inicial. |___| Apellido |___|___|___|___|___|___|

Dirección |___|___|___|___|___|___|___|___|___|___|___|___|___|___|___|

Ciudad |___|___|___|___|___|___| Estado |___|___| Zona Postal |___|___|___|___|___| — |___|___|___|___|

Numero de
Teléfono (|___|___|___|) |___|___|___| — |___|___|___|___| Fax # (|___|___|___|) |___|___|___| — |___|___|___|___|

Dirección de correo electrónico |___|___|___|___|___|___|___|___|___|___|___|___|___|___|

(1) Sexo:
___ Femenino   ___ Masculino

(2) Etad:
___ 12 o menos
___ 13-19   ___ 40-59
___ 20-39   ___ 60 o más

(3) Estado Civil
___ Casado
___ Soltero
___ Divorciado/Viudo

(4) ¿Recibió este libro como regalo?
___ Si   ___ No

(5) En los últimos doce meses, ¿cuántos libros a comprado o leído?
En Español 1-3 ___ 4-6 ___ 7-9 ___ 10 o más ___
En Ingles   1-3 ___ 4-6 ___ 7-9 ___ 10 o más ___

(6) ¿Como supo de este libro? Por favor marque UNA solo CINCO.
1) ___ Recomendación
2) ___ Exhibición en librería
3) ___ Lista de los libros más vendidos
4) ___ Internet
5) ___ Anuncio
6) ___ Entrevista a un autor
7) ___ Reseña de un libro

(7) ¿Usualmente donde compra libros? Por favor seleccione sus DOS respuestas favoritas
1) ___ Librería
2) ___ Almacén religioso
3) ___ Internet
4) ___ Catalogo
5) ___ Clubs de ahorro (Costco, Sam's Club, etc.)
6) ___ Otros almacenes (Target, Wal-Mart, etc.)

(9) ¿Que temas disfruta más leer? Seleccione solo CINCO. *Marque el #1 para su favorito, #2 para el segundo lugar, etc...*

		1	2	3	4	5
1) Paternidad, Maternidad/Familia		O	O	O	O	O
2) Relaciones humanas		O	O	O	O	O
3) Salud/Nutrición		O	O	O	O	O
4) Christianismo		O	O	O	O	O
5) Espiritualidad/Inspiracional		O	O	O	O	O
6) Auto ayuda para empresas		O	O	O	O	O
7) Temas para adolescentes		O	O	O	O	O
8) Deportes		O	O	O	O	O

(14) ¿Que le atrae mas de un libro? *Marque el #1 para su favorito, #2 para el segundo lugar, etc...*

		1	2	3	4
14) Titulo		O	O	O	O
15) Diseño de la portada		O	O	O	O
16) Autor		O	O	O	O
17) Contenido		O	O	O	O

Por favor de sellar en el centro; No engrapar

BUSINESS REPLY MAIL
FIRST-CLASS MAIL PERMIT NO 45 DEERFIELD BEACH, FL

POSTAGE WILL BE PAID BY ADDRESSEE

HCI EN ESPANOL
HEALTH COMMUNICATIONS, INC.
3201 SW 15TH STREET
DEERFIELD BEACH FL 33442-9875

|ıılıııllıılıılılıılıılllılıılıılılıııldlılıılılıl

DOBLE AQUI

(18) Generalmente, ¿que precio espera Ud. pagar por un libro?

1) _____ $ 5.00
2) _____ $10.00
3) _____ $15.00
4) _____ $20.00
5) _____ $25.00 o más

¿Tiene algún commentario o sugerencia
que le gustaria compartir con nosotros?

Para mas información sobre HCI Español:
www.hcibooks.com (800) 441-5569
NO NECESITA ESTAMPILLA POSTAL.

La embajada de la esperanza

La suerte es una combinación de preparación y oportunidad.

Oprah Winfrey

Cuando Mark tenía cinco años, sus padres se divorciaron. Él se quedó con su madre, mientras que su padre se alistó en las fuerzas armadas.

Según iba creciendo, Mark recordaba a veces el poco tiempo que había pasado con su padre y anhelaba volver a verlo algún día. Sin embargo, al ir acercándose a los 20 años, cada vez pensaba menos en su padre. Su atención se centraba sobre todo en las chicas, las motos y las fiestas.

Tras terminar la universidad, Mark se casó con su novia del instituto. Un año más tarde, tuvieron un niño fuerte y sano. Los años pasaron.

Un día, cuando su hijo tenía cinco años, Mark estaba empezando a afeitarse cuando el niño lo miró desde abajo y le dijo riendo: "Papá, pareces un payaso con toda esa nata montada por la cara".

Mark se echó a reír, se miró al espejo y se dio cuenta de lo mucho que se parecía su hijo a él cuando tenía su edad.

Después recordó que su madre le había contado que él le había dicho lo mismo a su padre.

Eso hizo que empezara a pensar mucho en su padre y a hacerle preguntas a su madre. Hacía mucho que Mark no hablaba de su padre y su madre le dijo que llevaba más de 20 años sin comunicarse con él. Además, desde que Mark había cumplido los 18, ella dejó de conocer su paradero.

Mark miró a su madre a los ojos y le dijo: "Necesito encontrar a mi padre". Entonces su madre le dijo que todos los familiares de su padre habían muerto y que no tenía ni idea de por dónde empezar a buscar, pero añadió: "Quizá haya alguna posibilidad de que, si contactas con la Embajada de los Estados Unidos en Gran Bretaña, ellos puedan ayudarte".

Aunque parecía que había pocas probabilidades, Mark estaba decidido a encontrarlo. Al día siguiente, llamó a la embajada y la conversación se desarrolló más o menos de la siguiente manera:

"Embajada de los Estados Unidos, ¿en qué puedo ayudarlo?"

"Hola, me llamo Mark Sullivan y estoy buscando a mi padre."

Hubo una larga pausa y se oyó ruido de papeles, y después el hombre dijo:

"¿Es usted el señor Mark Joseph Sullivan?"

"Sí", contestó Mark, nervioso.

"Y, ¿nació en Vincennes, Indiana, en el hospital Good Samaritan, el 19 de octubre de 1970?"

"Sí, sí", contestó de nuevo.

"Mark, por favor, ¡no cuelgue!"

Entonces Mark oyó que el hombre hablaba con sus compañeros de trabajo para anunciarles, emocionado: "Escuchadme todos, tengo una noticia extraordinaria: el hijo del teniente Ronald L. Sullivan está al teléfono. ¡Nos ha encontrado!".

Inmediatamente Mark oyó al fondo a una multitud (obviamente, todo el personal de la embajada) aplaudiendo, celebrándolo, riendo, llorando y dando gracias a Dios.

Cuando el hombre volvió a ponerse al teléfono, le dijo: "Mark, nos alegramos muchísimo de que hayas llamado. Tu padre ha estado viniendo en persona o llamándonos casi todos los días desde hace nueve años, para ver si habíamos localizado a su hijo".

Al día siguiente, Mark recibió una llamada de teléfono de su feliz padre. Su padre le explicó que había estado viajando a los Estados Unidos cada seis meses para tratar de encontrarlo. En una ocasión hasta llegó a conseguir sus señas, pero cuando se presentó allí, el casero le dijo que Mark y su madre se habían mudado hacía sólo dos semanas, sin dejar su nueva dirección.

Una vez que se encontraron el uno al otro, Mark y su padre tuvieron un emotivo reencuentro. Ahora forman parte de la vida del otro y se ven todo lo que pueden.

David Like

¿Qué probabilidades había?

Los momentos más felices de mi vida han sido los pocos que he pasado en casa, en el seno de mi familia.

Thomas Jefferson

El primer día de colegio, cuando estaba presentándome a mi nueva clase, una niñita llamada Patricia me llamó la atención. Me recordaba tanto a mi hija, Darcie, que tuve que sacudir la cabeza. Según fueron pasando los meses, me iba dando cuenta de lo mucho que se parecían a los de Darcie sus gestos y hasta algunas maneras de comportarse, a pesar de que sólo tenía 8 años, y Darcie 19. Incluso se peinaba de la misma forma que Darcie cuando estaba en la escuela primaria.

En noviembre, en las reuniones de padres y profesores, me alegré de poder conocer a la madre de Patricia, Jenny. Le conté lo mucho que se parecía su hija a la mía y me arrepentí de no haber llevado una foto para enseñarle el parecido. Entonces le mencioné que Darcie era adoptada, llegando incluso a preguntarme si nuestras hijas no estarían emparentadas de alguna manera, ya que el parecido era tan asombroso. Cuando Jenny iba a marcharse, le dije: "Sí, Darcie nació el 19 de julio de 1975, así que si tiene algún familiar que diera un bebé en adopción por esas fechas, puede que fuera Darcie". Como soy una persona más bien reservada, me sorprendí al hacer aquella confidencia. Lo achaqué a los nervios de las entrevistas con los padres y después me lo quité de la cabeza.

No volví a recordar aquel episodio hasta que llegaron las reuniones del mes de marzo. En esa ocasión, también estuvo presente el padre de Patricia, Garth. Una vez más, yo me había olvidado de llevar una foto de Darcie para enseñársela a Jenny. "Bueno, lo haré un día de éstos", pensé.

Más adelante, a finales de junio, el último día de clase, me llamaron por teléfono. Para mi sorpresa, era Jenny. Con voz extraña, dijo: "Llevo todo el año considerando si debía o no hacer esta llamada. Pero creo que es ahora o nunca". Y entonces, sin prepararme, me dijo: "Creo que soy la madre biológica de su hija".

Me quedé atónita. Sinceramente, esa posibilidad nunca se me había pasado por la cabeza. Fue una suerte que hubiera una silla junto al teléfono, porque de pronto se me doblaron las piernas. Volví a pensar en nuestro primer encuentro, en noviembre. ¡Pobre Jenny! ¡Qué impresión debió de llevarse aquella noche!

Por teléfono, Jenny y yo intercambiamos la información que nos habían dado a las dos en el momento de la adopción. Fue algo emocionalmente agotador y, mientras hablábamos, las dos intentábamos contener las lágrimas. Aquel día me enteré de que el marido de Jenny, Garth, también era el padre biológico de Darcie. Patricia y Darcie eran por completo hermanas genéticas. No era de extrañar que se pareciesen tanto.

Después, me senté y me pasé un buen rato llorando. No me sentía insegura ni amenazada, sino más bien completamente agotada y, en cierto sentido, aliviada. Como madre adoptiva, siempre había sabido que algún día mis hijos querrían encontrar a sus padres biológicos. Sólo deseaba que no descubrieran que su madre había muerto por sobredosis o que su padre estaba en la cárcel. Jenny y Garth parecían buenas personas y yo estaba encantada. Patricia había estado en mi clase durante todo un año y yo sabía bastante de su vida. Si Darcie se hubiera criado en esa familia, su vida habría sido bastante similar a la que llevó en la nuestra. Después de todo, pensé, Darcie podía sentirse muy orgullosa.

Jenny me había pedido que se lo dijera a Darcie, si quería. Ni ella ni Garth iban a presionarla. Si quería conocerlos, muy bien, pero si no era así, lo respetarían.

El martes siguiente, cuando Darcie volvió del trabajo, le pedí que subiera a hablar conmigo. Después de tranquilizarla y asegurarle que no pasaba nada malo, la rodeé con el brazo y le dije: "Darcie, el viernes hablé con tu madre biológica". Se quedó atónita y sin habla. Cuando le pregunté si le apetecía conocerla, me contestó: "No lo sé, todo esto se me hace raro". Cuando le conté que en realidad había estado con Jenny en varias ocasiones, se preguntó si se parecerían.

Al ir pasando las semanas, iba pidiéndome más información, según se sentía preparada para ello. Le resultó más fácil ir absorbiendo la información poco a poco, pero no acababa de decidir si quería conocer a Jenny y a Garth o no. Yo le dije: "Mira, Darcie, Jenny tardó casi un año en decidirse a llamarme. Por favor, tómate todo el tiempo que necesites. Nadie te presiona para que tomes una decisión".

Algunos meses después, se sintió preparada, pero definitivamente quería que yo la acompañase. A mí eso me alegró. La adopción no sólo le ocurre al bebé, también afecta a los padres. Yo necesitaba ser parte de ello.

Darcie se sentía un poco insegura. Sabía que lo que nosotros sentíamos por ella era un cariño incondicional, pero pensaba que con Jenny y Garth iba a tener que ganarse su aceptación gracias a su aspecto, a sus actos o a las dos cosas. En los meses siguientes, perdió algo de peso, encontró un nuevo trabajo, se tiñó el pelo tres veces y también se hizo la permanente, luego se lo alisó y finalmente se lo cortó.

Mi hijo adoptivo, Dale, se preguntaba por qué estaba tan agitada. "Son unos extraños", decía. "¿Por qué quiere conocerlos?" Yo le contestaba: "Así tiene que ser, Dale. Piensa en las probabilidades. ¡Esta ciudad tiene una población de más de 600.000 habitantes! Adoptamos a Darcie cuando vivíamos en la zona oeste, Jenny y Garth vivían en el centro... ¡y ahora todos vivimos hacia el este!". Yo estaba verdaderamente impresionada por la serie de coincidencias que, después de tantos años, nos habían llevado a vivir todos en el mismo barrio y a que Patricia estuviese en mi clase.

En junio de 1997, Darcie me pidió que preparase un encuentro con su familia biológica. Jenny estaba encantada, pero tenía sus reservas y quería asegurarse de que Darcie estuviese preparada. Tampoco estaba segura de que Patricia y su otro hijo, Jordan, estuviesen listos para saber quién era Darcie.

Cuando el día señalado llegó por fin, Darcie estaba tan nerviosa que tuve que ser yo quien recibió a Jenny y a Garth y los acompañó a la cocina. Después de que los presentara, Jenny se acercó a Darcie y la estrechó en tantos brazos. Las dos se echaron a llorar cuando Jenny abrazó a la hija a la que había renunciado muchos años atrás.

Cuando todos nos calmamos, nos instalamos en la salita y la conversación comenzó a fluir con facilidad. Darcie les enseñó las fotos de cuando era un bebé y las del colegio, y les hizo muchas preguntas. Se enteró de que

Garth tenía sólo 16 años, y Jenny 14, cuando ella nació. La habían dado en adopción porque la querían mucho y sabían que no estaban preparados para ser padres. Seis años después se casaron y siempre habían deseado conocerla. Cuando supieron por mí que había crecido cerca de ellos y en una buena familia, les pareció como un milagro y se sintieron muy dichosos. Finalmente, cuando Jenny y Garth se marcharon, ya muy tarde, todos nos abrazamos.

Jenny y Garth les habían contado a sus hijos que habían dado un bebé en adopción, pero todavía no les habían hablado del reciente reencuentro ni del papel que yo había tenido en él. Lo hicieron una semana más tarde, y Jenny le preguntó a Darcie si le gustaría conocer a Jordan y a Patricia, que eran hermanos suyos por completo.

Darcie aceptó muy ilusionada, y en esa ocasión yo también me puse nerviosa. Todo el mundo tenía muchas cosas que decir y aquello se parecía bastante a una fiesta familiar. Cuando Patricia entró en nuestra casa y vio a Darcie por primera vez, se puso loca de contento y exclamó: "¡Mamá, se parece a ti!". Estaba tan emocionada por tener una hermana mayor que se paseaba como Pedro por su casa. Quería ver el cuarto de Darcie, sus zapatos, el resto de la casa, nuestro jardín trasero. ¡No podía parar quieta!

Darcie y Jenny hablan por teléfono de vez en cuando y se mandan felicitaciones por su cumpleaños.

Ahora Darcie está casada y tiene un bebé. A Patricia le encanta ser la canguro de Darcie y su marido, y tanto Jenny como Garth están encantados de conocer a su primer nieto. La triste pérdida de su juventud ha sido sustituida por alegría y alivio, y puedo decir sinceramente que nos une un sentimiento de felicidad y paz.

Lou Ogston

La cuerda que nos une

Una madre no es una persona en la que apoyarse, sino alguien que hace que no sea necesario apoyarse en nadie.

Dorothy Canfield Fisher

Estoy parada en medio de High Street, en el centro de Columbus (Ohio). Hay cientos de mujeres a mi alrededor, esperando para participar en una carrera anual destinada a recaudar fondos para la lucha contra el cáncer de mama. La que más me importa de todas ellas está de pie a mi izquierda, con una cuerda en la mano derecha. Es mi hija, Kara, y hoy, 16 de mayo de 1998, cumple 26 años.

Kara ha encontrado un hueco para colocarnos entre 3.000 mujeres. Estamos lejos de las corredoras, pero queremos correr, no caminar, de modo que nos ha parecido buena idea colarnos hasta encontrar un hueco más o menos a medio camino entre el principio y el final de la multitud. Ésta va a ser nuestra primera carrera juntas y la primera de todas para Kara.

"¿Alguna vez se te ocurrió, hace 26 años, que haríamos algo como esto juntas?", me pregunta.

"Ni en mis sueños más atrevidos", digo, pero me siento tan orgullosa de lo que está a punto de hacer que me cuesta hablar.

Estoy un poco nerviosa y sé que ella también lo está. Con la mano izquierda, jugueteo con el otro extremo de la cuerda, el lazo que me guiará en la carrera. Como corredora invidente, he aprendido que la manera más eficaz de que me guíen en una carrera es aferrarme a uno de los extremos de una cuerda corta y que el otro extremo lo lleve un corredor vidente. He dejado en casa a mi perra guía, Sherry. Las multitudes la asustan y podría ser peligroso para ella, de modo que Kara será mi guía.

Cuando le hablé de la carrera por primera vez y le enseñé el folleto, Kara lo leyó concienzudamente de principio a fin. "Sería bonito hacer algo así en mi cumpleaños", dijo. Yo no sabía si lo decía con ironía o no. Después de todo, ella nunca había corrido más de cinco kilómetros seguidos y aquello era algo que la obligaría a levantarse antes del mediodía un sábado. Sin embargo, sin volver a mencionarlo, envié los impresos de inscripción, confiando en que quisiera hacer aquello conmigo. Yo ya había participado en otras dos carreras con un amigo, pero la idea de correr con mi hija para contribuir a la lucha contra el cáncer de mama me parecía más emocionante que participar en cien carreras con cualquier otra persona.

Entrenamos varias veces corriendo por un circuito cercano y practicamos con la cuerda. "Esto va a gustarme", dijo mientras, juguetona, tiraba de mí de un lado a otro. Yo me reía tanto que no podía correr y Sherry, que había venido con nosotras para hacer ejercicio, nos miraba como si estuviésemos locas.

"No me hagas reír. No puedo correr y reírme al mismo tiempo", dije. Fue en ese momento cuando me di cuenta de que también a mí me iba a gustar aquello.

"Preparados, listos... ¡Ya!", gritan para dar comienzo a la

carrera. Esperaba que la multitud me empujaría hacia delante, pero en cambio descubrimos que no podemos dar ni un paso adelante. Pasan los minutos mientras esperamos a que los cientos de personas que están delante de nosotras se pongan en marcha. Al fin, lentamente, empezamos a movernos. Nuestra impaciencia aumenta al comprobar que estamos atrapadas entre la gente que sólo quiere caminar, que aparentemente es la mayoría de los participantes.

"Está bien", nos decimos, "participaremos en la carrera caminando." Pero las dos estamos decepcionadas. Queremos correr. Es para eso para lo que nos hemos entrenado. Caminar cinco kilómetros no es nada para nosotras. El desafío está en correr.

De pronto, Kara empieza a encontrar sitios por los que adelantar a la gente. Pronto estamos zigzagueando a izquierda y derecha, abriéndonos camino entre la gente que camina. "Tengo que pensar en mí misma como si ocupara el espacio de dos personas y encontrar sitios por los que podamos pasar las dos", dice Kara. Me agarro a su brazo mientras corremos primero en una dirección y de pronto en otra. Por fin encontramos un hueco donde hay bastante espacio para correr, así que Kara dice "¡Cuerda!", para que yo sepa que hay vía libre y podemos ir a por ello. Dejo de aferrarme a su brazo y sujeto el extremo de la cuerda, como hemos practicado. Nos damos cuenta de que hemos recorrido una milla cuando Kara ve el puesto de agua justo enfrente.

"¿Quieres pararte a beber agua?", me pregunta.

"No", replico. "Me temo que perderíamos nuestra posición y nos alcanzaría la gente que va caminando."

El primer giro a la izquierda nos lleva a calles adoquinadas. "Levanta bien los pies", le advierto. "Si no, vas a tropezar y perderemos la posición." Ahora la multitud va disminuyendo y aumentamos el ritmo. Las aceras están llenas de gente que nos anima.

Ahora estamos pasándonoslo bien. Giramos a la izquierda por Third Street y, por primera vez en mi vida, me doy cuenta de que es cuesta arriba. Estamos orgullosas de nosotras mismas, no sólo por haber adelantado a los que van caminando, sino también porque ahora vamos con los corredores y hasta hemos adelantado a algunos. Cada pequeña victoria nos hace sonreír. "Ahora estamos delante, con los mayores", digo.

Kara se pone a leerme en voz alta lo que algunos corredores llevan escrito en la espalda y a las dos se nos llenan los ojos de lágrimas. "En memoria de mi madre, que murió el 16 de mayo de 1997." Hoy hace un año. Otros corren por amigas o familiares que han sobrevivido al cáncer de mama.

Entramos en la recta final de la carrera y el sistema de la cuerda está funcionando. Tenemos calor y sed, pero no nos atrevemos a parar. "¡Mira!", grita alguien. "Están atadas para no separarse."

"El primer idiota que vemos", dice Kara. Tiene una cierta tendencia a ser algo intolerante con la gente que no es tan observadora como ella con respecto a los discapacitados. Vuelve a pasar lo mismo un par de manzanas más adelante, pero nos limitamos a echarnos a reír y seguir corriendo.

Entonces oigo una voz familiar que grita nuestros nombres. Es mi amiga Eve, que está allí para darnos ánimos. "¡Tienes buen aspecto! Estás haciéndolo de maravilla, Mary." Los ánimos que nos da Eve son mejores que un trago de agua.

Giramos a la izquierda hacia Broad y sé que estamos acercándonos al final. En cuestión de minutos, estaremos a punto de cruzar la línea de meta. Tengo la boca pastosa y las piernas como plomo.

Kara va contando hacia atrás según nos acercamos a la meta. "¡50 metros! ¡20 metros! ¡3 metros!" ¡La línea de meta! ¡Lo hemos conseguido!

Bajamos el ritmo hasta caminar. Alguien nos da un lazo y otra persona nos alcanza botellas de agua. Brindamos con las botellas de agua y nos abrimos paso hasta la explanada donde se entregarán los trofeos.

Nos instalamos en el césped para tener una de las experiencias más conmovedoras y emocionantes que jamás compartiremos, no sólo como madre e hija, sino también como mujeres.

Un mujer que ha superado el cáncer de mama le habla a la multitud de su lucha por salir del "valle de la oscuridad y el miedo". Es madre de unos gemelos de seis años y nos cuenta que su meta era ser lo bastante fuerte como para llevarlos al colegio el primer día de clase. Se siente triunfante por haber alcanzado esa meta. Hoy también ha ganado la carrera en su categoría. Todos aplaudimos y muchos lloramos. Es un gran día para ella, para todos nosotros.

Después se escucha y aplaude a otras supervivientes. Guardamos un momento de silencio por las que ya no están entre nosotros. A todos los que estamos hoy aquí nos ha afectado el cáncer de un modo u otro. Todos tenemos nuestros íntimos temores y penas, pero, unidos en la esperanza y la oración, quizá haya alguna posibilidad de vencer a esa temida enfermedad.

"Me alegro de que hayamos hecho esto", me dice Kara. Yo también. Doy gracias de que nosotras, como mujeres, pudiéramos participar juntas en un acontecimiento que afecta a todas las mujeres. No hemos ganado ningún trofeo ni ningún premio, pero somos ganadoras porque lo hemos conseguido, lo hemos hecho juntas y volveremos a hacerlo.

La cuerda yace en la hierba entre nosotras. Su tarea ha terminado por hoy, pero su significado seguirá dándome fuerza y valor. De lo que se trata es de unión, entre una hija y su madre, entre dos mujeres.

Mary Hiland

Joey llega a casa

Los niños son las manos con las que tocamos el cielo.

Henry Ward Beecher

Aquel día el teléfono sonó a las tres y media. Era de la Sociedad de Ayuda los Niños, y querían saber si podíamos acoger a un niño. No nos dieron mucha información, sólo que se llamaba Joey, que tenía cinco años, que era de Yibuti, en África, y que no hablaba inglés. La familia de mi marido había estado en África en las misiones durante muchos años, así que albergábamos una vaga esperanza de que él pudiera comunicarse con el niño.

Nuestra familia se ilusionó mucho, y apresuradamente lo pusimos todo a punto. Mi hija Julie y su hija Amanda, de cinco años, llevaban algún tiempo viviendo con nosotros, y mi otra hija Tammy y su hijo Freddy, de cuatro años, vivían a dos pasos. Todos estábamos entusiasmados, preparándonos para la llegada de Joey.

Cuando sonó el timbre y abrí la puerta, me quedé paralizada por la impresión. Frente a mí se encontraba el niño de cinco años más pequeño que había visto nunca. Pero lo que más me impresionó fue ver cómo lo habían maltratado.

Le pedí al asistente social que entrase y Joey lo siguió tranquilamente. Por sugerencia suya, fuimos directamente a la cocina. Freddy y Amanda llegaron corriendo para conocer al recién llegado, se pararon en seco y me miraron. Se quedaron quietos, se dieron la vuelta y se fueron. Se sentaron en el sofá sin decir una palabra. Parecían muy asustados, pero no podíamos decir nada para explicárselo o para tranquilizarlos.

Joey se sentó y le di la cena. Comió sin hablar y después fue a sentarse en silencio en el sofá. Por desgracia, hablaba una lengua diferente a la que conocía mi marido. Cuando el asistente social se fue, nosotros tratamos de seguir nuestra rutina habitual. Preparé a Amanda para irse a la cama y Joey se limitó a mirarme mientras cogía su ropa. Cuando me aproximé a él para cambiarlo, se disgustó mucho. Intenté explicárselo, pero sencillamente se fue a un rincón. No me atreví a tocarlo, estaba muy asustado.

Mi hija metió a Amanda en la cama y después Tammy llevó a Freddy a casa. Entonces nos quedamos solos Joey y yo. Aquel niño me rompía el corazón. Durante varias horas estuvimos allí sentados, Joey en el canapé, chupándose el dedo, y yo en el sofá. Lo único que hacía era estar sentado mirándome. Puse una película y él se quedó en la habitación conmigo, pero seguía estando receloso, listo para saltar si yo hacía un movimiento. Le llevé algo de beber y se lo tomó sólo cuando me hube sentado de nuevo. Aquella noche le recé mucho a Dios y le pedí ayuda para conectar con aquel niño.

Hacia las dos de la madrugada se quedó dormido en el canapé. Yo dormí hasta las siete en el sofá. Cuando terminé de preparar el desayuno, todos bajaron, pero él se quedó sentado en el rincón chupándose el dedo hasta que entró Amanda. Entonces, lentamente, Joey se sentó detrás de ella. Le di el desayuno y se lo comió todo. Después Joey y Amanda se fueron juntos a la sala, y Amanda quiso poner una película. Se sentó a verla y Joey se sentó con ella. Y así empezó todo.

Joey dejaba que Amanda hiciese cosas por él, pero nadie más. El segundo día tuvimos que bañarlo, ¡y eso fue todo un desafío! Yo sabía que tenía que meterlo en la bañera, pero lo que no sabía era cómo. Aquella noche Joey subió las escaleras con Amanda y se quedó mirando mientras la metíamos en la bañera, pero se negó a traspasar el umbral de la puerta. Amanda terminó de bañarse y cambié el agua. ¡Joey tenía que bañarse!

Mi marido lo cogió y después de un forcejeo por fin consiguió meterlo en la bañera, con ropa y todo. De repente, cuando iba a levantarse, ¡se cayó dentro! Me eché a reír y Amanda también, y al final todos reíamos. Joey se quedó sentado mirándonos con el dedo en la boca y la ropa empapada. Y entonces Amanda empezó a meter juguetes en el agua. De pronto, Joey se puso de pie y se quitó toda la ropa, se sentó y empezó a jugar. Yo me senté sin más en el suelo y me quedé mirando. ¡Qué pena me daba mirar a aquel crío! ¡Tenía tantas heridas por todas partes! Una y otra vez pensaba: "Gracias a Dios que ahora está con nosotros".

Cuando Joey salió del baño, dejó que Amanda le echara crema en la espalda. Yo me quedé sentada, atónita ante esa niña pequeña que le echaba crema y le hablaba dulcemente. Joey no entendía ni una palabra, pero la dejaba hacer y estuvo relajado mientras yo me mantuve aparte. Fuimos al dormitorio y Joey siguió a Amanda, chupándose el dedo y mirándonos. Amanda le pasó el pijama y él se lo puso. Cuando Amanda se metió en la cama, Joey se metió en la de él.

Estaba tendido, tranquilo y en silencio, con el dedo en la boca y los ojos cerrados, pero yo sabía que no estaba dormido. Cuando me fui a la cama, de nuevo le pedí a Dios que me guiase para poder conectar con aquel niño.

Hacia las cinco y media de la mañana, me desperté de pronto y escuché. Oí que Amanda hablaba en voz baja. Fui de puntillas por el recibidor y vi que la luz de su habitación estaba encendida. Al echar una ojeada, me sorprendí al ver a Amanda con Joey en las rodillas, meciéndolo y acariciándole la cabeza, diciéndole suavemente: "Todo va bien, Joey, mi abuela no dejará que nadie te haga daño." Joey lloraba bajito y le hablaba en su propia lengua. Aquella niña de cinco años simplemente le acariciaba la cabeza y le decía: "Todo va bien, Joey, mi abuela no deja que nadie le haga daño a los niños".

Sentí que los ojos se me llenaban de lágrimas ardientes. Le había pedido ayuda a Dios para que me ayudase a conectar con aquel niño y la ayuda había llegado a través de Amanda. Hablaban lenguas diferentes, pero Amanda y Joey eran capaces de conectar entre ellos. Él no me dejaba hacer gran cosa, ¡pero a Amanda sí que la dejaba! Si ella estaba allí, yo podría ayudarlo un poco. Cuando Joey tenía pesadillas y se despertaba llorando, Amanda se levantaba y me llamaba. Yo no tocaba a Joey, pero abrazaba a Amanda y la mecía, porque sabía que ella también estaba disgustada. Joey permanecía sentado chupándose el dedo y nos miraba.

Después de aproximadamente un mes, Joey empezó a dejar que mi hija Julie lo ayudase, pero yo todavía no. Me miraba cuando yo estaba con los otros niños, sin decir nada. Seguía haciendo mi trabajo cada día, y los otros niños siempre venían a mí en busca de abrazos y besos. El punto de inflexión llegó por fin en Nochebuena. Me había sentado a tomar una taza de té y los niños estaban preparándose para recibir a Papá Noel. Joey no sabía lo que era la Navidad, pero sí sabía que los otros niños estaban entusiasmados. Lo observé mientras él se acercaba lentamente a donde estaba yo. De pronto, ¡me dio un abrazo! Yo también lo abracé suavemente. Entonces, ¡me dio un beso en la mejilla! Miré sus enormes ojos oscuros, después me incliné y lo besé suavemente en la mejilla. ¡Parecía un milagro!

A partir de entonces, todo fue diferente. Vi cómo Joey pasaba de ser un crío asustado a convertirse en un niño confiado, feliz y cariñoso. Fui testigo de cómo, con todo en contra, aquel valeroso niño salió adelante. Era asombrosa la enriquecedora amistad que lo unía a Freddy y a Amanda. Hemos oído muchas veces a Joey y Freddy hablar hasta bien entrada la noche sobre las cosas que hacen que la vida marche. Se hicieron como hermanos en todos los sentidos.

Decidimos que queríamos hacer permanente esa relación familiar y adoptarlo. Era algo que implicaba muchas batallas legales y su futuro fue muy incierto durante mucho tiempo. Pero, a través de todo eso, continuó creciendo en el amor, la confianza y el valor. Contemplándolo, muchas veces me hacía sentirme totalmente empequeñecida por él, y aún me ocurre.

Finalmente, en mayo de 1998, firmamos los papeles para comenzar con la adopción y esperamos pacientemente a que la decisión de los tribunales la hiciera definitiva.

Ahora Joey tiene 11 años, es feliz, cariñoso y nos pasamos todo el rato abrazándonos. Él, Amanda y Freddy tienen una relación maravillosa, ya que es nuestro hijo oficialmente y para siempre. La amistad entre los niños va más allá de la familia, de la raza, más allá de lo que nunca pude soñar. Son verdaderos hermanos del corazón. Y sé de corazón que, cuando nos trajeron a Joey, no fue simplemente eso, sino que en realidad estaba llegando a su casa.

Cheryl Kierstead

5

MOMENTOS ESPECIALES

Si amas cada momento, la energía de ese momento se extenderá más allá de todo límite.

Hermana Corita Kent

Algo que me haga feliz

El mundo no está dividido en fuertes que cuidan de los otros y débiles que se dejan cuidar. Todos debemos cuidar y dejarnos cuidar, no sólo porque es bueno para nosotros, sino también porque es así como tiene que ser.

Sheila Cassidy

Estaba haciendo unas compras navideñas de última hora en una juguetería, cuando se me ocurrió buscar alguna Barbie para mis sobrinas.

Había una niña que también estaba mirando emocionada todas las Barbies, con unos cuantos billetes apretados en su manita.

Cuando veía alguna Barbie que le gustaba, se volvía y le preguntaba a su padre si tenía bastante dinero para comprarla. Normalmente él decía que sí, pero ella seguía con el mismo ritual, mirando y preguntando: "¿Tengo bastante?".

Mientras estaba eligiendo, un niño que se paseaba por el pasillo se puso a mirar los Pokémon.

Iba bien vestido, pero con ropas que evidentemente estaban muy usadas, y llevaba una chaqueta que probablemente le quedaba dos tallas pequeña. Él también llevaba dinero en la mano, pero no parecía que fueran más de cinco dólares, como mucho.

También estaba con su padre e iba cogiendo videojuegos de los Pokémon. Cada vez que elegía uno y miraba a su padre, él sacudía la cabeza y le contestaba: "No".

Parecía que la niña ya había escogido su Barbie, una muñeca elegante y bien vestida que iba a ser la envidia de todas las niñas del barrio.

Sin embargo, se había parado y se había puesto a observar la conversación entre el niño y su padre. Bastante decepcionado, había desistido de los videojuegos y, en vez de eso, había escogido lo que parecía un libro de pegatinas. Luego él y su padre se fueron caminando por otro pasillo de la tienda.

La niña dejó su Barbie en el estante y se fue corriendo hacia los Pokémon. Cogió uno que estaba encima de los otros juegos y se lanzó hacia la caja, después de hablar con su padre.

Yo escogí mis compras y me puse a la cola tras ellos.

Luego el niño y su padre se pusieron detrás de mí, algo que pareció alegrar mucho a la niña.

Una vez que el juego estuvo pagado y envuelto para regalo, la niña volvió a dárselo a la cajera, susurrándole algo al oído. La cajera sonrió y metió el paquete debajo del mostrador.

Cuando el niño llegó a la caja, yo ya había pagado mis compras y estaba guardando el cambio en el monedero. La cajera le cobró las compras y después le dijo: "¡Enhorabuena! Eres el cliente número 100 del día, por lo que has ganado un premio".

A continuación, le dio el juego de los Pokémon al niño, que lo miraba con incredulidad.

¡Era exactamente lo que quería!

Durante todo ese tiempo, la niña y su padre habían

estado observando desde la puerta, y en aquel momento vi en el rostro de aquella chiquilla la sonrisa más hermosa que he contemplado en toda mi vida. A continuación, salieron a la calle y yo hice lo mismo, detrás de ellos. Mientras caminaba hacia mi coche, asombrada por lo que acaba de presenciar, oí cómo el padre le preguntaba a la niña por qué lo había hecho. Nunca olvidaré lo que ella contestó.

"Papá, ¿no querían los abuelitos que me lo gastara en algo que me hiciera feliz?"

Él contestó: "Claro que sí, cariño".

A lo que la niña replicó: "¡Pues eso he hecho!".

Después se echó a reír y se escabulló hacia el coche. Al parecer, había encontrado una respuesta a la pregunta que había estado haciendo antes: "¿Tengo bastante?".

Sharon Palmer

Una llamada en el Día del Padre

Está en la naturaleza de la gracia rellenar los huecos que antes habían estado vacíos.

Goethe

Era un típico día de junio en San Francisco, fresco y encapotado. Leyendo el periódico, me enteré de que la costa Este del país estaba sufriendo una ola de calor y reparé en que se acercaba el Día del Padre. El Día del Padre, igual que el de la Madre, nunca han significado gran cosa para mí. En general, esas fechas siempre me han parecido buenas para los comerciantes y útiles para los niños.

Dejando el periódico, observé una foto que había sobre mi mesa. La había sacado mi hermana hacía algunos veranos en Biddeford Pool (Maine). Papá y yo estábamos de pie en el porche de una cabaña, con los brazos sobre los hombros del otro. "El día del padre…", pensé y se me ocurrió llamar para ver qué tal estaban papá y mamá.

Cogí la foto y la examiné de cerca. Enseñando los dientes, mi padre sonreía como un viejo y canoso ex jugador de hockey. Tenía los ojos hundidos en un rostro curtido por el sol y, a sus setenta años, su porte aún era orgulloso.

El que me perseguía por la playa para meterme en el agua era un hombre más joven, un hombre más fuerte que me había enseñado a remar, a patinar y a cortar leña. Eso había sido antes del implante en la rodilla, la dentadura falsa y el sonotone. Decidí llamar a mi anciano padre.

"¡Buenas tardes!", gritó.

Mamá cogió el otro teléfono y le dijo que se pusiera el sonotone.

"Lo tengo aquí en el bolsillo", dijo, y oí que lo buscaba.

Mamá me contó que el aire acondicionado era un regalo del cielo, que su cadera artificial estaba bien, pero que el nuevo perro estaba volviéndola loca.

"En realidad _dijo_ no es el perro. Es tu padre."

"¿Qué ocurre?", pregunté.

"Shep salta la verja siempre que le da la gana y se marcha Dios sabe dónde. Tu padre se preocupa y lo espera levantado hasta que vuelve. Se queda ahí fuera hasta las dos de la madrugada, llamando al perro y montando un escándalo. Después, cuando vuelve Shep, le riñe en español, como si volviésemos a estar en Perú y el perro lo entendiese."

"Creo que está aprendiendo _dijo papá, de vuelta al teléfono_. Tu madre se cree que estoy como una cabra, y puede que tenga razón."

"Sigues gritando", dijo mamá.

Él la ignoró y me preguntó qué tal me iba. Se lo dije.

"Ser autónomo está bien _me dijo a voces_, pero necesitas seguridad. Eres demasiado mayor para trabajar en la cocina de un barco, en un bar o en la construcción. Has ido a la universidad. ¿Por qué no lo aprovechas? ¿Qué vas a hacer si te pones enfermo? ¿Sabes lo que cuesta estar en el hospital?"

"¿Sabes? _le dije_. No te entiendo. Fumas demasiado, bebes demasiado, no haces ejercicio, comes todo lo que no deberías y, sin embargo, aún estás hecho un toro."

"Tienes razón. Y estoy sobreviviendo a todos mis compañeros de clase." Lo dijo sin jactarse de ello.

Había algo que quería decirle, pero me estaba costando soltarlo.

"¿Lees los recortes de periódico que te envío?", me preguntó.

"Claro que sí."

"No puedo saber si lo haces o no, porque nunca escribes."

Yo no olvidaba que habíamos tenido nuestras diferencias a lo largo de los últimos 40 años ni que nos habíamos enfadado, decepcionado e insultado muchas veces. Pero todo eso parecía muy lejano y yo quería decirle que lo quería. Quería ser divertido y dejar que la conversación fluyera.

"Oye _le dije_, "creo que se acerca el Día del Padre."

"¿Ah, sí?", dijo, sin dar muestras de interés. Nunca estaba al tanto de esas cosas.

"Es el día 17", dijo mamá por el otro teléfono.

"Siento haber saltado a través de la capota de tu descapotable."

"Tenías seis años", dijo, riéndose. "Al principio no me lo creía."

Yo quería darle las gracias por los partidos de hockey, las partidas de ajedrez, los libros y las cenas a base de langosta. Quería pedirle perdón por haberle dado un puñetazo en el ojo cuando tenía 18 años.

"Gracias por ser mi padre", le dije.

Al otro lado del hilo, papá estaba tranquilo, y también mamá. Un hilo de larga distancia rellenaba el vacío que nos separaba.

"Ojalá hubiese sido mejor padre", dijo, bajando la voz por primera vez.

"Lo has hecho muy bien", dije. "Nadie podría haber tenido mejor padre."

"Me gusta que lo digas, hijo, pero no es cierto. Ojalá lo fuera", dijo, con pesar en la voz.

"Sí que es cierto _dije, y continué_. ¿Recuerdas cuando quise darle azúcar al burro del club de críquet y tú le diste una palmada en las ancas y entonces él te dio una coz?"

"Sí _se rió papá_. Me destrozó la rodilla, maldito animal. A ti siempre te hizo gracia."

"¿Y todos aquellos barcos a los que me llevaste?", añadí.

"Fueron unos cuantos _admitió_. Chico, estás consiguiendo que me ponga nostálgico."

"Me encantaban aquellos barcos", le dije.

"Pero ni aun así logré convencerte de que te metieras a la Marina."

"Yo quería que fueras a la universidad después del instituto", dijo mamá.

"Pero tú no escuchabas _dijo papá_. Tenías que haber sido marine."

No dije nada. Escuché sus recuerdos.

"Y volamos hasta California _continuó_, para decirte adiós antes de que te fueras a Vietnam."

"Nos alojamos en The Newporter Inn _dijo mamá_, y fuimos a Disneylandia."

"Recuerdo que yo tenía que irme en helicóptero el domingo por la noche para coger un vuelo que salía de Los Ángeles _continuó_. Tu madre y las chicas se quedaron en el motel y tú me acompañaste al helipuerto. Ibas de uniforme y nos dimos la mano . . ." Se le quebró la voz. "Me rompió el corazón. No sabía si iba a volver a verte. Me eché a llorar en el helicóptero. Tu partida me rompió el corazón."

"Ya lo sé", dije, con un nudo en la garganta.

"Rezamos por ti _dijo, y la voz empezó a temblarle_. Vivíamos esperando tus cartas."

"Y yo las vuestras", le dije. Pensé que aquello era una locura. Tenía los ojos húmedos y tragué saliva para aclararme la voz.

"Llamaba para desearte un feliz Día del Padre", conseguí decir.

"Me alegro de que lo hayas hecho, hijo. Ahora voy a colgar, no quiero que te arruines con la factura del teléfono." Le temblaba la voz.

"No te preocupes por la factura _dije_. Te quiero."

"Yo también te quiero. Adiós y que Dios te bendiga", se apresuró a decir, y colgó.

"Ya sabes cómo se pone", dijo mamá tranquilamente por el otro teléfono.

"Ya lo sé", contesté, y después de otro minuto nos despedimos y colgamos. Miré la foto de mi padre y yo en aquel porche, en Maine. "Sí _pensé_, ya sé cómo se pone." Me sequé los ojos, le sonreí a la foto y me soné ruidosamente la nariz.

George Eyre Masters

Monstruos debajo de la cama

Mi marido y yo nos miramos, cada uno desde un extremo de la inmaculada cama del hospital. Kate, de cuatro años, jugaba alegremente subiéndola y bajándola. Para ella aquello era una aventura, la primera noche de papá en el hospital. "¿Cuándo va a volver a casa papá?", me había preguntado aquella mañana. "Dentro de una semana", le había dicho, aunque no era del todo cierto. Serge tendría que estar hospitalizado una de cada tres semanas durante los ocho meses siguientes. Muchas noches en el hospital. Muchos "¿Cuándo va a volver a casa papá?".

Nerviosamente, coloqué la almohada, que ya estaba colocada. Serge se acarició la barba. "¿Cuánto faltará _me pregunté_ para que la quimioterapia se la lleve?" Mi marido llevaba barba desde hacía más de veinte años, yo nunca lo había visto sin ella. El demonio del cáncer iba literalmente a cambiarle la cara.

Ambos evitábamos concienzudamente mirar hacia el gota a gota. Sólo pensar en los fuertes agentes químicos que pronto fluirían por el cuerpo de Serge era algo tan escalofriante como el linfoma que iban a combatir. Íbamos a liberar a un monstruo para que combatiera a otro monstruo, un panorama espeluznante.

Nos miramos el uno al otro de un extremo a otro la cama, en silencio. Todas las palabras ya habían sido dichas: los complejos términos médicos, las frases filosóficas y de apoyo, las palabras de consuelo y amor. Sin embargo, el miedo perduraba.

Cuando era pequeña, me daba miedo dormir en la oscuridad y siempre confiaba en mi padre para que espantase a los dragones que pudiera haber debajo de mi cama. En aquellos momentos deseaba que la vida fuese así de sencilla. Deseaba poder matar al dragón de Serge.

Una enfermera asomó la cabeza por la puerta. "Es hora de irse _dijo_. Ha terminado el horario de visitas."

Kate dejó de jugar con la cama. Echó una ojeada rápida debajo de la cama, como si estuviese buscando algo, y entonces cogió su mochila de la silla y cuidadosamente abrió la cremallera. Llevaba aquella mochila rosa y morada a todas partes. Normalmente llevaba dentro lápices, papel, un par de libros para colorear... "Cosas para entretenerse", como las llamaba Kate, por si alguna vez se aburría en el coche o en alguna sala de espera. Aquel día, sacó con cuidado un osito de peluche llamado Mishka. Mishka había pasado toda la infancia de Serge a los pies de su cama y, cuando nació Kate, lo habían acicalado y le habían puesto un precioso lazo rojo. Kate creía que Mishka tenía poderes especiales. "Es un oso guardián", decía, y el peluche siempre dormía a los pies de su cama. Kate le susurró algo al oído a Mishka, lo abrazó con fuerza durante un rato y después lo puso en los brazos de su padre. "Te protegerá por la noche, papá _dijo_, si vienen los monstruos."

Resultaba imposible no echarse a llorar. Todos los textos técnicos que yo había leído sobre cómo convivir con una enfermedad, la terapia de grupo, la lucha por encontrar las palabras adecuadas que decir ... En un instante todo eso quedó anulado por la inocente compasión de una niña de cuatro años. Ella creía que Mishka protegería a Serge a lo largo de todas las estancias en el hospital que aún faltaban. Su creencia era mágica. Mi hija le había dado a su padre algo más que un osito de peluche. Le había dado un talismán contra el miedo.

Anne Metikosh

Los juegos paralímpicos

En una competición carreras y saltos de los juegos paralímpicos, una joven acababa de ganar la carrera de los 50 metros y no paraba de saltar de alegría.

Les gritó a sus padres: "¡Mirad, papá, mamá! ¡He ganado!".

Sus padres inmediatamente se echaron a llorar.

En la ceremonia de entrega de premios, la joven se irguió con orgullo cuando le colocaron la medalla alrededor del cuello.

Después corrió hacia sus padres, que lloraban aún más que antes.

Los tres se abrazaron, y los padres seguían llorando.

Un trabajador de los juegos paralímpicos, que había presenciado toda la escena, empezó a preocupase y se acercó a los padres para decirles: "Perdonen, ¿todo va bien?".

Con los ojos llenos de lágrimas, la madre dijo: "Sí, todo va bien. Todo va bien. ¡Acabamos de oír hablar a nuestra hija por primera vez!".

Bits & Pieces

Mantener la magia

Kevin vino corriendo desde el otro extremo de la casa con el teléfono en la mano, gritando: "¡Es Santa, mamá! ¡Es Santa Claus! ¡Ha llamado a nuestra casa! ¡Es él de verdad!".
Cogí el teléfono y aventuré un indeciso "¿Sí?".
Oí a mi amiga Sandra, que se reía: "Lo único que dije fue: "Hola, Kevin, soy Sandra".".
Le sonreí al teléfono. Estaba a punto de hablar cuando vi cómo brillaban los ojos de Kevin. En aquellos hermosos ojos azules se reflejaba la magia de la Navidad, con toda la esperanza y la ilusión que traen esas fiestas. Sonreí de nuevo y dije, por encima de la risa de mi amiga: "Sí, Santa, Kevin y Sean se han portado muy bien este año. ¡Qué amable por su parte haber llamado! Gracias".
Me callé un momento y hubo un silencio al otro lado del hilo. "Y feliz Navidad a ti también, Santa", dije. Y después colgué cuidadosamente el teléfono.

Kittie Ellis

El amor de un niño

Karen nació hace 15 años, con una salud muy frágil. A la edad de un año, por complicaciones en el quirófano, sufrió un ataque al corazón y estuvo clínicamente muerta durante una hora, lo que le causó daños en el cerebro. Sin embargo, a pesar de todas esas duras pruebas por las que tuvo que pasar en su vida, creció hasta convertirse en una joven hermosa y fascinante, con una claridad de mente que normalmente avergüenza y hace sonreír a los que la rodean.

Independientemente de su enfermedad, su mayor temor en la vida ha sido Papá Noel, y todo por culpa de la letra de un villancico, que dice: "Él te ve cuando duermes". Siempre se ha imaginado a ese hombretón vestido de rojo y con la cara llena de pelo mirándola mientras está dormida, y esa imagen la ha asustado tanto a lo largo de su vida que en los últimos años su madre ha llegado a pensar en decirle la verdad sobre Papá Noel, aunque le preocupaba la desilusión que eso pudiera provocar.

Hace poco, Karen volvió a tener esos sueños y la afectaban hasta tal punto, causándole ansiedad y haciendo que se pusiese irracional con respecto al asunto, que su madre, aterrorizada, decidió darle la temida noticia. Acercándose a Karen y mirándola fijamente a los ojos, su madre le dijo: "Karen, escúchame. Cálmate y escúchame. Papá Noel no existe. Mamá es Papá Noel. Mamá siempre ha sido Papá Noel. No tienes por qué seguir asustándote". Karen miró a su madre de forma inexpresiva y se fue a dormir.

Al día siguiente, cuando se fue al colegio, Karen parecía inquieta, tanto que su profesora le preguntó si tenía algún problema. Karen contestó, con voz seria y turbada: "Estoy muy preocupada por mi madre". Cuando la profesora le preguntó por qué, ella contestó con la misma seriedad: "Porque se cree que es Papá Noel".

Brian Locke

La autoestima a los cinco años

He recibido la bendición de tener tres hijos hermosos, inteligentes y geniales, que ahora tienen 30, 29 y 28 años. Pero hubo un momento en sus vidas en que tenían 7, 6 y 5.

Mi hija pequeña, la de 5 años, que siempre andaba haciendo preguntas, llegó un día del cole y me preguntó: "Mamá, ¿tú cuántos hijos querías tener?".

Tras meditarlo un poco, la miré y le dije: "Dos".

Ella se lo pensó un momento y después preguntó: "Yo, ¿y quién más?".

Kathrine A. Barhydt

La ventana

La vida es una llama que siempre está consumiéndose, pero que vuelve a reavivarse cada vez que nace un niño.

George Bernard Shaw

Kathy y yo estamos sentados en la consulta de su médico, aturdidos. La doctora Hurley, tocóloga ginecóloga, baraja los informes y resultados de pruebas que hay en su mesa, mientras nosotros asimilamos el impacto de lo que acaba de decirnos. Sus palabras siguen flotando en el aire, como un trueno.

"Cada uno de vosotros tiene problemas de fertilidad particulares. Si fuera sólo uno, podríamos hacer algo, pero siendo los dos..."

Se encoge de hombros, desviando la mirada.

"A menos que se tomen medidas extraordinarias, no hay ninguna posibilidad de que puedan concebir un hijo."

Nos miramos, haciendo esfuerzos por digerir la noticia. Una vez más, la doctora señala con el bolígrafo los papeles, indicando gráficos de temperatura, porcentajes, factores de motilidad. Miramos las cifras. Yo cojo la mano de Kathy, que se esfuerza por contener las lágrimas.

Volvemos a casa en silencio. Los dos nos preguntamos cómo ha podido ocurrir esto. Ambos nos sentimos personalmente responsables del fracaso de nuestro intento de formar una familia. Recuerdo escenas de mi niñez: jugando al béisbol en el jardín con mi padre, corriendo por la casa, arrojándome a sus brazos cuando él llegaba de algún viaje de negocios, la felicidad que me producía ser su "niñito". Todas las cosas que yo nunca podré compartir con un hijo mío.

Durante los días siguientes, Kathy y yo nos decidimos a pedir una segunda opinión. Aunque sea caro, merecerá la pena si los resultados de algún modo son distintos.

Pero no es así. A no ser que se adopten tratamientos muy agresivos y extremadamente caros, la concepción natural sigue sin ser posible. Una vez más, nos quedamos deshechos.

Consideramos otras opciones. Conocemos a una pareja que tuvo gemelos gracias a una madre de alquiler. Otra tuvo cinco fertilizaciones *in vitro* hasta que por fin la última tuvo éxito. Los gastos eran astronómicos y el procedimiento era agotador y nada romántico. Consideramos la posibilidad de la adopción al darnos cuenta de que nos arriesgamos a no llegar a tener nunca un niño en casa.

Seis semanas más tarde llegamos a una decisión unánime. Buscaremos otro médico, uno que tenga una actitud más resuelta y positiva. Quizá hagamos algunas investigaciones, buscando remedios alternativos, si hace falta. Si es la voluntad de Dios que no tengamos hijos, los dos intentaremos hacer acopio de valor para aceptarlo. Si estamos destinados a tener una familia, entonces haremos lo que haga falta, todo lo que esté en nuestras manos, y después rezaremos pidiendo un milagro.

La doctora Cornelia Daly, especialista en fertilidad, rodea su escritorio de caoba y le da la mano a Kathy, después a mí. Es firme y segura. Su sonrisa es brillante. Se sienta en el borde del escritorio y escucha nuestra historia. Asiente, nos mira a los ojos, parece entendernos de verdad. En una estantería que hay detrás de su mesa, reparo en fotos de ella con su familia. Ella y un marido feliz sonríen en diferentes fotos de vacaciones, junto con tres hijas adorables.

Rechaza los informes que le hemos enviado por fax con un gesto de la mano y expone algunas posibilidades menos radicales, en las que no habíamos pensado. Nos habla de la dieta, de la abstinencia hasta la ovulación y de las ventajas y los inconvenientes de varios medicamentos para la fertilidad. Su energía y su optimismo nos conquistan. Por primera vez en muchos meses, vislumbramos un rayo de esperanza.

"Lo que yo les aconsejo es que hagan más ejercicio, que vigilen su dieta y que controlen el consumo de cafeína, azúcar y alcohol. Busquen en revistas fotos de bebés, hermosos y felices, para pegarlas en el espejo del cuarto de baño y en la nevera. Ojeen libros de bebés. Escojan nombres que les gustarían para su hijo, tanto de niña como de niño."

Noto calambres en el estómago y se me corta la respiración, mientras siento que Kathy, a mi lado, se pone tensa. ¿De verdad podemos permitirnos tener tantas esperanzas? En mi cabeza resuenan las palabras de nuestra reciente conversación.

"Haremos lo que haga falta."

Respiro profundamente. "Lo que haga falta." Pues eso haremos. Tomo una determinación y después me relajo y sigo escuchando.

"Ah, sí. Vayan a la farmacia a comprar un test de pre-ovulación. Sirve para medir el nivel hormonal del cuerpo lúteo, que sube de 24 a 48 horas antes de ovular. Ése será el período en el que se abrirá para ustedes la ventana a la esperanza. Una vez que esté abierta _se encoge de hombros y sonríe_, sólo tienen que pasarlo bien."

Dos meses y medio después, Kathy se despierta en medio de la noche con dolorosos calambres. Enseguida pensamos en el quiste que le apareció misteriosamente en el ovario y que después desapareció, hace medio año. ¿Será que ha vuelto a aparecer? Nos pasamos el resto de la noche preocupados. Si a la mañana siguiente no ha mejorado, estamos decididos a ir a la consulta del médico, o incluso a urgencias. Una vez más, rezamos.

Kathy está sentada en la camilla, pálida y ojerosa, esperando a que la doctora Daly entre en la consulta. Yo le cojo la mano, susurrándole que todo va a salir bien. Me esfuerzo por convencerme a mí mismo de que va a ser así. Después de todo lo que hemos pasado, ella podría terminar por perder un ovario. ¿Qué sería entonces de nuestras ya escasas probabilidades de concebir un hijo? ¿Y si fuera algo peor? ¿Y si fuera un cáncer? Cada vez estoy más preocupado. Me imagino lo vacía que resultaría la vida sin mi amor. Hago esfuerzos por que no se note. Alcanzo su mano y la aprieto con fuerza.

La enfermera toma la muestra de orina pertinente. Afortunadamente, hay un laboratorio en la planta inferior. Podemos obtener los resultados hoy, si no nos importa esperar un poco más. Respiramos profundamente, tratamos de tener pensamientos positivos y mantenemos la compostura delante del otro. Es duro.

Oímos un murmullo de voces al otro lado de la puerta. La enfermera está poniendo al corriente de los resultados de los análisis a la doctora Daly. Aguzamos el oído.

La doctora abre la puerta y entra en la consulta. Exploramos su rostro. Nada. Se mete la mano en el bolsillo de la bata y mira a Kathy. Nos inclinamos hacia delante para escuchar lo que va a decirnos, con miedo de que la noticia vaya a cambiar nuestras vidas.

"Enhorabuena. Van a tener un bebé."

El rostro de la doctora se relaja en una gran sonrisa. La miramos y después nos miramos el uno al otro. ¿Cómo puede ser?

"La primera prueba que hicimos era para saber si estaba embarazada y ése fue el diagnóstico. Van a tener un bebé."

"Pero, pero... _balbuceo_ sólo hicimos el amor una vez al abrirse la ventana, hace un par de semanas." Estoy atónito.

Ella asiente.

"Algunas mujeres se quejan de calambres cuando el cigoto se adhiere a la pared del útero. Otras mujeres ni lo notan. Las dos cosas son perfectamente normales. Las células están adhiriéndose a la matriz de Kathy."

Nos miramos el uno al otro llenos de asombro. Después sonreímos de oreja a oreja. Por último, lloramos, con enormes lagrimones corriéndonos por las mejillas.

La doctora le sube la bata a Kathy, exprime un tubo hasta que sale un gel incoloro, se lo extiende por el vientre y mueve el receptor de ultrasonidos. Ahí está, en la pantalla, tan claro como la luz del día. Una diminuta bolita de células más o menos del tamaño de un perdigón. Está adherido a la pared del útero, nuestro futuro bebé.

Kathy extiende la mano y toca la imagen en blanco y negro. Después de tanto tiempo, de tantas preocupaciones, dudas y miedo, se ha hecho realidad. Vamos a tener un bebé. Los milagros existen. Vamos a ser padres después de todo.

C. J. Herrmann

"Vas a tener un bebé"

Una dulce criatura está a punto de llegar.
Incluso es posible que hoy pueda pasar.
Ya es hora de prepararlo todo:
compra pañales, una cuna y un oso.

Un recién nacido mucho ruido hará.
Pasarás sueño y con los juguetes tropezarás.
Pronto ollas y sartenes una orquesta serán
y un crío con una cuchara la dirigirá.

Ese niño que llevarás tan cerca del corazón
será todo lo que pasó por tu imaginación.
Tu voz se ha hecho cálida y tan familiar
que el bebé te conoce aun antes de llegar.

No pienses en el hospital ni en el parto.
Mejor sueña con el dulce contacto
de una mano pequeñita en tu rostro
y un corazón que late por la gracia de Dios.

Cuando en el hospital mires con amor
ese maravilloso regalo del Señor,
entonces con el corazón descubrirás
en qué consiste la maternidad.

Así pues, pase lo que pase, ama a ese niño
y sabrás todo lo que te puede enseñar un hijo.
Ese precioso bebé a ningún otro se parecerá.
Papá estará orgulloso, y también tú, mamá.

Louisa Godissart McQuillen

¡Bienvenido, Levi!

Era la medianoche de un domingo cuando me di cuenta de que nuestro quinto hijo estaba a punto de llegar y de que era hora de ponerse en marcha. Mi marido, Tim, despertó a nuestros otros cuatro hijos, que cogieron mantas y almohadas, como habíamos planeado hacía meses, y nos fuimos todos juntos hacia el hospital.

Por el camino, reflexioné sobre los acontecimientos que nos habían llevado a ese punto. Después del nacimiento de nuestro cuarto bebé, Sammy, que fue el primer varón, Tim y yo habíamos decidido que con cuatro hijos bastaba y Tim se hizo una vasectomía. Pero, al pasar el tiempo, pensamos que quizá habíamos sido un tanto apresurados. Descubrimos que deseábamos otro bebé.

Cambiar de idea era, en cierto modo, un desafío, puesto que Tim tenía que someterse a otra intervención quirúrgica para contrarrestar la vasectomía. Ese tipo de operaciones no siempre tiene éxito, pero ésta lo tuvo, y poco después tuvimos la dicha de descubrir que yo estaba otra vez embarazada.

Nuestros tres primeros bebés habían sido niñas, después llegó Sammy, y en esa ocasión estábamos muy ilusionados: ¡A lo mejor tendríamos otro niño! Pero lo más mocionante de todo iba a ser que nuestros cuatro hijos estarían presentes durante el nacimiento del bebé, si querían.

Preguntarles si querían estar presentes y ver el nacimiento de su hermanito fue como preguntarles si querían ir a Disneylandia. Después de tomar esta importante decisión (que, todo hay que decirlo, era bastante insólita), teníamos que prepararlos para semejante experiencia vital.

Primero les explicamos que quizá tendríamos que despertarlos en medio de la noche para ir al hospital. Ellos asintieron. Les dijimos que, si eso ocurría, tendrían que levantarse rápido y ser todo lo autosuficientes que pudieran. Volvieron a asentir. Les explicamos que no podrían ir a pedirle nada a mamá, porque ella estaría haciendo una ardua labor. Les dijimos que, aunque pudiera parecer que mamá estaba pasándolo mal, no sería así: ella estaría bien, al cuidado de los médicos y enfermeras del hospital y con papá a su lado. Con los ojos como platos, asintieron.

Les dijimos que tendrían que ser muy respetuosos con lo que estuviera pasando y que, si no estaban a gusto, no tenían más que salir y esperar fuera. Les explicamos que quizá al principio el bebé no tuviera el aspecto que ellos esperaban y que probablemente habría algo de sangre. Después de oír todo esto, dieron muestras de que lo entendían y siguieron estando muy ilusionados por estar presentes.

A continuación, nos enfrentamos al desafío de encontrar al médico adecuado. Teníamos muy claro que necesitábamos encontrar un médico que apoyase nuestro insólito plan familiar y que estuviese plenamente de acuerdo. Entre todos creamos una imagen tan clara de lo que nos proponíamos que funcionó mejor de lo que esperábamos. El primer médico al que fuimos, el doctor

Brian Siray de la Black Diamond Medical Clinic, se interesó por la idea y se mostró bastante abierto, aunque nunca había participado en un parto como ése. Según iba acercándose el día, también él empezó a ilusionarse con la idea y a hacer sus propios planes para que la llegada del bebé se convirtiese en un experiencia familiar plenamente satisfactoria.

La gran noche llegó por fin y, después de cargar nuestro coche familiar con niños, mantas y bolsas, nos pusimos en camino hacia el High River Hospital. Una vez allí, Tim y los niños se instalaron en la sala de espera, mientras mamá se iba a hacer su trabajo. La noche pasó lenta y tranquilamente y, más tarde, a las siete de la mañana, el bebé empezó a ponerse serio. Estaba a punto de llegar. Tim despertó a los niños y los llevó a la sala de partos para reunirse conmigo. Después de haber dormido toda la noche, estaban despejados y nerviosos. El médico los colocó a mi alrededor, mientras me examinaba para ver cómo iba el bebé. Cuando el bebé asomó la cabeza, los niños estaban impacientes por verlo, de modo que nuestro maravilloso médico los colocó junto a él para que tuvieran un buen panorama de la aparición de la cabeza del bebé.

Nuestros hijos se quedaron callados en un silencio respetuoso. Después, por supuesto, apareció todo el cuerpo del bebé y el feliz médico exclamó "¡Es un niño!", mientras nuestro segundo hijo varón salía a saludar no sólo al mundo, ¡sino a toda su familia!

¡Los niños estaban entusiasmados! Estaban en silencio, aunque sonrientes y con los ojos como platos. El médico estaba tan emocionado que tenía lágrimas en los ojos; afirmó que nunca había tenido una experiencia como aquélla. Aquel acontecimiento fue algo milagroso y fascinante para todos nosotros, y dábamos gracias por haber podido compartirlo.

El vínculo que une a los niños con su nuevo hermanito es asombroso. Tim y yo nunca tendremos que contestar a la sempiterna pregunta: "Mamá, papá, ¿de dónde vienen los niños?". Los nuestros saben de dónde vino y cómo llegó. No hay ni rivalidad ni celos, sencillamente lo adoran por ser la personita tan especial que es. Y todo porque los invitamos a compartir con nosotros el acontecimiento tan especial que fue el nacimiento de Levi.

Dawn y Tim Johnson

Hay tanto que aprender

Papá tenía una sabiduría innata. No había recibido una educación en el sentido estricto. A principios de siglo, en la época en la que estaba creciendo en una aldea rural del norte de Italia, la educación era para los ricos. Papá era hijo de un granjero muy pobre. Siempre nos decía que no recordaba ni un solo día de su vida en que no estuviese trabajando. La idea de no hacer nada nunca se le pasó por la cabeza. En realidad, no conseguía entenderlo. ¿Cómo podría alguien estar sin hacer nada?

Lo sacaron de la escuela cuando estaba en el quinto curso, contra los deseos de su profesor y del párroco de la aldea, que veían en él un gran potencial para el aprendizaje. Papá empezó a trabajar en una fábrica cercana, en la ciudad en la que más tarde conocería a mamá.

Para papá, la vida fue su escuela. Se interesaba por todo. Leía todos los libros, revistas y periódicos que caían en sus manos. Le gustaba reunirse con otras personas y escuchar a los viejos de la aldea, para aprender cosas sobre el mundo que había más allá de aquella pequeña isla que había sido el hogar de muchas generaciones de Buscaglias antes de él. El gran respeto de papá por el aprendizaje y la curiosidad que sentía por el mundo exterior atravesaron el océano con él y más adelante pasaron a su familia. Había tomado la determinación de que a ninguno de sus hijos le fuese negada una educación, si podía evitarlo.

Papá creía que el mayor pecado que podemos cometer es irnos a la cama sin haber aprendido nada nuevo. Repetía este credo tan a menudo que ninguno de nosotros pudo evitar su influencia.

"Hay tanto que aprender _nos recordaba_. Aunque todos nacemos estúpidos, sólo los estúpidos se quedan así."

Para asegurarse de que ninguno de sus hijos cayera en la trampa de la autosuficiencia, insistía en que aprendiésemos al menos una cosa nueva cada día. Estaba convencido de que nada era demasiado insignificante y que cada cosa que aprendiésemos evitaría que nos aburriésemos y nos quedásemos estancados.

Así pues, papá ideó un ritual. Como la cena era el momento en que se reunía toda la familia y nadie faltaba, a no ser que estuviese muriéndose de malaria, parecía el foro perfecto para compartir las cosas nuevas que aprendíamos cada día. Por supuesto, a los niños nos parecía una completa locura. No cabía duda, cuando comparábamos esas preocupaciones paternas con las de los padres de los otros niños, que papá era un poco raro.

Nunca se nos habría ocurrido negarnos a una petición de papá. Por eso, cuando mis hermanos y yo nos reuníamos en el baño para lavarnos antes de la cena, la pregunta inevitable era: "¿Qué has aprendido hoy?". Si la respuesta era "Nada", no nos atrevíamos a sentarnos a la mesa sin antes haber buscado en nuestra gastada enciclopedia algún dato, como la población de Nepal o cualquier otra cosa por el estilo.

Después, bien limpios y esgrimiendo nuestro dato del día, estábamos preparados para la cena. Recuerdo perfectamente aquella mesa repleta de comida. Tan altos eran los montones de pasta que muchas veces no podía ver a mi hermana, que se sentaba enfrente de mí. Los fuertes aromas que despedía la comida todavía hoy, más de medio siglo después, me hacen la boca agua.

La cena era una ruidosa reunión en la que se entrechocaban los platos y la actividad era incesante. Nuestras animadas conversaciones se desarrollaban en dialecto piamontés, ya que mamá no hablaba inglés. Mamá y papá escuchaban con atención y siempre tenían a mano algún comentario, a menudo profundo y analítico, siempre pertinente.

"Era lo mejor que podías hacer."

"*Stupido*, ¿cómo pudiste ser tan tonto?"

"*Cosi sia*, te lo merecías."

"*E allora*, nadie es perfecto."

"*Testa dura*, deberías haberlo sabido. ¿Es que no te hemos enseñado nada?"

"Oh, eso está bien."

Nada más acabar un diálogo, empezaba otro. Los momentos de silencio eran escasos en nuestra mesa. Después llegaba la guinda de nuestras cenas, el instante que más temíamos: el momento de compartir lo que habíamos aprendido ese día. La imagen de aquellas sesiones todavía sigue impresa en mi recuerdo, viva y nítida, como si fuese un vídeo familiar.

Papá, a la cabecera de la mesa, deslizaba un poco su silla hacia atrás, un gesto que quería decir que había terminado de comer y que sugería un cambio de actividad. Se servía un vaso de vino tinto, se encendía un delgado y fuerte cigarro italiano, inhalaba una buena bocanada, echaba el humo y después observaba a su familia.

Por algún motivo, aquello siempre tenía un efecto perturbador sobre nosotros, que le devolvíamos la mirada a papá, a la espera de que dijese algo. Muchas veces explicaba por qué hacía aquello. Nos decía que, si no se tomaba el tiempo de mirarnos, pronto habríamos crecido sin que él se diese cuenta. Por eso nos contemplaba, uno tras otro.

Por último, su atención se centraba en alguno de nosotros. "Felice _me decía_, dime lo que has aprendido hoy."

"He aprendido que la población de Nepal es..."

Silencio.

Nunca dejó de sorprenderme (y de reforzar mi creencia de que papá estaba un poco loco) que nunca considerase trivial nada de lo que le contaba. Reflexionaba sobre lo que se había dicho como si de ello dependiese la salvación del mundo.

"La población de Nepal. Bien."

Entonces miraba a mamá, al otro lado de la mesa, que siempre, como en un ritual, estaba ocupada mojando en el vino sobrante su fruta favorita, y le decía:

"Mamá, ¿sabías eso?"

Las respuestas de mamá siempre eran sorprendentes y parecían animar el, de otro modo reverente, ambiente.

"¿Nepal? _decía_. No sólo no conozco su población sino que ni siquiera sé dónde demonios está." Por supuesto, sólo le seguía el juego a papá.

"Felice _decía él entonces_, vete a buscar el atlas para que mamá vea dónde está Nepal." Y la búsqueda empezaba. Toda la familia se ponía a buscar Nepal.

Esta escena se repetía hasta que le había tocado a todos los miembros de la familia. Ninguna de nuestras cenas acabó nunca sin que nos hubiésemos ilustrado con al menos media docena de datos como ése.

Como niños que éramos, apenas nos dábamos cuenta de las ventajas de aquella forma de educar, ni tampoco éramos conscientes de lo mucho que nos enriquecía. No podría habernos importado menos. Estábamos demasiado impacientes por terminar de cenar y reunirnos con nuestros amigos, mucho menos educados, para jugar al fútbol con una lata.

Volviendo la vista atrás, después de pasar años estudiando el aprendizaje humano, me doy cuenta de lo dinámica que era la técnica educativa de papá, que reforzaba el valor del aprendizaje continuo. Sin darse cuenta de ello, nuestra familia estaba creciendo junta, compartiendo experiencias y participando en la educación de los demás. Papá, sin saberlo, estaba dándonos una dignidad, escuchándonos, respetando nuestras opiniones y afirmando nuestro valor. Sin ninguna duda, fue nuestro profesor más influyente.

Decidí dedicarme a la enseñanza en mis primeros tiempos en la universidad. Durante mi formación, estudié con algunos de los educadores más famosos del país. Cuando por fin terminé los estudios, habiendo adquirido teoría, práctica y una jerga específica, me reí al darme cuenta de que los educadores profesionales estaban aplicando lo que papá siempre había sabido. Él sabía que no hay mayor maravilla que la capacidad humana de aprendizaje y que ningún conocimiento, por insignificante que fuese, dejaba de tener el poder de transformarnos para mejor.

"Nuestra vida es limitada _decía papá_, pero no nuestro conocimiento. Lo que aprendemos es lo que somos. Nadie debería quedarse sin una educación."

Papá sabía educar. Su técnica funcionaba y a mí me ha servido durante toda mi vida. Ahora, cuando llego a casa, muchas veces agotado después de la aventura de un largo día de trabajo, antes de apoyar la cabeza en la almohada oigo la voz de papá resonando en mi cabeza. "Felice _dice_, ¿qué has aprendido hoy?"

Algunos días no consigo recordar haber aprendido nada nuevo. Me sorprende lo mucho que eso ocurre (puesto que la mayoría de nosotros se mueve en el mundo de lo familiar y estamos demasiado ocupados para preocuparnos por lo que no conocemos). Entonces salgo de la cama y ojeo las estanterías de libros en busca de algo nuevo. Una vez que he hecho eso, papá y yo podemos dormir profundamente, seguros de que no he desperdiciado ese día. Después de todo, nadie sabe cuándo puede resultar útil saber cuál es la población de Nepal.

Leo Buscaglia

6

APRENDIZAJES Y LECCIONES

Los padres están ahí para enseñar a los niños, pero también deben aprender lo que los niños les enseñan, y los niños tienen muchas cosas que enseñar.

Arnold Bennett

Verdadera generosidad

Nada te alegrará ni te entristecerá tanto, nada te enorgullecerá ni te agotará tanto como la maternidad.

Ella Parsons

Cuando un tornado arrasó una pequeña ciudad cercana a la nuestra, muchas familias lo perdieron todo. Más adelante, todos los periódicos locales publicaron historias sobre algunas de las familias que más habían sufrido. Un domingo, una foto en concreto me conmovió especialmente. Una mujer posaba delante de una caravana completamente destrozada, con una desgarradora expresión de angustia en el rostro. Un niño, de unos siete u ocho años, estaba a su lado, con los ojos abatidos. Aferrada a su falda había una chiquilla que miraba a la cámara, con los ojos abiertos y una expresión de confusión y miedo. En el artículo que acompañaba a la foto, se mencionaban las tallas de los miembros de la familia. Cada vez más interesada, descubrí que sus tallas coincidían con las nuestras. Aquélla podría ser una buena ocasión para enseñarle a mis hijos a ayudar a los más desafortunados.

Pegué la foto de la joven familia en nuestra nevera, explicándoles su difícil situación a mis gemelos Brad y Brett, de siete años, y a mi hija Meghan, de tres. "Nosotros tenemos mucho, y esta pobre gente ahora no tiene nada _dije_. Compartiremos lo que tenemos con ellos."

Bajé tres cajas grandes del ático y las puse en el suelo del salón. Meghan nos observaba con solemnidad mientras los chicos y yo llenábamos una de las cajas con conservas y otros alimentos no perecederos, jabón y demás artículos de aseo. Mientras yo buscaba entre la ropa, animé a los niños a que mirasen entre sus juguetes y eligiesen algunos que les gustasen menos para donarlos. Meghan observaba en silencio a sus hermanos, mientras ellos descartaban y amontonaban muñecos y juegos. "Te ayudaré a buscar algo para la niña pequeña cuando haya terminado con esto", le dije.

Los niños metieron los juguetes que habían decidido donar en una de las cajas, mientras yo llenaba la tercera con ropa. Meghan se acercó abrazando con fuerza a Lucy, su muñeca de trapo, gastada y vieja, pero a la que adoraba. Se paró frente a la caja que contenía los juguetes, apretó su carita redonda contra el rostro pintado de Lucy, le dio un último beso y después la depositó cuidadosamente sobre los otros juguetes. "Cariño _le dije_, no tienes por qué dar a Lucy. La quieres muchísimo."

Meghan sacudió la cabeza solemnemente, luchando por contener las lágrimas. "Lucy me hace feliz, mamá. Quizá también haga feliz a esa otra niña."

Con un nudo en la garganta, me quedé mirando a Meghan un buen rato, preguntándome cómo podría enseñarle a los gemelos la lección que su hermana me había enseñado a mí. Porque de pronto me di cuenta de que cualquiera puede dar lo que no le vale. La verdadera generosidad consiste en dar aquello que más quieres. Una niña de tres años que se desprende de su muñeca adorada para dársela a otra niña a la que no conoce, con la esperanza de que le proporcione tanto placer como a ella, eso es la verdadera caridad.

Yo, que había querido enseñar, había recibido una lección.

Los niños habían observado con la boca abierta cómo su hermana metía en la caja su muñeca favorita. Sin una palabra, Brad se levantó y fue a su habitación. Volvió con uno de sus muñecos preferidos. Dudó un momento, aferrándose al muñeco, pero después miró a Meghan y lo puso en la caja junto a Lucy. Una sonrisa apareció poco a poco en el rostro de Brett, después se levantó de un salto, guiñando los ojos mientras corría a buscar uno de sus coches preferidos. Asombrada, me di cuenta de que los gemelos habían entendido lo que significaba el gesto de Meghan. Conteniendo las lágrimas, los abracé a los tres.

Siguiendo el ejemplo de mi chiquitina, saqué mi vieja chaqueta marrón con los puños deshilachados y la sustituí por una cazadora verde que acababa de comprarme en las rebajas, la semana anterior. Confiaba en que a la joven de la foto le gustase tanto como a mí.

Elizabeth Cobb

La sonrisa de Maya

Demasiadas veces menospreciamos el poder de una caricia, una sonrisa, una palabra amable, un oído atento, un piropo sincero o el menor acto de cariño, que tienen la capacidad de cambiar una vida.

Leo Buscaglia

La llamé Maya por mi escritor favorito, Maya Angelou. Y, como su tocayo, Maya es sabia, más de lo que cabría esperar de sus seis años. Se le acaban de caer los cuatro dientes delanteros, tiene ojos que brillan como fuegos artificiales y es un encanto, canija y con aspecto de muñeca. Como ha tenido muchos problemas de salud, es más pequeña que la mayoría de las niñas de su edad, lo que la ha vuelto cohibida, pero también más sensible a los sentimientos de los demás. Siempre que ve a alguien solo, enfermo o necesitado, no puede evitar exclamar: "¡Pobrecito!".

El año pasado Maya iba a preescolar. Un día volvió a casa loca de contento. "Mamá, ¿sabes qué? _me gritó al entrar corriendo por la puerta_. ¿Sabes qué? Hay una niña nueva en mi clase y no habla nuestra lengua y yo soy su nueva mejor amiga, lo he decidido hoy", proclamó llena de júbilo.

"Cariño, cálmate", le dije, riéndome de su exaltación.

Maya lo dice y hace todo exaltadamente. Al final se calmó y pudo hablarme de la niña nueva, que había llegado de México aquel día. Se llamaba Stephanie y hasta ahí llegaba su inglés, al nombre. De modo que Maya se comprometió a ser su mejor amiga. No se le pasó por la cabeza que el hecho de que hablasen lenguas diferentes podría ser un problema. A los cinco años, la comunicación se da por hecha. Lo único que le importaba a Maya era que la niña nueva lloraba todo el rato y no tenía con quien hablar.

Cuando llegó Halloween, conocí a Stephanie.

Se pegaba a Maya como una lapa, claramente asustada y llena de timidez. Sin sonreír nunca, se quedó sentada mientras los otros niños hacían juegos de Halloween, limitándose a observar los juegos y la diversión, sin siquiera intentar participar. Su profesora me contó más tarde que Maya era la única con la que quería sentarse en el comedor o jugar en el recreo. Tenía miedo de hablar y nunca participaba en clase. Los más asombroso de todo era que Maya no hablaba ni una palabra de español.

Los días fueron pasando y cada día Maya llegaba a casa hablando de lo que había hecho, de cómo le había ido, de lo que había aprendido Maya, etc. Normalmente yo le contestaba "Eso está muy bien, cariño", demasiado ocupada para prestarle verdadera atención a mi hija. No llegué a darme cuenta de lo que estaba perdiéndome hasta que su profesora me llamó para pedirme que le enseñara a la clase la lengua de signos, como parte de las actividades de fin de curso. También me dijo que Maya era una niña maravillosa y una gran amiga. Me sentí halagada, pero no me di cuenta del alcance real de lo que me decía hasta que fui al colegio.

El pupitre de Maya estaba junto al de Stephanie.

Aquella chiquilla introvertida y paralizada por el miedo se había convertido en una niña feliz y confiada. Sus grandes ojos marrones brillaban tanto como los de Maya. ¡Y sonreía! Yo no daba crédito ante aquella transformación. Seguía sin hablar mucho inglés, pero ya intentaba participar, un cambio que, según me dijo su profesora, había tenido lugar hacía muy poco tiempo. Mientras la profesora y yo conversábamos, observé a Maya y a Stephanie. En su mayor parte, su método de comunicación consistía en señalar, ayudar, hacer gestos.

Y sonreír.

Maya miraba a su amiguita a los ojos y le dirigía sonrisas tan dulces que podrían derretir los corazones. Y entonces Stephanie le contestaba con una sonrisa tímida y que no tenía precio.

La profesora me explicó la gradual transformación que había tenido lugar. Me contó que, día tras día, Maya había sacrificado su tiempo libre para sentarse con su asustada amiga, muchas veces defendiéndola de los otros niños, siempre amable. Nunca, nunca se dio por vencida. Se me llenaron los ojos de lágrimas cuando me describió el gran corazón y el enorme altruismo de mi chiquitina.

Aquella noche, cuando Maya y yo nos quedamos solas, le dije que estaba muy orgullosa de ella por haber sido tan buena amiga con Stephanie. Le confesé que también yo podría aprender algo de su hermoso ejemplo de amistad. Después le pregunté cómo lo había hecho, cómo había creado aquella maravillosa amistad sin valerse de las palabras. Mi ángel de ojos azules me miró y me dijo: "Sonriendo".

Me contó que, cada vez que Stephanie lloraba o parecía triste, ella se esforzaba por tranquilizarla con una sonrisa, quedándose junto a ella, haciéndole saber en todo momento que tenía una amiga y que esa amistad era para siempre.

Este año Maya y Stephanie también están juntas en clase y el año que viene también lo estarán. Cada vez que la veo, recuerdo a aquella chiquilla asustada y la amistad verdadera que le ofreció mi hija.

Ella es mi heroína.

Susan Farr-Fahncke

No soy tu esclava

Los niños reinventan el mundo para ti.

Susan Sarandon

A lo largo del día, represento muchos papeles diferentes: lavandera, cocinera, animadora, cuenta cuentos y hasta regañona. Una mañana especialmente agotadora, estaba más metida que nunca en mi papel de recogedora. Después de haber guardado en el cajón el pijama de mi hijo durante muchos días, en aquella ocasión me volví hacia él y le dije: "Tienes que recoger tu pijama. ¡Yo no soy tu esclava!".

"¿Qué es un esclavo?", preguntó. "Un esclavo _contesté_ es alguien que tiene que trabajar sin que le paguen por ello." Esta respuesta tan simplista pareció satisfacer su curiosidad, al mismo tiempo que resumía mis propios sentimientos.

Durante el resto de la mañana trabajé como una esclava, o al menos me sentía como si lo fuera. Refunfuñando, recogí la mesa del desayuno. Llené el lavavajillas, limpié la encimera y barrí el suelo. Hasta cuando le cambié el pañal a mi hija y la vestí, seguía estando deprimida. Creo que lo único que me proporcionó algún placer aquella mañana fue la ducha. Y hasta eso me lo interrumpieron dos niños aporreando la puerta porque tenían sed.

Después de meter a mi hija en la cuna para que durmiera la siesta y salir silenciosamente de su cuarto, me di la vuelta. Allí estaba mi hijo, con un puñado de monedas, la mayoría de poco valor, que le habían ido dando los abuelos. "Toma _me dijo, dándome las monedas_. Ahora ya no eres una esclava."

Lo pensé un momento y decidí que tenía razón. Por un total de 13 centavos, compró mi libertad.

Recapitulando las actividades de la mañana, me di cuenta de que mis sentimientos de autocompasión no sólo habían afectado a mi actitud. Al considerarme una esclava, inconscientemente había relegado a mis hijos al papel de explotadores. ¿Qué parte de mi resentimiento por mis cargas les había llegado? No mucho, espero.

Entonces, ahora que estoy emancipada, ¿en qué ocupo mi día? La verdad es que sigo teniendo que hacer las mismas tareas. ¿Cómo evitar sentirme como una esclava?

Para comenzar, he empezado por pensar en mí misma como una voluntaria. Junto con mi marido, tomé la decisión voluntaria de formar una familia. Podría decirse que me ofrecí voluntaria a ser madre. Cuando la maternidad se me hace más dura de lo que yo había imaginado, encuentro útil recordarme a mí misma que fui yo quien eligió este estilo de vida.

Otra forma de sentirme liberada es considerarlo un servicio. ¿Quién tiene tiempo para preparar sopa en los comedores de la beneficencia? Todos lo tenemos. Sólo hay que dejar de pensar en el comedor de la beneficencia en los términos tradicionales. ¿Por qué no pensar en ello como si fuera nuestra propio hogar? Las mismas cosas que pueden hacernos sentir como esclavos (hacer la colada, lavar el cuarto de baño, recoger juguetes), cuando se miran desde otra perspectiva, pueden convertirse en un servicio a los demás.

Por supuesto, ahora que estoy empezando a cogerle el tranquillo al voluntariado doméstico, mi hijo tiene otras ideas para mí.

El otro día, cuando estaba emparejando los últimos calcetines de la colada, se me acercó, con más monedas en la mano. "Tómalas", dijo. Cuando ya las había cogido, añadió: "Ahora ven conmigo. Necesito que me ayudes a recoger mi cuarto".

Christie A. Hansen

El millonario

Un día, de camino a casa,
me puse a enumerar todos mis bienes.
Mi casa hipotecada y mi viejo coche,
una cuenta bancaria no muy abultada,
los muebles que temo
que no duren otro año,
la tele con pantalla diminuta,
las moquetas con ese lustre ajado,
dos trajes no demasiado raídos,
zapatos para todo uso que necesitan reparación.
Tristemente vi mi difícil situación
tras 20 años de duro trabajo.
Mi cofre del tesoro era muy pequeño,
incluyendo la casa, el coche, la ropa y todo.
Seguí conduciendo como en un trance,
cuando de pronto apareció mi casa.
"¡Papá está en casa!", oí que gritaba ella,
mientras nueve pares de pies llegaban corriendo.
Y, rodeado de brazos y cabezas rizadas,
¡supe que yo era un millonario!

William G. Wood
Enviado por Jane Madison

Sabiduría adolescente

Cuando eran adolescentes, nuestros hijos no siempre venían a decirnos a nosotros, sus padres, en qué nos equivocábamos. En cambio, tenían astutos métodos para recordarnos que ya no eran niños.

Por ejemplo, cuando Tom tenía 17 años, consiguió un trabajo en el cementerio, que lo obligaba a levantarse a las cuatro de la mañana para poder cumplir con su horario de riegos. Yo me sentía culpable por no levantarme a prepararle el desayuno, pero él, en cambio, insistía en que no lo hiciera. Creo que para él era un alivio no tenerme cerca a esa hora de la mañana.

Una noche, la mala conciencia me llevó a prepararle bollos de canela para el desayuno. Metí los bollos en un recipiente de plástico y los dejé en la encimera, en un lugar visible. Más tarde, ya en la cama, empecé a preguntarme si se fijaría en el recipiente y si, de ser así, tendría bastante ojo como para saber lo que había dentro. De modo que bajé a la cocina, escribí una etiqueta en la que ponía "bollos" y la pegué en la tapa del recipiente. A la mañana siguiente, al levantarme, había una etiqueta pegada a la cocina, en la que se leía "cocina".

Otro día, curioseando entre los recuerdos de su infancia,

encontré una nota que habían escrito nuestras dos hijas mayores en sus años de adolescencia, un sutil recordatorio de su proceso de maduración.

Nos había costado mucho, pero mi marido y yo habíamos decidido pasar fuera el fin de semana, dejando a las dos mayores a cargo de los pequeños.

Naturalmente, yo había preparado una larga lista de recomendaciones, como por ejemplo que calentasen con cuidado las comidas, que apagasen el horno, que Tom se pusiera ropa limpia para ir a la catequesis, que no invitaran amigos a casa mientras estuviéramos fuera, etc.

El lunes siguiente, al volver de nuestro viaje, los chicos estaban en el colegio, pero habían dejado una nota en la nevera, que decía:

Querida mamá:

Deshaz la maleta.

Tennos la cena preparada a las seis.

Llama a la asistenta.

Prepara ropa limpia para que Tom se la ponga mañana para ir a clase.

No dejes que Sam Hill se meta en el jardín de los Corbin. (Sam Hill era nuestro perro; los Corbin, nuestros vecinos.)

Haznos galletas, pero que no lleven coco.

Cambia la ropa de cama (hoy es lunes, ya lo sabes).

No te pases mucho tiempo al teléfono. Podríamos estar intentando llamarte para que nos trajeras algo que hemos olvidado.

No laves la camiseta de Kathy. Le gusta tal como está.

Prepara un cheque para pagar las clases de música de Gerry.

Si un extraño llama a la puerta, déjalo pasar. El lavavajillas está estropeado y alguien tendrá que arreglarlo.

Con cariño,

Gerry y Kathy

Me gusta pensar que nuestros hijos se han convertido en personas razonablemente normales gracias a nosotros, sus padres. De todas formas, también podrían haberlo hecho sin nuestra ayuda.

Margaret Hill

Lo que los padres dicen y lo que en realidad quieren decir

Para que no quepa duda:

Haz la cama	Adquiere buenos hábitos
Ordena tu habitación	Mantén un orden en tu vida
Ten cuidado	Para nosotros eres lo más valioso
No vayas deprisa con el coche	No podríamos soportar perderte
Cuelga el teléfono	**Cuelga el teléfono**
Haz los deberes	Aprende todo lo que puedas
No te lo gastes todo	Guarda siempre algo para las emergencias
Es tarde	Descansa las horas que necesitas
Recoge tu ropa	**Recoge tu ropa**
Lo has hecho muy bien en la obra de teatro	Estamos muy orgullosos de ti
Dale de comer al perro	Preocúpate por los demás
Apaga las luces cuando salgas	Sé responsable
Termina tu proyecto	Sácale el mayor partido a tus aptitudes
¡Qué alto estás!	Se acerca el momento de que te vayas de casa

Saca la basura	Saca la basura
La universidad es importante	Es importante estar preparado para la vida
Ponte una corbata	Si tienes buen aspecto, te sentirás mejor y serás mejor

Y, por último, una que nunca debería prestarse a confusión:

Te queremos	Te queremos

Andy Skidmore

El paciente desnudo

Es duro. Si sólo quieres una criaturita adorable en la que depositar tu cariño, cómprate un cachorro.

Barbara Walters

Un lector de la columna del doctor Dobson le escribió para pedirle consejo: "Mi hija Nancy, de tres años, me la juega cada vez que vamos al supermercado. Se echa a correr cuando la llamo y me pide chucherías, chicles y bollos. Si me niego, se coge unas rabietas tremendas. Yo no quiero castigarla delante de otras personas, y ella lo sabe. ¿Qué debería hacer?"

Ésta fue la respuesta del doctor Dobson:

Si hay santuarios en los que las normas y restricciones corrientes no se aplican, sus hijos se comportaran de forma diferente en esas zonas protegidas. Sugiero que, la próxima vez que vaya de compras, tenga una charla con Nancy. Dígale qué es lo que espera de ella y déjele claro que habla en serio. Después, si ese comportamiento de repite, llévesela al coche o a la calle y actúe como lo haría en casa. Ella entenderá el mensaje.

Cuando falta ese tipo de autoridad paterna fuera de casa, algunos niños se vuelven extremadamente rebeldes y respondones, especialmente en lugares públicos. Un buen ejemplo de esto podría ser un niño de diez años llamado Robert, hijo de mi amigo el doctor Slonecker. El doctor Slonecker me contó que el personal de pediatría temía las visitas de Robert, porque se dedicaba a ensañarse con los objetos de la clínica, como por ejemplo instrumentos médicos, informes o teléfonos. Su pasiva madre poco podía hacer, aparte de sacudir la cabeza con perplejidad.

Haciéndole un examen médico, el doctor Slonecker observó que Robert tenía varias caries, por lo que debía ir al dentista. Pero, ¿sobre quién recaería el honor? Enviarle un niño como Robert podría acabar con cualquier amistad profesional. El doctor Slonecker decidió al final llevarlo a un viejo dentista que, por lo que contaban, se llevaba muy bien con los niños. La confrontación que se produjo es ya un clásico en la historia de los conflictos humanos. Robert llegó a la consulta del dentista, preparado para la batalla. "Siéntate en la camilla, joven", dijo el odontólogo. "¡Nada de eso!", replicó el niño.

"Hijo, te he dicho que te subas a la camilla y eso es lo que quiero que hagas", dijo el dentista.

Robert se quedó un momento mirando a su oponente y después contestó: "Si me obliga a subirme a la camilla, me quitaré toda la ropa". El dentista dijo con calma: "Hijo, quítatela". El niño siguió adelante y se quitó la camisa, la camiseta interior, los zapatos y los calcetines, y después lo miró desafiante. "Muy bien, hijo _dijo el dentista_, ahora súbete a la camilla." "No está escuchándome _farfulló Robert_. Le he dicho que si me obliga a subirme a la camilla me quitaré toda la ropa." "Hijo, quítatela", replicó el hombre. Robert se quitó los pantalones y los calzoncillos, quedándose al final totalmente desnudo delante del dentista y su ayudante. "Ahora, hijo, súbete a la camilla", dijo el dentista. Robert hizo lo que le pedía y se quedó sentado durante toda la intervención, cooperando. Cuando terminó de empastarle las caries, el dentista le pidió que se bajara de la camilla. "Ahora deme mi ropa", dijo el niño. "Lo siento _dijo el dentista_. Dile a tu madre que vamos a quedarnos con tu ropa hasta mañana. Entonces podrá pasar a recogerla."

¿Se imagina la sorpresa que se llevó la madre de Robert cuando se abrió la puerta de la sala de espera y apareció su hijo tal y como lo trajo al mundo? La sala estaba llena de pacientes, pero Robert y su madre pasaron entre ellos hacia la salida. Bajaron en ascensor a un aparcamiento público, ignorando las miradas de los curiosos.

Al día siguiente, la madre de Robert volvió para recuperar su ropa y preguntó si podía hablar con el dentista. Sin embargo, no tenía intención de protestar. Lo que ella sentía era esto: "No sabe cuánto aprecio lo que ocurrió aquí ayer. Robert lleva cuatro años chantajeándome con la historia de la ropa. Siempre que estamos en un lugar público, como por ejemplo en un supermercado, me hace peticiones inadmisibles. Si no le compro inmediatamente lo que me pide, me amenaza con quitarse toda la ropa. Usted ha sido la primera persona que ha aceptado su desafío. ¡Y el efecto que ha tenido en él ha sido increíble!".

James Dobson, Doctor en Filosofía
Extraído de Dr. Dobson Answers Your Questions

Los planes del hombre y la risa de Dios

Tener un hijo no es difícil. Lo difícil es ser padre.

Wilhelm Busch

Al ser padre soltero a cargo de dos niños pequeños, mi vida ha estado muy ocupada, a veces más de lo que podía abarcar. Daba clases en la universidad y, al llegar a casa, tenía que ponerme a cocinar, limpiar, lavar los platos, leerles cuentos a mis hijos y jugar con ellos. Al ser hombre, tuve que aprender lo que la mayoría de las mujeres ya sabe hacer.

Al margen de eso, mi carrera como profesor y orador estaba despegando como un cohete. No me faltaban invitaciones para dar charlas ni oportunidades de todo tipo. Era estresante hacer juegos malabares con todas esas responsabilidades. Después de todo, me había comprometido conmigo mismo a ser el mejor: el mejor profesor, el mejor orador y, por encima de todo, el mejor papá.

Las responsabilidades laborales eran una gran carga para mí y, por motivos económicos, no podía rechazar todas las ofertas para dar conferencias. Ya fuera para dar una charla en una empresa, en un colegio o en una asociación, sencillamente no podía permitirme renunciar a esos ingresos adicionales. Resumiendo, acabé por funcionar a todo gas cada día.

Era una típica mañana de Cleveland, gris, tempestuosa y muy fría. Además de vestir a los niños para que fueran al colegio y de asegurarme de que la niñera iba a presentarse, tenía que hacer la maleta para salir de viaje y coger el avión. Resultado: frenesí. Los niños, que percibían mi tensión tanto como un tiburón huele la sangre, se pusieron a gimotear, pelearse y arañarse para llamar mi atención. Fue la gota que colmó el vaso. Perdí los estribos y les grité. Me puse todo colorado, sin dejar de berrear. La niñera, incómoda, desvió la mirada. Mis hijos se echaron a llorar. Intenté darles un beso de despedida en las mojadas caritas. Mi hija me rechazó y mi hijo se quedó tieso y furioso. Lleno de frustración, me encogí de hombros y me dirigí al aeropuerto, conduciendo a través de la nieve y la lluvia helada.

Encolerizado y con miedo a perder el avión, empecé a racionalizar mi comportamiento. "¡Trabajo tanto por esos niños! ¿Y acaso me valoran? ¡No!" En mi justificada indignación, estaba lleno de autocompasión.

Aparqué el coche, facturé el equipaje y embarqué. El tiempo desapacible contribuía a mi mal humor. Oscilaba entre la ira, la justificación y la culpa.

Para colmo, el avión en el que iba a volar era viejo. Despegamos en medio de una tormenta de nieve, rumbo a Detroit, donde iba a participar en un taller. Según íbamos tomando altura a través de las nubes y el avión daba tumbos en el aire inestable, mi sentimiento de culpa crecía. ¿Cómo podía haber dejado a mis hijos de esa manera?

La auxiliar de vuelo avanzaba por el pasillo con una bandeja de refrescos cuando, de pronto, se oyó una explosión. El aire de la cabina parecía zumbar por el pasillo como un huracán. Las máscaras de oxígeno cayeron de sus compartimentos y se quedaron colgando delante de nosotros como si fueran el mismo dedo de la muerte. Una escotilla se había desprendido del avión y estábamos en proceso de "descompresión explosiva". El avión estaba a unos 11.000 pies sobre el helado lago Erie.

La auxiliar de vuelo, cogida por sorpresa, lanzó la bandeja al aire. La gente gritaba. Un hombre que estaba sentado detrás de mí y que acababa de someterse a una delicada intervención quirúrgica del corazón, se puso a gritar, con fuerte acento europeo: "¿Para esto me salvó Dios? ¡Para esto!".

El avión se ladeó de golpe y comenzó a descender a gran velocidad. Miré por la ventana y vi la superficie helada del lago Erie, mientras nos precipitábamos hacia él. Estaba convencido de que íbamos a morir. Alcé la vista y vi a la auxiliar de vuelo intentando abrir la puerta de la cabina, pero la fuerza del aire lo impedía. El interfono que comunicaba con la cabina tampoco funcionaba. Parecían aterrorizados. "Ya está _pensé_. Voy a morir."

En ese momento, no se me pasó toda la vida por la mente. En cambio, sólo me vinieron a la cabeza dos pensamientos. Primero, que, al no haber hecho testamento, de acuerdo con las leyes de Ohio mis hijos perderían la mitad de su herencia. Y segundo, que la última imagen que conservarían de su padre sería la de un maníaco con la cara roja gritándoles y pagándolas con ellos. Estaba lleno de arrepentimiento. ¿Cómo podía haberlos dejado de esa manera? Eso era lo que pensaba, embargado por el dolor.

Me puse a rezar, incluso cuando el avión comenzó a acercarse al lago. "Querido señor _recé_, si nos salvases, sólo esta vez, prometo que nunca me iré de casa con esa furia. Prometo hacer que mis hijos siempre sepan lo mucho que los valoro y los quiero."

No sé cuánto tiempo pasó desde el momento en que se desprendió la escotilla hasta que el avión se enderezó (me pareció una eternidad), pero sucedió justo cuando acababa mi oración. Podría haber repetido esa oración una o mil veces, pero creo que fue oída.

Nuestro avión dio media vuelta y voló de vuelta a Cleveland. Todos nos bajamos y embarcamos en un avión idéntico, lo que no nos daba mucha confianza. Pero finalmente conseguimos llegar a Detroit, donde participé en el taller, como estaba previsto. Irónicamente, el tema de mi charla era el "Control del estrés". Sigmund Freud decía que lo que mejor enseñamos es lo que más necesitamos aprender.

El epílogo de esta historia es que he mantenido mi promesa. Cuando volví a Cleveland, lo primero que hice fue pedirle disculpas a mis hijos y darles un gran abrazo. Después fui a ver a un abogado y redacté mi testamento. Y, desde entonces, nunca he salido de casa (hasta cuando me voy a trabajar) sin demostrarle mi cariño a mis hijos. Cuando salgo para hacer un viaje largo, los hago pararse en la puerta y les digo algo así como: "Quiero que sepáis que os quiero y que siempre os he querido. Siempre me he sentido feliz y orgulloso de ser vuestro padre. Puede que a veces me enfurezca por cosas que hacéis, pero no hay nada que pueda hacerme dejar de quereros". Después de un rato, empiezan a suspirar y torcer la cara, como diciendo: "¿Tenemos que oír todo esto otra vez?". A veces me hacen la burla repitiendo con voz monótona: "Sí, sí, sabes que te queremos y que siempre te hemos querido . . .". Pero podría jurar que en realidad les gusta oírlo. Un día se me olvidó decirlo y me llamaron al teléfono del coche para decirme: "Papá, dinos todo eso de que nos quieres".

Aquel incidente en el avión me enseñó a no dar por segura mi vida, ni tampoco a las personas que hay en ella. Sé lo valiosa y frágil que es la vida, y nunca se sabe lo que puede traer el mañana.

Como solía decir mi querida madre, ya fallecida: "El hombre propone y Dios dispone". Pero ella prefería otro dicho yiddish, mucho más ácido: "El hombre hace planes y Dios se ríe".

Hanoch McCarty

Mensaje de un ángel de la guarda

Hace algún tiempo me invitaron a dar una serie de conferencias en varias ciudades de Canadá. El ciclo iba a terminar en Vancouver, la noche de un jueves, por lo que decidí llevarme a mi hijo, que entonces tenía 14 años. Así podríamos pasar juntos un largo fin de semana, haciendo rafting por las aguas blancas y explorando.

El viaje se torció desde el principio. Varios vuelos fueron cancelados. Al final tuvimos que fletar un avión privado para ir hasta Chicago, donde pudimos coger un vuelo a Toronto de Canadian Airlines. Nuestro destino estaba en el otro extremo del país, pero teníamos la posibilidad de enlazar con un vuelo a Edmonton, haciendo una escala de apenas media hora.

"No hay problema _pensé_. Me subiré al estrado justo a tiempo."

Pero después nos retrasamos en la aduana de Toronto y perdimos el siguiente vuelo. El personal de Canadian Airlines se portó de maravilla e hizo todo lo posible para ayudarnos. Incluso contrataron una limusina para que nos esperara en Edmonton con el motor encendido. De todas formas, iba a llegar dos horas tarde, algo que, para un orador, es un pecado sólo equiparable a acabar dos horas tarde.

Aparecí a las diez de la noche para dar una charla que estaba programada para las ocho. Fue la primera vez que recibí una ovación tan sólo por hacer acto de presencia. Estuve hablando hasta pasada la medianoche y después contesté preguntas durante otra hora más. Cuando el público fue menguando, reparé en un hombre que estaba de pie en una esquina, aparentemente esperando para hablar conmigo. Después de pasar años hablando sobre la filosofía de "Valor y Perseverancia", yo había aprendido que, muchas veces, la última persona en irse es aquélla que en realidad más necesita mi ayuda.

El hombre se acercó y me preguntó si el águila de mi corbata tenía algún significado. Le expliqué que el águila representa el espíritu de "Valor y Perseverancia". "Las águilas también son importantes para mí", contestó, y después me contó su historia.

Algunos años antes, le habían diagnosticado una leucemia a su hijo de once años. Al niño le encantaban las águilas, de modo que la familia adoptó a ese gran pájaro como su particular mascota de esperanza y fe. Tenían fotos, figuras y plumas de águila por toda la casa. Al final, su hijo perdió la batalla. Algún tiempo después, la familia se tomó unas vacaciones y fue a pasear en barco por un lago con unos amigos. A pesar del sol radiante y de la belleza que los rodeaba, para ellos era un día melancólico.

De pronto, un águila bajó volando de las montañas y se puso a dar vueltas y remontar altura alrededor del barco, haciendo unas piruetas que nunca le habían visto hacer a ninguna águila. Se quedó cerca del barco por lo menos una hora. "Entonces supimos _dijo_ que nuestro hijo había vuelto a nosotros de la única forma posible, para decirnos que dejáramos de preocuparnos, que todo iba bien. Y, desde entonces, ha sido más fácil. Seguimos sintiendo pena, pero ahora es diferente, porque nuestro hijo volvió en aquella ocasión para tranquilizarnos."

¿Qué podría haberle dicho a aquella persona, que, como yo había asumido, estaba allí para que yo le proporcionase ayuda? Me faltaban las palabras. Entonces hizo algo que me demostró que los papeles estaban invertidos: yo no estaba allí para ayudarlo a él, sino al revés.

Volviéndose hacia mi hijo Doug, se desabrochó el cinturón y sacó una pequeña bolsa de lona negra que llevaba colgada. Dijo: "Mi hijo tenía una gran colección de cuchillos de titanio. Hasta ahora nunca había regalado ninguno, pero quiero que te quedes con éste". Le dio el cuchillo a Doug y después se volvió hacia mí. Nunca olvidaré su mirada, como si estuviera mirando directamente a mi alma. Tan sólo dijo: "Ten cuidado, papá. Estos años pasan muy rápido".

Él no podía saberlo, pero en aquella época mi mujer y yo estábamos a punto de enviar a nuestra hija de 17 años a un campamento para adolescentes problemáticos en la zona de los Grandes Lagos, entre Minnesota y Canadá. El programa incluía una visita de los padres a la ciudad de Duluth, en Minnesota, dos días antes del regreso de los chicos, para prepararlos a los posibles cambios.

Yo no iba a ir. Estaba prevista una importante conferencia de "Valor y Perseverancia", además de que tenía que viajar y poner al día mis facturas. De modo que mi mujer madrugaría para asistir a la reunión y yo me acercaría en el último momento a recoger a las dos mujeres de mi vida. Esperaba que me hicieran un resumen de lo más importante de camino a casa.

Y, en mitad de la noche, en un lugar de Canadá, aquel hombre apareció en mi vida para decirme que estaba a punto de cometer un grave error.

"Despierta, papá, y presta atención. ¿Qué es lo que de verdad importa?" Al volver a casa, cambié mis planes para poder estar en Duluth a tiempo de asistir a la reunión de padres. Cuando Annie se bajó corriendo del autobús para darle un gran abrazo a papá y mamá, albergué la esperanza de que el milagro por el que tanto habíamos rezado se hubiese producido.

Y recé en silencio una oración, dando gracias por aquel ángel de la guarda que se quedó hasta tarde para ayudar a un padre desorientado a establecer sus verdaderas prioridades en la vida.

Joe Tye

El Día del Padre

Con el pelo recogido en una coleta y un gran lazo en su
   vestido favorito,
estaba impaciente por ir al colegio a celebrar el Día del Padre.
Pero su mamá intentó decirle que quizá debería quedarse
   en casa,
pues los niños podrían no entender que fuese al cole sola.
Sin embargo, ella no tenía miedo, sabía lo que tenía que
   decir
a sus compañeros de clase en el Día del Padre.
Pero su madre seguía preocupada de que lo hiciera sola
y por eso una vez más intentó que se quedara en casa.
Pero la niña se fue al colegio, deseosa de hablarles a todos
de un papá al que nunca ve, un papá que nunca llama.

Había padres en una larga fila para que los conociesen
y niños impacientes que no paraban quietos.
Uno a uno la profesora los fue llamando
para que presentasen a sus papás.
Por fin la profesora la llamó y todos la miraron.
Todos buscaban al hombre que no estaba allí.
"¿Dónde está su papá?", oyó decir a un niño.
"A lo mejor no tiene", se atrevió a gritar otro.

Y desde el fondo oyó que un padre decía:
"Será otro padre ocupado, sin tiempo para venir".

Las palabras no la ofendieron y sonrió a sus amigos.
Miró a la profesora, que le pidió que empezase.
Con las manos tras la espalda, empezó a hablar
y de la boca de aquella chiquilla salieron palabras únicas.
"Mi papá no está aquí porque vive muy lejos.
Pero yo sé que desearía estar aquí conmigo
y, aunque no lo conozcáis, quiero que lo sepáis todo
sobre mi papá y lo mucho que me quiere.
Le gustaba contarme cuentos, me enseñó a montar en bici.
Me regalaba rosas y me enseñó a volar cometas.
Comíamos juntos enormes helados
y, aunque no lo veáis, no estoy sola,
porque papá está siempre conmigo, aunque estemos
    separados.
Lo sé porque él me lo dijo, que siempre estaría en mi
    corazón."

Al decirlo levantó la manita y se la puso en el pecho,
sintiendo latir su corazón, bajo su vestido favorito.
Y, entre los papás, estaba su madre, llorando,
mirando con orgullo a su hija, que era más sabia que
    muchos,
porque estaba allí por amor a un hombre que no estaba en
    su vida,
haciendo lo mejor para ella, haciendo lo correcto.
Y, cuando bajó la mano, mirando a la gente,
terminó con voz suave, pero su mensaje fue claro.

"Quiero mucho a mi papá, él es mi sol
y, si pudiera, estaría aquí, pero el cielo está lejos.
Pero a veces, al cerrar los ojos, es como si no se hubiese
    ido."

Y entonces cerró los ojos y lo vio allí
y, para asombro de su madre, vio con sorpresa
que todos los niños y padres cerraban los ojos.
¿Quién sabe lo que vieron? ¿Quién sabe lo que sintieron?
Quizá por un momento, lo vieron al lado de la niña.

"Sé que estás conmigo, papá", dijo, rompiendo el silencio,
y lo que sucedió hizo que creyeran los que antes dudaban.
Nadie podría explicarlo, porque todos tenían los ojos
　cerrados,
pero allí, en la mesa, había una olorosa rosa
y una niña recibió la bendición, siquiera por un instante,
　del amor de su sol
y recibió el don de creer que el cielo nunca está demasi-
　ado lejos.

Cheryl Costello-Forshey

Creo en los ángeles

En la vida no hay que temerle a nada. Basta con entenderlo.

Madame Curie

Ésta es la historia de mi milagro. Ésta es la historia de cómo, en el momento más difícil y más amargo de mi vida como padre, dos niñas me enseñaron a creer y tener esperanza.

Mi hija Kathleen es ahora una hermosa e inteligente joven de 17 años, pero, cuando tenía 5, una tragedia golpeó a mi familia. La mejor amiga de Kathleen, Sara, hija de mi hermano, murió de cáncer una semana después de cumplir siete años. Sara y Kathleen, aunque se llevaban dos años, estaban muy unidas. Recuerdo que entre las dos tenían más de 50 ponis de juguete. Cuando Sara venía a pasar el fin de semana a casa, los lavábamos a todos con champú, los poníamos en la mesa del jardín para que se secaran y después se pasaban el resto del fin de semana cepillándoles y peinándoles las crines, e inventando países imaginarios donde vivían sus ponis. Yo me quedaba observándolas, con el corazón encogido, pues sabía el poco tiempo que les quedaba para estar juntas.

Cuando a Sara le diagnosticaron el cáncer, sólo tenía tres años. Tras una larga operación para extirpar el tumor, el doctor decidió esperar para ver cómo evolucionaba. Mi mente era un torbellino. Recriminaba a Dios por haber dejado que Sara se pusiese tan enferma, pero, lleno de vergüenza, daba gracias de que no fuese Kathleen. Recuerdo que, cuando le pedí disculpas a mi hermano por mis sentimientos, sólo me dijo: "¿Crees que yo no recrimino a Dios y que no desearía que fuese al revés?". Los dos supimos comprendernos.

El cáncer de Sara reapareció cuando ella tenía 5 años y Kathleen acababa de cumplir 4. Eran tan pequeñas que decidimos no hablarle de la enfermedad de Sara a Kathleen y dejar que pasaran todo el tiempo posible juntas, libres de preocupaciones. Mi hermano y su mujer no le dijeron nada a Sara y le prohibieron al médico que lo mencionase estando ella presente, porque querían que siguiese yendo al colegio y que tuviese una vida normal, con sus compañeros de clase.

La primera pista de que las cosas no iban como estaba previsto sucedió cuando en la clase de Sara estuvieron hablando de lo que los niños querían ser de mayores. Su profesora, por supuesto, estaba al corriente de la situación, pero se quedó atónita cuando le tocó a hablar a Sara. Sin darle importancia, se limitó a afirmar: "Yo no voy a ser mayor, con que no tengo que preocuparme de eso." Cuando todos nos enteramos de lo que había sucedido, supusimos que la niña habría oído a alguien hablar de ella.

Kathleen y Sara siguieron pasando los fines de semana juntas, tanto en su casa como en la nuestra, y, hasta donde llegaba nuestro conocimiento, el tema nunca surgió y Kathleen ni siquiera sabía que Sara estaba enferma.

A mí se me rompía el corazón. ¿Cómo iba a decirle a mi inocente niñita que su prima, su mejor amiga, iba a morir?

¿Cómo podía destrozar su inocencia, su belleza, su creencia de que la vida era siempre maravillosa?

Al final, Sara estaba ya bastante enferma, pero seguía viniendo a pasar el fin de semana con nosotros, por lo que teníamos que ocuparnos de cuidarla y darle sus medicinas. En estas circunstancias, no podíamos seguir postergando el momento de decirle la verdad a Kathleen. Un día, la llamé y me fui con ella a su habitación. Nunca olvidaré lo mal que me sentí, mirando la preciosa carita de mi hija, que tanto confiaba en mí. Me lancé de cabeza. "Kathleen, cariño, hay algo que tienes que saber antes de que llegue Sara. Es algo que me gustaría no tener que decirte, pero no puedo evitarlo."

"Ya sé que se va a ir al cielo, mamá", dijo Kathleen con total naturalidad, abrazando a su muñeco Murphy.

"¿Cómo lo sabes, cariño?" Ya no podía contener las lágrimas y no daba crédito a mis oídos.

"Sara y yo hablamos de eso todo el rato. Cuando pasamos la noche juntas, hablamos de eso en la cama. Ella va a irse al cielo y allí no estará enferma y podrá llevarse su osito de peluche. Está bien, mamá. No llores."

Abrazando a Kathleen y mojándonos a las dos con mis lágrimas, le pregunté cómo lo había sabido Sara.

"Se lo dijeron los ángeles, mamá. Hablaron con ella, y ella habló conmigo. Voy a salir a esperar a Sara, ¿vale?" Y, tras decir esto, ella me consoló a mí (y no al revés), con un abrazo y un beso, y salió corriendo para ir a esperar a su amiga.

Me quedé allí, atónita, durante no sé cuánto tiempo. Mi cabeza estaba llena de oscuros pensamientos de muerte, hasta que aquella niña de cinco años me habló de la luz, la felicidad y los ángeles. ¿Cómo podría no pensar que todo iba bien?

Internaron a Sara en el hospital por última vez poco después de aquella visita. Allí celebramos su séptimo cumpleaños y Kathleen le regaló un poni de juguete y una tarjeta hecha por ella. Como vivíamos bastante lejos, aquel día yo sabía que había muchas posibilidades de que no volviésemos a verla. Durante nuestra visita, nos esforzamos por estar alegres y animados, y resulta que esa última fiesta es uno de los pocos recuerdos nítidos que Kathleen ha conservado del tiempo que pasó con Sara. Aquella noche, después de hacerles una visita a mis padres, ayudé a mi cuñada a que Sara estuviese cómoda y le di un beso de buenas noches. Una semana más tarde, Sara murió en paz, rodeada por sus ponis y con una foto de su hermanito bajo la almohada.

Kathleen, cuando se lo dije, estuvo un buen rato llorando conmigo y después, como hacen los niños, lo superó. En los días siguientes, al mirarla se me alegraba el corazón. Sara estaba en el cielo con su osito y ya no estaba enferma. Un ángel se lo había dicho, y yo lo creía.

Wendy Ann Lowden

7

SUPERAR LOS OBSTÁCULOS

No temo a las tormentas, pues estoy aprendiendo a manejar mi barco.

Louisa May Alcott

La luz al final del túnel

¿Quién me quiere y me querrá siempre con un
cariño tal que ningún azar, ninguna desgracia,
ningún crimen mío podrían llegar a apagarlo?
Eres tú, mi madre.

Thomas Carlyle

Era temprano por la mañana y el desafío al que me enfrentaba aquel día me había producido un pertinaz dolor de cabeza. Nuestra hermosa hija Lara llevaba varios meses deprimida y su comportamiento había ido haciéndose cada vez más radical. Se vestía toda de negro, el rock duro era su credo y se maquillaba con polvos blancos, sombra morada para los ojos, pintalabios negro y laca de uñas negra. Estaba siempre enfadada y llena de resentimiento hacia su padre y hacia mí. Su hermano no soportaba estar en la misma habitación que ella. Hacía unos cuantos años que soportábamos ese comportamiento, y lo que en un principio nos había parecido una etapa pasajera se había convertido en una pesadilla. Al principio yo pensaba que lo único que tenía que hacer era ser cariñosa y ayudar a que todo mejorase, pero llegó un momento en que ya no podía hacerlo y me sentía fracasada.

Nuestro hogar se había convertido en un campo de batalla. Por no hablar de los estudios. Empecé a ayudar a Lara con los deberes para que pudiese acabar el instituto. Acabé haciendo los deberes por ella. Se convirtió en responsabilidad mía. No podía evitar que la relación de dependencia entre mi problemática hija y yo fuese cada vez mayor. Lara se volvía continuamente contra nosotros para castigarnos y herirnos por la desesperación que sentía. Yo temía por su vida, asustada de que algún día, al volver a casa del trabajo, me la encontrase muerta junto a un frasco vacío de somníferos.

Tras intentar como último recurso que pasara una temporada en un hospital, mi marido y yo nos vimos obligados a hacer planes para su futuro que no incluían llevarla a casa. Un psiquiatra del hospital había encendido una luz al final de mi oscuro túnel al decirme: "Su hija necesita una atención prolongada. Tiene tendencia a la depresión e instintos suicidas. Le sugiero para ella un entorno protector, como la Rocky Mountain Academy, en el norte de Idaho. Forma parte del programa de servicios para la familia CEDU. Suelen obtener buenos resultados con adolescentes de las características de su hija".

Después de meditarlo mucho, mi marido y yo pensamos que no nos quedaba otra opción más que enviarla allí. Su ira y su frustración estaban destrozando nuestro matrimonio y la felicidad de nuestro hijo. Nuestra hija estaba volviéndose cada vez más inaccesible, aislada de nosotros y de la vida misma.

Aquella mañana, iba a comenzar el día del desafío. Me había levantado temprano. Lara sabía que iba a marcharse (para descansar de nosotros y de nuestro entorno, pensaba ella). Yo no había podido decirle cuánto tiempo iba a estar fuera. Necesitaba ayuda para llevarla a Bonners Ferry, en Idaho, ya que era un largo viaje. ¿Intentaría escaparse? No las tenía todas conmigo, así que contraté a un empleado del hospital para que nos acompañase. Ella no me dirigió la palabra en todo el viaje, pero sí que disfrutó de la compañía de aquel acompañante temporal. Por lo menos me daba una tregua.

Finalmente, apareció a nuestra vista la entrada de la academia. ¡Qué lugar tan hermoso y sereno! Los rostros de los chicos eran cálidos y amistosos. Los asesores que nos recibieron fueron como un bálsamo para mí. No podría repetir las hirientes palabras que salieron de la boca de Lara. Me helaron el corazón. Me eché a llorar y el personal de la academia se hizo cargo. "No quiero volver a verte la cara. Escupiré en tu tumba." Ésas fueron las palabras de despedida de Lara. Empecé a sentirme desolada, insegura y culpable. Pasé la noche en un motel cercano, absolutamente abatida. "¿Cómo hemos llegado a esto?", pensaba. "¿Qué he hecho mal? ¿Cómo he podido criar a una hija tan llena de odio?"

Volví a casa con el corazón sangrante, constantemente al borde del llanto. A partir de ese momento, teníamos que confiar en la academia para que llevase a cabo lo que nosotros no habíamos podido hacer.

Durante cinco meses su padre y yo no tuvimos noticias de Lara, ni una postal, ni una llamada, nada. Yo llamaba a la academia casi a diario. ¿Cómo está? ¿Está bien? ¿Qué hace? ¿Por qué no quiere hablar conmigo? La peor pesadilla de un padre estaba haciéndose realidad. ¿La había perdido para siempre? ¿Habíamos hecho lo que debíamos?

Al fin, hubo una primera señal. Recibimos una carta de Lara en la que nos daba las gracias por la ropa nueva que le habíamos enviado, escrita, estoy segura, a instancias de alguno de los consejeros de la academia. No sé por qué, me emocionó aquel primer contacto. Poco a poco la comunicación fue mejorando, por lo que le hicimos una primera visita. Ella lloró, yo lloré y mi marido lloró. Teníamos tantas cosas que arreglar en nuestra relación. La magia de la academia Rocky Mountain empezaba a surtir efecto, muy poco a poco, a base de un esfuerzo tras otro. Cada vez que íbamos a verla, notábamos mejorías en nuestra hija.

Al principio Lara empezó a expresarse a través de unos poemas hermosos y muy tristes que se publicaban en el periódico mensual que elaboraban los chicos. El amor y la protección del personal de la academia estaban empezando a recoger sus frutos. Veía su rostro cada vez más distendido, la rabia y la dureza habían desaparecido. Liberada del maquillaje, su carita de niña lucía hermosa y suave, cálida y humana. Al mismo tiempo, Lara descubrió que tenía una bonita voz. La animaron a que cantara siempre que pudiera. Cuanto más cantaba, más segura se sentía. Cuando descubrió su voz, poco a poco empezó a quererse. También mi corazón empezó a cantar.

Durante esos meses de esfuerzo y autoexploración para nuestra hija, mi marido y yo volvimos a descubrir lo que, años atrás, nos había hecho sentirnos atraídos el uno por el otro. Por culpa de los problemas de Lara, nos habíamos alejado, tanto física como espiritualmente, y habíamos perdido la capacidad de comunicación. El programa CEDU, gracias a sus seminarios trimestrales para los padres, comenzó a unirnos, no de la misma manera que antes, sino con una apreciación y un entendimiento del otro totalmente nuevos. Nuestra relación se hizo aún mejor de lo que era antes de los seis años de problemas con Lara. Volvimos a ser una pareja, amantes, amigos.

Puede que las cosas ocurran por un motivo. Pasaron dos años en los que Lara floreció como una rosa, mi marido y yo volvimos a sentirnos unidos y nuestro hijo se volvió feliz y seguro. Creo que estábamos destinados a pasar por todo ese dolor, porque sólo cuando se ha experimentado un dolor así se puede sentir tal alegría.

Cuando Lara se graduó en la Rocky Mountain Academy fue un momento de orgullo y amor. Lara llevaba un vestido que había tejido ella misma. Le llevó siete meses hacerlo, pero era una labor de amor y compromiso. Era un nuevo comienzo para todos nosotros. Su abuela, su padre, su hermano y yo la miramos con orgullo cuando pronunció su discurso de graduación.

Y ahora, ¿cómo nos va? Lara realmente descubrió su voz. Se graduó en la U. C. Irvine con matrícula de honor, tras cursar una licenciatura en Música y Canto. Después hizo el último año de postgrado en el conservatorio de San Francisco, pagándolo ella misma. En marzo de 1999, se convirtió en el miembro más joven de la San Francisco Opera Company. Su sueño (y, por lo tanto, también el nuestro) se hizo realidad. Un alma maravillosa y llena de talento había surgido de su capullo, con la voz de un ángel, así como una gran ambición y la voluntad de trabajar por sus sueños.

A aquéllos que estén luchando con hijos problemáticos, les digo: "No os rindáis". Hay una luz al final del túnel. Nosotros lo sabemos. Hemos pasado por eso.

Bobbi Bisserier

Mi hijo, mi nieto

Los problemas forman parte de la vida y, si no los compartes, le niegas a la persona que te quiere la posibilidad de darte todo su amor.

Dinah Shore

Aquel día volví a casa del trabajo sin estar en absoluto preparada para lo que me esperaba allí. Al entrar por la puerta, mi marido y mis hijos me saludaron con el habitual "¿Qué hay de cenar?". Pero después, Corey, mi hijo mayor, de 21 años, me siguió hasta la cocina y, cuando me volví para mirarlo, noté el nerviosismo en sus ojos. Parecía un niño aterrorizado que busca a su mamá para que lo arregle todo.

Empecé a preocuparme cuando me preguntó: "Mamá, ¿puedo hablar contigo?". Lleno de ansiedad, me llevó a su cuarto y cerró la puerta. No hacía falta que me dijera nada. Yo ya lo había adivinado.

"¿Quién está embarazada, Corey?", pregunté.

Bajó la cabeza y dijo en voz baja: "Deanna".

Me quedé allí sentada, con la cabeza en un torbellino y como si me hubiesen sacado toda la sangre de las venas.

Con voz forzada, todo lo que pude murmurar fue: "¿Qué vais a hacer?".

La cabeza se me nubló, llena de pensamientos y preguntas. "¿Cuántas veces le he advertido sobre la necesidad de usar protección? ¿Cómo ha podido ocurrir esto? ¿De cuánto está Deanna? ¿Está bien? ¿La ha visto algún médico? Soy demasiado joven para ser abuela." Sin embargo, conseguí serenarme para ser la madre que mi hijo desesperadamente necesitaba en aquellos momentos. Corey parecía visiblemente aliviado de que mi reacción hubiese sido suave, por lo que pudimos sentarnos y hablar sin exagerar la nota.

La situación, ya difícil de por sí, se agravaba porque Corey y Deanna habían roto hacía tan sólo un mes. Deanna estaba embarazada de tres meses, y yo sabía que los seis meses siguientes iban a ser emocionalmente complicados para Corey. Sentía pena por mi hijo al verlo lidiar con emociones confusas y con la responsabilidad de tener que tomar decisiones importantes. En ocasiones, su miedo y su tristeza eran tan sobrecogedores que Corey se abrazaba a mí, llorando y temblando de angustia. El amor y el incondicional apoyo que le brindé durante esos meses nos hizo sentirnos plenos a los dos. En aquellos difíciles momentos que pasé con Corey, me olvidé del estrés de mi trabajo y de los problemas de mi matrimonio. Recé para que todo saliera bien y consiguieran tomar la mejor decisión para los dos.

Finalmente, Corey y Deanna me dijeron que se habían decidido por la adopción. Aunque deseaban quedarse con el niño y criarlo ellos mismos, sabían que no estaban preparados. Tomaron esa decisión pensando en lo que sería mejor para el bebé, y eso hizo que me sintiera muy orgullosa de ellos.

Fueron a una agencia de adopción privada y se entrevistaron con varias parejas. Las preguntas que les formulaban a los posibles padres estaban muy pensadas y probaban que se preocupaban por el futuro de su bebé, aún no nacido. Se decidieron por una pareja que ya había adoptado a una niña. La pareja se comprometió a mantenerlos al corriente de los progresos del niño a lo largo de los años. Corey y Deanna sintieron que esa familia iba a amar y proteger al bebé.

El 17 de julio de 1995, a las 3.18 de la madrugada, los ángeles besaron a un niño, dándole la vida. Corey me llamó desde el hospital, llorando y emocionalmente agotado. Más tarde, ese mismo día, yo iría a ver al bebé y conocer a los padres adoptivos. Me asombraba la mezcla de emociones que me invadía. En un momento estaba llena de amor y emoción y al siguiente me embargaba la tristeza y un enorme sentimiento de pérdida. Llegué al hospital y saludé a Corey con un fuerte abrazo y lágrimas en los ojos. Estaba muy orgullosa de él y, sin embargo, también sentía por él una gran pena.

Había llevado una figurita de un querubín para mi nieto, un ángel de la guarda, para que lo protegiera, ya que no podíamos hacerlo nosotros mismos. Se lo di a sus nuevos padres y les pregunté si podían colocarlo en el cuarto del bebé. Dijeron que así lo harían. Era una gente maravillosa, con la que sentí una inmediata conexión. Percibí un gran vínculo de amor entre ellos. Casi no podían esperar para llevarse a su nuevo hijo a casa para que conociera al resto de la familia. Supe que serían unos padres extraordinarios para mi nieto.

Corey me llevó a un cuartito que había detrás de la sala de neonatos. La enfermera trajo a nuestro pequeño ángel, envuelto en azul, y lo puso suavemente en los brazos de Corey. Inmediatamente me eché a llorar. Nunca olvidaré aquellos momentos únicos en que tuve en los brazos a mi nieto. Era muy doloroso saber que nunca volvería a verlo. Contemplando aquella pequeña alma que dormía, recordé la primera vez que tuve a Corey en los brazos. En silencio, recé una oración por mi nieto: "Que tu ángel de la guarda conduzca todos tus pasos, bese el aire que respires y siempre te proteja. Te querré siempre, estés donde estés". Cuando la enfermera volvió para llevarse al bebé, abracé a Corey, diciéndole que lo quería, y me fui sin hacer ruido. Estaba sobrecogida por la emoción. En silencio di gracias por la salud del bebé y por los cariñosos padres que iba a tener.

De eso hace ya tres años, y mi nieto, Tye, está muy bien con sus padres adoptivos. Es un niño feliz y bien adaptado a su entorno. Corey y Deanna se han alejado el uno del otro y han encontrado nuevos amores. Aunque no he vuelto a ver a Tye, pienso en él cada día. Llevo su foto en la cartera para acordarme tanto de mi querido nieto como de mi extraordinario y afectuoso hijo.

Debbie Rikley

El amor difícil gana la partida

Hay ocasiones en las que la paternidad parece consistir únicamente en alimentar la boca que nos muerde.

Peter DeVries

Me quedé un cuarto de hora sentada en el coche hasta que por fin hice acopio de valor para entrar en el instituto. Esperando para recibirme, había ya 35 rostros amistosos. Era el primer encuentro de la asociación Amor Difícil Internacional *(Tough Love International)* al que asistía y no sabía qué esperar.

Antes de empezar, una de las consejeras me llevó aparte, junto con otros dos novatos, y nos habló del programa. "Sus hijos tardaron mucho en llegar al punto en que están ahora, y los problemas no pueden arreglarse de la noche a la mañana _nos explicó_. No va a ser fácil, pero nosotros podemos ayudarles a recuperar a sus hijos."

En mi corazón brilló un pálido rayo de esperanza. Pero también estaba llena de dudas. En los últimos años, había probado a buscar el asesoramiento de profesionales, a reunirme con los profesores y hasta había recurrido a la medicación. Había seguido los consejos de todos los expertos en relaciones familiares que habían publicado algún libro. Nada había funcionado. Mi hijo adolescente Kevin estaba completamente fuera de control y yo había llegado al límite de mi resistencia.

Kevin siempre había sido un niño problemático. En el colegio, se negaba a atender en clase y a hacer los deberes. En casa, discutía con su padre y se peleaba con su hermano mayor, Keith.

"Necesita mano dura", insistía mi marido, pero yo no podía manejar a mi hijo. Apenas podía hablar con él sin enfadarme y acabar discutiendo.

Cuando empezó el instituto, Kevin dejó de tratarse con sus amigos de la infancia y empezó a ir con malas compañías. Iba a las fiestas que organizaban, donde abundaba la bebida, y no volvía a casa hasta pasada la medianoche.

"Kevin, ¿por qué te haces esto a ti mismo?", le preguntaba a mi hijo, pero su única respuesta era darme con la puerta de su cuarto en las narices.

Por la mañana, literalmente tenía que sacar a Kevin de la cama y vestirlo para que fuera al instituto. Era lo único que podía hacer para conseguir meterlo en el coche y que llegase a tiempo a clase. Muchas veces, Kevin entraba por la puerta principal y salía por la trasera con sus amigos. Otras veces, me llamaban al trabajo para que fuera a recoger a mi hijo, porque lo habían expulsado por pelearse o fumar en el servicio.

Mi hijo hacía que mi vida fuese una constante crisis. Mi matrimonio estaba deshaciéndose, y me sentía sola y avergonzada.

El sentimiento de culpa era como una nube oscura que siempre me rondaba. "Soy una madre terrible _me culpaba_. De alguna manera, le he fallado a Kevin. ¿Por qué no puedo ser mejor madre y hacerlo cambiar?"

Entonces, un día me llamaron del instituto para

decirme que habían encontrado a Kevin en casa de uno de sus amigos en horario de clase, borracho y drogado.

"Señor, por favor, dime qué he de hacer _repetía aquella noche, llorando hasta que me quedé dormida_. Si no consigo ayudar a Kevin a cambiar de actitud, antes o después acabaré yendo a visitarlo a la cárcel . . . o al cementerio."

"Mi hermana me habló de la asociación Amor Difícil Internacional _le dije al grupo en uno de los primeros encuentros a los que asistí_. Guardé el teléfono durante al menos un año, hasta que al final me decidí a llamar. Seguía intentando convencerme de que las cosas no iban tan mal y podía manejar los problemas de Kevin yo sola." Me tragué mi orgullo y después continué. "No era cierto. El verdadero motivo por el que no llamé era que sabía que ésta era mi última esperanza. Tenía mucho miedo de que no funcionase y de que después ya no me quedase ninguna esperanza."

Asistí a las reuniones todas las semanas, llena de fe. Según iba conociendo a los otros padres y escuchando sus historias, tan parecidas a la mía, comenzaba a sentirme mejor. Aquellas personas amaban a sus hijos y harían cualquier cosa por ayudarlos. No les habían fallado a sus hijos. No eran malos padres y quizá tampoco yo lo fuera.

Una de las cosas más importantes que aprendí fue que no era yo quien podía cambiar el comportamiento de Kevin. Sólo podía mejorar mi propia vida y la forma de relacionarme con mi hijo.

Aprendí a saber cuándo Kevin estaba manipulándome y a no permitir que siempre se saliera con la suya. Podía ser muy cariñoso cuando quería que le levantase un castigo porque había un concierto al que no podía faltar, y antes yo siempre picaba. Pero ya no. Y, cuando intentaba imponer las normas y acabábamos discutiendo, él decía: "¡A Keith nunca lo tratas así!". Antes, podría haber caído, pero había aprendido lo que tenía que decir.

"Tienes razón. Nunca trato así a Keith. Nunca he tenido que hacerlo. Tu hermano nunca se ha comportado tan mal como tú."

Ya no me pasaba toda la mañana intentando que Kevin se preparase para ir a clase. "Mañana salgo a las ocho de la mañana y, si no estás en el coche, me voy sin ti", le explicaba. El primer día, Kevin seguía durmiendo cuando me marché a trabajar, pero a la mañana siguiente estaba vestido y esperándome en el coche.

La gente de Amor Difícil Internacional también me enseñó que Kevin nunca iba a cambiar si yo seguía estando ahí para hacerme cargo de las consecuencias de sus actos. La siguiente ocasión en que me llamaron del instituto, les dije que ya no iba a dejarlo todo para correr a sacarle las castañas del fuego cada vez que se metiese en un lío. "Iré después del trabajo _le dije al director_. Dígale que se quede ahí esperándome."

La siguiente vez que Kevin tuvo problemas con las drogas, registré su cuarto y confisqué toda su parafernalia. Tenía el apoyo de todo el grupo de Amor Difícil Internacional. Otros 15 padres vinieron a casa para ayudarme a hacerme cargo de la situación. Le quitaron las bisagras a la puerta de su habitación y se la llevaron. "Has perdido el derecho a la intimidad en esta casa _le dijimos_. Volveremos a ponerla cuando demuestres que te lo mereces. Y eso será cuando te mantengas sobrio y sin drogarte durante dos meses completos."

Lentamente, el comportamiento de Kevin comenzó a mejorar. Pero, algunos meses después, dio positivo en un análisis de orina ordenado por los tribunales y fue sentenciado a 30 días de arresto en un centro de menores. Fue lo más duro que mi marido y yo hemos tenido que hacer en toda nuestra vida, pero durante esos 30 días no lo visitamos ni una sola vez. Sabía que, si lo hacíamos, Kevin se pasaría toda la visita quejándose y ganándose nuestra compasión,

sin aprender nada sobre las consecuencias de sus actos.
Estuvimos con él al cabo de ese tiempo, cuando tuvo
que enfrentarse al juez. Estaba pálido y ojeroso, pero la
experiencia demostró ser un punto de inflexión para él.
Frente al juez, Kevin dijo: "Siento todos los problemas
que les he causado a mis padres. Les he mentido y les he
robado dinero para comprar droga. Me alegro de que me
quieran lo bastante como para ser duros conmigo".

"En el tribunal dijiste cosas muy serias _le dije a Kevin
de camino a casa_. Pero ahora vas a tener que reforzarlas
con compromisos."

Eso fue precisamente lo que hizo. Dejó las malas compañías y encontró trabajo en un restaurante de comida
rápida. Volvía directamente a casa del trabajo todas las
noches y hablaba con su padre, con su hermano y conmigo sin discutir.

Voluntariamente, Kevin se ofreció a entrar en un programa externo de desintoxicación, que duraba dos
meses. Al cabo de ese tiempo, los 15 padres de Amor
Difícil Internacional vinieron a casa y volvieron a colocar la puerta de su habitación. Después le dieron la
enhorabuena por haber permanecido sobrio y sin tomar
drogas durante dos meses completos. Todos nos
abrazamos y lloramos de emoción, celebrando el logro
de Kevin. Durante los dos años siguientes, hasta que
cumplió los 18, no dio positivo en ningún análisis de
drogas.

Un día Kevin me dio un abrazo y me dijo: "Papá y tú
podríais haberme echado de casa por mi forma de com-
portarme. Pero no lo hicisteis. Me querías lo suficiente
como para ser fuertes y ayudarme a encontrar una salida
a mi problema. Me habéis salvado y, por eso, os quiero
mucho".

Ahora Kevin está haciendo un curso de formación profesional para hacerse soldador. Su adicción a las drogas es

agua pasada. Estoy tan orgullosa de mi hijo que sería capaz de echarme a llorar de emoción.

Sigo asistiendo a las reuniones de Amor Difícil Internacional, pero ahora lo hago como coordinadora de grupo. Esa organización me ayudó a recuperar la cordura, mi matrimonio y a mi hijo. Me parece que lo mínimo que puedo hacer es intentar ayudar a otros padres que sienten que no hay esperanzas para sus hijos.

Marina Tennyson
Según el relato hecho a Bill Holton

Una voz para Elizabeth

Las posibilidades de un niño son la cosa más
intrigante y estimulante de toda la creación.

Ray Lyman Wilbur

En ocasiones, la forma en que aprendes una palabra se
te queda grabada. A mí me pasó con la palabra *naches,* que
en yiddish significa "alegría". Es una clase especial de alegría, que combina el placer y el orgullo que sólo los hijos
pueden hacer sentir a sus padres.

Nunca olvidaré su significado, porque la oí tras una
larga y difícil lucha por parte de mi hija Elizabeth. Es una
hermosa joven de 20 años, con una sonrisa encantadora.
Pero su vida no ha sido como la de la mayoría de las otras
chicas.

Elizabeth tiene parálisis cerebral, una enfermedad con-
génita que le ha destrozado el sistema nervioso y la ha
confinado a una silla de ruedas. La ha dejado con un equilibrio deficiente y unas piernas que no pueden sostener su
peso, a pesar de que sólo pesa 40 kilos. Pero su mayor
problema es el habla. La parálisis cerebral le impide controlar bien la lengua. Sólo puede pronunciar claramente

unas cuantas palabras.

La mayoría de nosotros nunca sabremos lo frustrante que resulta no poder hablar. El habla abre muchas puertas. Esas puertas están cerradas para Elizabeth. Entiende todo lo que se dice, pero no puede participar en ninguna conversación.

Hasta que llegó a la adolescencia no tomó plena conciencia de esa carencia. Poco a poco, su mente comenzó a resentirse de lo mal que la había tratado la vida. En clase, desobedecía a la profesora; en el autobús, le tiraba del pelo a los otros niños. En casa, destrozaba los muebles, se arañaba la cara. Cuando la cosa llegó a más, tuvimos que hospitalizarla para que se calmara. Con la ayuda de un terapeuta familiar, Don-David Lusterman, las cosas empezaron a mejorar. Pero seguía habiendo un flujo subterráneo de desesperanza.

Entonces, un día, el logopeda del colegio de Elizabeth le dejó que probara un sintetizador de voz, un aparato electrónico que funciona en cierto modo como una máquina de escribir. En vez de teclas con letras, tiene teclas con palabras y frases que suenan al apretarlas. Se pueden combinar hasta 400 palabras. La voz es algo monótona, parecida a la de HAL, el ordenador de la nave espacial de la película *2001: Una odisea del espacio*. Pero se puede decir una gran cantidad de frases y, conociendo las teclas del alfabeto fonético, se puede decir cualquier cosa.

Elizabeth se animó enseguida. Empezó a hacer progresos con el sintetizador. Pero, debido a sus dificultades para controlar la mano, iba muy despacio. Había otros niños que estaban aprendiendo con la misma máquina, por lo que sólo podía usarla unas pocas horas a la semana. El doctor Lusterman pensó que sería distinto si tuviera un sintetizador propio, que pudiera usar todo el tiempo. Sentía que todos los problemas emocionales de Elizabeth derivaban de su incapacidad para comunicarse.

El sintetizador costaba 3.000 dólares, una cantidad que estaba más allá de nuestras posibilidades. Elaine sugirió que le pidiésemos al equipo directivo del colegio de Elizabeth que le comprase uno, señalando que era esencial para su progreso educativo.

Merecía la pena intentarlo. El primer paso era presentar el caso de Elizabeth ante el Comité de Discapacitados del distrito.

El día que se reunió el comité, Elizabeth se presentó ante ellos en su silla de ruedas para demostrarles su habilidad con la máquina. "Bueno, Elizabeth _le dijo Fred Zellinger, psicólogo escolar y presidente del comité_, a ver qué sabes hacer." Su voz era alentadora. Pero todos sabíamos que 3.000 dólares son una gran inversión en estos tiempos de crisis económica.

Utilizando la máquina, Elizabeth dijo: "Hola". Después los miembros del comité empezaron a hacerle preguntas. "Cuántos años tienes?" Elizabeth se esforzó por encontrar la tecla que buscaba. Pero no había ninguna con el 17. Estaba tratando de pensar cómo poner juntas la tecla del 1 y la del 7. Antes de que pudiese encontrarlas, el comité pasó a otra pregunta. "¿Por qué necesitas tu propio sintetizador de voz?" La mente de Elizabeth aún estaba intentando encontrar una solución para la primera pregunta. Se sentía confusa.

Yo empecé a sudar. "¿Cómo te llamas?", preguntó un miembro del comité. Su nombre no estaba programado en el sistema. Tendría que usar las teclas del alfabeto fonético, pero no las había aprendido. Levantó la vista. Sus grandes ojos marrones se fijaron en los míos durante un momento y parecían preguntarme por qué no podía contestar, qué era lo que iba mal.

Tuve que contener las emociones que cobraban fuerza dentro de mí. Estaba claro que Elizabeth no iba a conseguirlo. Pero yo no quería que se diera por vencida sin luchar. "Sé que Elizabeth podría hacerlo mejor si tuviera un poco más de tiempo _dije, y sonó como si hablase un adolescente que está cambiando la voz_. Si pudiera practicar un poco más, sé que podría conseguirlo."

Hubo un silencio. Una semana más tarde, llegó una carta de la dirección del colegio, denegando la petición. Pensaban que Elizabeth no había probado su dominio de la máquina. A instancias del Comité de Discapacitados, sin embargo, habían accedido a alquilar un sintetizador para que lo utilizase durante el verano. Estaban deseosos de comprobar los progresos que podía hacer.

Contratamos a Liz McMahon, una joven enfermera, para que trabajase con Elizabeth. Su logopeda diseñó un programa y preparó ejercicios diarios para que Liz los hiciera con ella.

Ese verano, practicaron juntas dos horas al día. Desde detrás de la puerta, yo podía oír a Liz haciéndole preguntas y a Elizabeth contestando con su voz electrónica. "Tengo hambre", "Quiero ir al baño", "Tengo sueño"... No lo dejaron ni un solo día. Por la noche, en vez de la televisión, oía la voz de Elizabeth: "¿Cómo estás? Estoy bien. Hablo con una voz artificial".

En octubre llegó el gran día. Elizabeth volvió a presentarse ante el comité. El inspector del distrito decidió estar presente, algo muy poco frecuente. Había un montón de dinero en juego y quizá también podría sentarse un importante precedente.

Había mucha tensión en el ambiente, como cuando un pianista sube al escenario para debutar. Elizabeth estaba sentada al final de un larga mesa. Los miembros del comité se habían colocado a los lados.

"¿Cómo te sientes, Elizabeth?", preguntó un miembro del comité.

"Bien, gracias _dijo ella con su voz electrónica_. ¿Cómo está usted?"

"¿Sabes dónde estás y qué día es hoy?"

"Estoy en el colegio y hoy es viernes, 12 de octubre."

Hasta ahí, Elizabeth había contestado a todas las preguntas. Y sus dedos se habían movido a las teclas correctas sin vacilar.

"¿Por qué necesitas un sintetizador de voz?"

"Para decir "Tengo hambre", "Tengo sueño", "Quiero ir al baño". Para hablar como usted."

Entonces llegó la parte más difícil. ¿Sabía usar el alfabeto fonético?

Fred Zellinger le preguntó si sabía cómo se llamaba él. Yo sabía que Elizabeth había aprendido a decir su propio nombre, pero no estaba seguro de si sería capaz de utilizar el alfabeto fonético para decir una palabra nueva. Lentamente, usando el alfabeto fonético, Elizabeth consiguió que la máquina pronunciara el nombre del psicólogo. Todos la miraron.

Pasaron dos semanas. Sabíamos que el comité le había recomendado algo a la dirección del colegio, pero nos habían dicho que no fuéramos demasiado optimistas. Había pocos fondos. Había, como mucho, un 50% de probabilidades. Pasó un mes. Entonces, un día, sonó el teléfono. Mi mujer, Sara, atendió la llamada. Contuve la respiración. ¿Y si la respuesta era no? ¿Cómo reaccionaría Elizabeth? ¿Seguiría queriendo superar otras metas en los años futuros? ¿Habíamos hecho bien en ponerla en una situación tan vulnerable?

Entonces, miré a mi mujer y supe la respuesta antes incluso de que colgase. Estaba llorando de alegría.

Durante las dos semanas siguientes, nos llegaron muchísimas felicitaciones, de amigos, vecinos, profesores. Elizabeth se pasó toda la semana con una sonrisa de oreja a oreja.

Desde entonces han pasado cuatro años, y hemos visto que los problemas para relacionarse de Elizabeth no han desaparecido, pero sí que se han suavizado mucho. Ha descubierto que es capaz de fijarse una meta, trabajar en ello y alcanzarla. Ha aprendido que, igual que la gente no discapacitada, es capaz de mejorar su autoestima y obtener satisfacción de un trabajo bien hecho. Y también sus padres. Muchos amigos me han dicho cosas hermosas. Pero la que más recuerdo me la dijo el doctor Lusterman, un caballero al que le gusta salpicar su conversación con palabras en yiddish. Captó mis sentimientos a la perfección con una palabra que no tiene una traducción precisa. Me dijo: "Usted tiene *naches*".

David Zinman

La sonrisa de mi hija

El amor maternal es el combustible que le permite a un ser humano normal lograr lo imposible.

Marion C. Garretty

Una noche, mientras le cepillaba el pelo, me di cuenta de que mi hija Chelsey estaba mirando nuestras dos imágenes reflejadas en el espejo.

Observándome atentamente, me dijo: "Mamá, quiero operarme la cara".

"¿Por qué?", le pregunté, conteniendo el aliento, con un nudo en la garganta.

"Para poder sonreír como tú", replicó, sosteniéndome la mirada.

No sé cómo, conseguí recuperar la voz y decirle: "Voy a ver qué puedo averiguar sobre eso, cariño".

Chelsey nació con una rara enfermedad llamada síndrome de Moebius. Hablaba de una técnica específica de cirugía reconstructiva, que contribuiría a suavizar la apariencia de máscara que la enfermedad le había dado a su rostro. Habíamos oído que había tenido éxito en otros niños y Chelsey ya estaba decidida a probarla.

El nacimiento de Chelsey había sido perfectamente normal y el parto, rapidísimo. Pero, pocos momentos después de su nacimiento, noté en la mirada de mi marido que algo iba mal y, de pronto, me asusté. En las horas siguientes, no estaba claro si Chelsey sobreviviría. Mi único pensamiento era: "No me importa con qué tenga que enfrentarme, pero, por favor, que viva".

Al día siguiente, cuando por fin pude mirarla de cerca, parecía tan pequeña y tan frágil que tenía miedo de hacerle daño. Cuando la cogí en brazos por primera vez, enseguida me di cuenta de que los dedos de su mano derecha estaban unidos, mientras que los de la izquierda no habían acabado de desarrollarse. Su mandíbula era pequeña y retraída, y me fijé en que su cara tenía el aspecto de una máscara. Una de las enfermeras comentó que podía ser retrasada. Yo me sentía desolada.

Acariciando suavemente su sedosa mejilla, me preguntaba: "¿Estás ahí? ¿Sabes lo mucho que te quiero?".

Salimos del hospital cuando Chelsey tenía justo diez días, después de que los médicos determinaran que ya no se podía hacer nada más. Una vez en casa, empezó a perder peso rápidamente. Después de un estremecedor incidente, en una ocasión en que Chelsey se atragantó y dejó de respirar, la llevamos a un pediatra y genetista. Inmediatamente reconoció el síndrome de Moebius, una enfermedad muy poco frecuente, y las pruebas no dejaron lugar a dudas. Le faltaban dos importantes nervios craneales, uno que gobierna los movimientos laterales de los ojos y otro que activa los músculos responsables de las expresiones faciales. La apariencia de máscara del rostro de Chelsey era el resultado de la falta de esos dos nervios.

¿Qué le depararía el futuro a mi hija? ¿Alguna vez la vería sonreír?

El doctor Bass nos explicó que Chelsey nunca podría sonreír, ni tampoco mover los ojos de un lado a otro ni entrecerrarlos. Aunque tendría las manos débiles, resultaría fácil separar los dedos de su mano derecha por medio de la cirugía. Los nervios que controlaban su capacidad de sonreír eran los mismos que se encargaban de masticar, tragar y hablar. Nos enteramos de que todas esas cosas iban a convertirse en desafíos para ella.

A pesar de la impresión que me llevé, saber la verdad fue un alivio para mí y me ayudó a ocuparme mejor mi hija. También me animó a interactuar más con ella, algo que no había hecho mucho hasta entonces, por su aparente falta de respuesta. A partir de entonces, mejoró mucho, y también yo. Aprendimos a trabajar para superar los desafíos que se nos presentaban: alimentarla, hacerla tragar y, por culpa de su falta de expresión facial, ayudarla a expresar sus sentimientos.

Pero tenía un carácter decidido y, gracias a eso, su desarrollo fue mucho más rápido de lo que en un principio se había supuesto. Aprendió a gatear apoyándose en los puños. Cuando el terapeuta ocupacional me dijo que no debía esperar que anduviese antes de los dos años, pensé: "Usted no conoce a mi hija".

Se sintió motivada al ver a sus hermanos moviéndose por la casa y no era difícil adivinar a dónde podía llevar eso. Sólo seis días después de su primer cumpleaños, Chelsey dio sus primeros pasos.

Cuando tenía 18 meses, los médicos midieron su inteligencia. Para entonces, yo ya sabía que era lista, pero los médicos tenían sus dudas. El pediatra puso unos cuantos guisantes desparramados por la mesa y le pidió que los metiera en una botella que estaba un poco más lejos. A mí la prueba me pareció injusta, porque mi hija tenía los dedos unidos.

Una vez más, Chelsey reaccionó de forma inesperada. Estudió los guisantes y la botella, se chupó los dedos, los acercó a un guisante y deslizó la mano hacia atrás, hasta el borde de la mesa. Cuando oí que el guisante caía en la botella, estuve a punto de soltar una carcajada.

Con una sonrisa de satisfacción, pregunté: "Entonces, ¿ha superado la prueba?".

Chelsey superó la expectativas de los médicos en muchas otras cosas, como llegar a tragar sin problemas alimentos picados y, más adelante, aprender a hablar. Yo albergaba la esperanza de que la terapia del habla mejorase sus capacidad para comunicarse y socializar, pero, según pasaba el tiempo, resultó evidente que las cosas estaban empeorando.

Cuando los otros niños del colegio empezaron a burlarse cada vez más de ella, decidí que había llegado el momento de informarme sobre la nueva técnica de cirugía reconstructiva de la que había oído hablar. Llena de escepticismo, pedí cita con el doctor Donald M. Zucker, del Toronto's Hospital for Sick Children.

Aunque había oído que otros niños ya se habían sometido a ese tipo de intervenciones, me resistía a exponer a mi hija a mayores traumas. "¿Y si sólo le arregla la cara a medias? _me preguntaba_. ¿Y si le dejan una expresión artificial y no se queda contenta con el resultado?"

Empecé a investigar y averigüé que el doctor Zucker transplantaba tejido del muslo del niño para colocarlo donde pudiera crear una expresión natural. El procedimiento exigía dos intervenciones, una para cada lado de la cara.

Cuando hablamos con el doctor Zucker, nos dijo que Chelsey era una excelente candidata. Yo seguía sin estar del todo convencida de que fuera lo mejor. Mi chiquitina todavía tenía tan sólo seis años. Entonces, un incidente muy desagradable me ayudó a decidirme.

Un día, mientras estábamos de compras, vi que Chelsey se escondía detrás de una estantería de jerséis. Cuando le pregunté por qué lo hacía, señaló a dos niños que estaban allí cerca, riéndose. "Están hablando de mí", contestó. Pensé que eran imaginaciones suyas, pero cuando le pregunté por qué pensaba que se reían de ella, me dijo: "Porque están murmurando y señalándome. Lo odio, mamá".

Nunca había visto a Chelsey tan triste.

Después, conocí a una niña que se había sometido a la intervención del doctor Zucker. Al principio me pareció igual a Chelsey, pero cuando vi en su rostro una sonrisa hermosa y natural, se me alegró el corazón. Entonces supe que tenía proporcionarle a Chelsey una sonrisa como aquélla.

En diciembre de 1995, el doctor Zucker llevó a cabo la intervención, que duró 12 horas, en una clínica de California. Cuando me anunció que todo había ido bien, me sentí dichosa y aliviada.

El doctor Zucker nos había explicado que haría falta tiempo y práctica para que la nueva expresión de su rostro se volviera más natural. Siete semanas más tarde, Chelsey vino a decirme: "Mamá, ¡creo que siento algo!". Acerqué a mí la cara de mi hija y le observé la comisura derecha de la boca. Había en ella un primer signo inequívoco, aunque débil, de contracción. En aquel momento, me convencí de que la operación había sido un éxito.

Después, alrededor de un mes más tarde, la pequeña contracción se había convertido en una clara media sonrisa.

En abril, el doctor Zucker le operó el lado izquierdo de la cara. Tener que esperar para comprobar si las dos intervenciones habían tenido éxito resultó casi insoportable. Seis semanas después, el músculo empezó a dar signos de movimiento. Chelsey solía ponerse delante del espejo y, en cuanto veía o sentía que su cara se contraía por primera vez, venía corriendo a decirme: "¡Mira cuánto se ha movido!". Cuando los dos lados de la cara empezaron por fin a trabajar juntos, respiré con alivio, animando a Chelsey a sonreír tanto como fuera posible. Estaba encantada y nunca se cansaba de practicar su sonrisa. ¡Estaba impaciente por enseñársela a todo el mundo!

El interés estaba creciendo en los medios de comunicación y empezamos a recibir invitaciones para mostrar la milagrosa sonrisa nueva de Chelsey. El 29 de junio, el día que Chelsey cumplió ocho años, Disneylandia hizo una celebración para ella, y parecía como si todo el mundo estuviese allí. Amigos, familiares, médicos y periodistas se presentaron para celebrar su cumpleaños . . . y su nueva sonrisa. Chelsey se lo pasó muy bien, pero el mejor regalo de todos fue el que ella nos hizo a nosotros. Aquel día, Chelsey nos obsequió con su primera sonrisa completa, hermosa y perfectamente simétrica. Fue un momento que nunca olvidaré, un instante congelado en el tiempo.

Algunas semanas más tarde, Chelsey y yo hicimos otra gira por los medios de comunicación. Yo estaba muy cansada y contenta de poder relajarme en la habitación del motel. Comencé a rememorar los acontecimientos que me habían conducido hasta ese momento, así como mis dudas y miedos por el riesgo de la intervención. Chelsey estaba acurrucada en una silla, en la otra punta de la habitación. Nuestras miradas se encontraron en un mutuo intercambio de cariño. Por un momento, me sentí de vuelta al hospital, cuando le hacía aquellas preguntas: "¿Estás ahí? ¿Sabes que te quiero?".

Como si hubiese leído mis pensamientos, los labios de Chelsey comenzaron a moverse hasta abrirse en la sonrisa más brillante que jamás he visto. Mucho después de haber dejado de desear ese regalo del cielo, me sorprendí disfrutando de la calidez llena de sentimiento de la primera sonrisa de mi hija.

Lori Thomas
Según el relato hecho a Darlene Montgomery

Un corazón entre las sombras

Cada niño trae su propia bendición al mundo.

Proverbio

Estaba tan absorta observando la pantalla del ecógrafo que al principio las preguntas de la tocóloga me parecían sencillamente molestas, pero no alarmantes.

"¿Alguien de su familia tiene el cuello corto?"

"¿El cuello corto?", repetí. Estaba más interesada en un apéndice acuoso que se veía en la pantalla y que podría ser una pierna o quizá un brazo doblado.

"¿Cuántos años tiene?"

"34", contesté, descubriendo un círculo borroso, probablemente la cara.

"¿Su marido tiene las piernas cortas?"

Después oí que la doctora también susurraba algo sobre el "ventrículo izquierdo".

"¿Qué ocurre?", pregunté.

"Es probable que necesitemos un ecógrafo más potente. No podemos ver una parte del corazón", dijo, y el tono despreocupado de su voz sonó un poco forzado.

"¿Cuál ha sido el resultado del test de alfafetoproteína?".

Yo sabía que esa prueba se hacía para descubrir las posibles anomalías genéticas.

"No me la hice", dije. "No quería saberlo."

"Estoy con usted _dijo irónicamente_. Enhorabuena _añadió_, es una niña."

Intenté parecer alegre al volver a casa, cuando mis gemelos de tres años salieron a la puerta a recibirme. Cuando les di la foto de recuerdo de la ecografía, se pusieron a saltar, a dar vueltas y a gritar: "¡Tenemos una hermana!".

Fuimos a la cocina y colocamos en la nevera la oscura imagen, en la que ponía "19 semanas". "¿A que es preciosa?", pregunté. Ya tenía un rostro y hasta un nombre. Mi marido Joel y yo habíamos decidido que, si era niña, la llamaríamos Ronit, que en hebreo significa "mi alegría".

Me quedé mirando la fotografía, tratando de imaginar para Ronit un futuro agradable y cotidiano. Pero, en cambio, las observaciones de la doctora sobre el corazón y el cuello seguían resonando en mi cabeza. Tenía que aceptar lo que Dios me enviaba. Sabía bien lo que eso quería decir.

Contuve las lágrimas hasta que llegó mi cita con Hannah, la tocóloga que había llevado mi anterior embarazo, cuando tuve a los gemelos. Empezamos el examen charlando de nuestros hijos, mientras ella buscaba los resultados de la ecografía.

Al examinar el informe, su cara fue poniéndose cada vez más tensa. Tardó un rato en poder hablar.

A la mañana siguiente, Joel y yo fuimos al hospital para que me hicieran una ecografía con un aparato más potente. En esa ocasión, la cara y el cuerpo de Ronit aparecieron más grandes de lo que en realidad eran. Yo estaba tumbada, con los ojos fijos en el monitor, mientras un cardiólogo examinaba el corazón desde más cerca. Habían subido el volumen, por lo que los latidos del corazón de Ronit llenaban la estancia.

Tras apagar la pantalla, el cardiólogo nos dio la noticia. Nuestro bebé padecía una enfermedad llamada defecto del canal atrioventicular. Ese diagnóstico, junto con las características especiales de su cuerpo, hacía casi seguro que sufriera el síndrome de Down.

Su corazón podría fallar en cualquier momento y entonces nacería muerta. Si sobrevivía al parto, podría sufrir enseguida un fallo cardíaco. A los seis meses de edad, necesitaría una intervención a corazón abierto. Si sobrevivía a todo eso, como ocurría en la mayoría de los casos, tendría un pronóstico favorable.

Las piernas casi no me sostenían cuando nos llevaron a Joel y a mí a la consulta de un genetista. Pero, en el momento en que entraba el médico, me sorprendí a mí misma diciendo: "Si no quiero abortar, ¿por qué voy a hablar con usted?".

El médico suspiró. "No quiero que se meta en esto sin estar bien informada _dijo_. No todos los niños con síndrome de Down están sanos, pueden valerse y son dulces, como los que salen en las series de la tele".

Pasamos la siguiente media hora estudiando mapas genéticos, después de lo cual el médico nos recomendó la amniocentesis para confirmar el diagnóstico.

En las semanas que siguieron a la amniocentesis, Joel y yo no pudimos hablar del futuro sin sentirnos mal y agotados. Todas las posibilidades que se nos presentaban parecían tristes, y el cuidado de nuestros hijos ya era de por sí un desafío. Cuando los resultados confirmaron el diagnóstico, yo no podía dejar de preguntarme: "¿Por qué nosotros? ¿Por qué nosotros?". Cada vez que veía a nuestros amigos jugando con sus hijos, sanos y hermosos, tenía que esforzarme para contener el llanto.

La mayoría de los especialistas a los que consulté me aconsejaron abortar cuanto antes, a veces de manera sutil, otras no tanto. Me preguntaban: "¿De verdad desea tener este bebé?". Me recordaron el plazo límite, diciéndome que el feto pronto sería "viable". Me preguntaron: "¿Y si no llegara a vivir?". Un doctor me aconsejó que, si sobrepasaba el plazo legal para el aborto en Ohio, aún podía hacerlo en otro estado.

Pero, ¿era realmente una opción? ¿Cómo podía apagar un corazón que había visto a todo color, un corazón que yo sabía que estaba ahí y que incluso amaba? En la cocina, muchas veces me ponía a lanzarle besos a la foto de Ronit que seguía pegada en la nevera. Siempre tenía a mano uno de los viejos estetoscopios de Joel y, cada vez que Ronit dejaba de darme patadas, escuchaba, esforzándome por oír el rítmico latido.

No quería que Ronit muriese dentro de mí. No quería que viniera a este mundo para sufrir.

Un día, cuando estaba en el sexto mes de embarazo, volvía con Joel de visita al médico, y en el radiocasete sonaba la música de *El fantasma de la ópera*. Cuando oímos al fantasma cantar "He pasado el punto sin retorno", los dos nos miramos, pues sabíamos que también nosotros habíamos pasado ese punto. Es posible que desde el principio supiéramos que para nosotros no había retorno posible. Pero aquel día, por primera vez, la conciencia de ello no nos trajo dolor, sino esperanza.

Joel y yo empezamos a leer libros sobre el síndrome de Down. Nos pusimos en contacto con la sección local de una asociación de afectados por el síndrome de Down y nos informamos sobre programas de enfermedades congénitas del corazón. Un mes antes de salir de cuentas, les contamos a nuestros familiares y amigos que nuestro bebé iba a ser "especial". Esa noticia provocó muchas lágrimas, pero yo me alegré de que las derramaran antes de que Ronit estuviera allí. Al nacer, quería que la recibieran con alegría.

Pues eso era ella.

"Tres kilos", anunció una enfermera desde el otro extremo de la sala de parto. Allí, un equipo de especialistas en neonatos y enfermeras se amontonaba tan cerca de Ronit que yo no conseguía ver nada desde la cama. Finalmente, un médico se acercó a mí con Ronit y la colocó en mi pecho.

Tenía unos ojos enormes, azules y con una expresión desvalida. Las manos eran perfectas. "¿A qué es estupenda?", dijo Joel. La besé en la frente y, en cuestión de segundos, el médico se la llevó para examinarle el pecho por rayos X.

En cuanto salieron por la puerta, me di cuenta de que una mujer embarazada, residente del hospital, estaba sentada detrás de mí, llorando quedamente. "No se preocupe _le dije_. Todo va a ir bien."

Ahora Ronit tiene cuatro años y es una niña alegre y simpática, con un corazón sano, que va a preescolar y adora jugar con sus hermanos mayores. Hace poco, uno de sus hermanos estaba curioseando en un cajón, cuando dio con un trozo de papel lleno de luces y sombras. "¿Qué es esto?", preguntó.

Tras observarla un momento, recordé aquella imagen, en la que apenas se distinguían algunas sombras, que había estado pegada a la puerta de mi nevera y que me había llevado primero a la desesperación y después a amar aún más la vida.

"Es una foto de tu hermana antes de nacer _le dije_. Ya entonces era preciosa, ¿verdad?"

Sharon Peerless

$\overline{8}$

SUPERAR UNA PÉRDIDA

En lo más crudo del invierno, descubrí que había en mí un indómito verano.

Albert Camus

Mi mensaje

*La muerte es el velo que los vivos llaman vida:
al dormirse, se levanta.*

Percy Bysshe Shelley

Nunca olvidaré el mensaje que recibí aquel día de invierno, hace tres años. Era de mi hija, que se había casado hacía poco más de dos meses. Acababa de volver de una cita con el médico y tenía que decirme algo. "¿Puedes venir?" ¿Que si podía ir? Antes de que mi contestador terminara de rebobinar el mensaje, yo ya estaba en el coche. Mi hija recién casada quería verme. ¿Qué otra cosa podía ser sino que había un bebé en camino? Descubrí que esa perspectiva me ilusionaba mucho. Mi marido y yo teníamos cuarenta y tantos años. Seríamos unos abuelos jóvenes, con muchas cosas que ofrecer a nuestra hija y a nuestro yerno.

Para cuando llegué a casa de mi hija, ya me había imaginado el ajuar completo del bebé. Metí el coche en el camino de entrada y vi que mi hija ya estaba esperándome fuera. En cuanto me bajé del coche, vino corriendo a mis brazos. "¡Oh, mamá!" Estaba llorando. "Las hormonas ya están dando la lata", pensé. "¡Qué bien! Mi niña va a tener un bebé." "Mamá, estoy enferma." Como un aparato que alguien desenchufa de pronto, mi mundo se paró.

Más adelante, otros especialistas confirmaron el diagnóstico: mi hija tenía leucemia mielocítica, cáncer de la sangre. En los meses siguientes aprendí mucho sobre esa enfermedad, más de lo que habría deseado. Pero estábamos resueltos a vencer ese mal. Toda la familia se unió como una piña. Mi marido y mi yerno se mostraron protectores y cariñosos, y nuestra hija de 13 años se convirtió en la mejor compañera de su hermana. Se sentaba con ella y se pasaba horas leyéndole todo lo que encontraba y le parecía divertido. Había oído que la risa es buena para el sistema inmunológico. También veían juntas películas cómicas y yo las oía reírse en su cuarto. Nos convertimos en una familia tan unida que nuestros antiguos motivos de discordia parecían haberse desvanecido frente a aquella tragedia.

Ninguno de nosotros quiso nunca considerar otra posibilidad que no fuera la de que recuperase la salud. Con ese objetivo en mente, nos preparamos para un transplante de médula. Todos nos hicimos pruebas para ver si alguno de nosotros podría ser un donante compatible. Nos dijeron que encontrar a un familiar compatible reduce las posibilidades de rechazo. ¡Bingo! Mi hija menor era perfectamente compatible. Tuvimos mucha suerte.

El centro para el tratamiento del cáncer City of Hope (Ciudad de la Esperanza), en Duarte (California), es un lugar increíble. La gente que trabaja allí es asombrosa. Antes yo pensaba que un transplante de médula sólo consistía en sacarle células al donante para inyectarlas en el paciente. Pero pronto descubrí la dura realidad. Antes de hacer el transplante, el paciente tiene que someterse a una agresiva quimioterapia. Lo que se intenta es literalmente destruir el sistema inmunológico para que no rechace las nuevas células. Pero, en el proceso, estuvieron a punto de matar a mi hija. Mi dulce niña había perdido todo su hermoso cabello y tampoco podía comer. Estaba consumiéndose ante mi vista. Como su sistema inmunológico era extremadamente frágil, tuvo que pasar varias semanas en un ambiente estéril, antes y después del tratamiento. Cuando entrábamos en la habitación, teníamos que lavarnos y ponernos batas, guantes y máscaras. Mi marido y yo nos turnábamos para cogerle la mano hasta que se dormía. Las lágrimas nos corrían por las mejillas mientras mecíamos su pequeño y frágil cuerpo.

Milagrosamente, se recuperó y las nuevas células se reprodujeron. A un ritmo lento, pero seguro, volvió a la normalidad y, durante todo un año, disfrutamos del don de la salud. Pero, apenas un año después, la aparición de nuevas células anormales hizo que tuviéramos que volver a la Ciudad de la Esperanza. Debido a que las intervenciones de médula son muy agresivas con el cuerpo, los médicos prefieren no practicar demasiadas en el mismo paciente. Aquélla sería nuestra segunda oportunidad.

Yo estaba muy orgullosa del comportamiento de mi hija. Como era su segunda intervención, se paseaba por el hospital, con el gota a gota a rastras, y visitaba a los otros pacientes para ofrecerles algunas palabras de consuelo. Siempre decía: "Me ayuda a mí más que a ellos". Entre los pacientes, los familiares y el personal médico, se formaba un lazo muy fuerte.

Tras cuatro años y otros tres transplantes de médula, después de haberlo llevado más allá de los límites de la medicina, y los de mi hija, asumí que no podíamos hacer nada más. El frágil cuerpo de mi hija ya no aguantaba más, y ella lo sabía. Una madre nunca debería tener que enterrar a un hijo, pero yo sabía que todo lo que había hecho por mi hija hasta entonces no serviría de nada si no era capaz de ayudarla a entregarse a las manos de los ángeles.

Yo estaba a su lado cuando llegó al mundo, y también iba a estar con ella si tenía que abandonarlo.

La llevé a casa, hice todo lo posible por que estuviese cómoda y nos dedicamos a hablar de la muerte, leyendo y aprendiendo todo lo que podíamos sobre ella. No íbamos a evitarla, haciendo como si no estuviese cerca, y eso pareció proporcionar un gran consuelo a mi hija. Toda la familia tenía la posibilidad de hablar, llorar y reírse de ello con los demás. Compartimos momentos inolvidables. Todos estábamos aprovechando la oportunidad de despedirnos de ella.

Mi hija y yo vimos en una película un símil que nos gustó especialmente sobre la muerte y esa cosa tan frágil que llamamos vida. Explicaba que la vida es eterna y que venir a este mundo es como meter la mano en un guante; al abandonarlo, lo único que hacemos es deslizar la mano fuera del guante.

Mi hija mayor murió en paz mientras dormía, con su marido junto a ella. La expresión de su rostro era casi angelical. Yo sabía que había cumplido con mi tarea. Su sufrimiento había terminado, y yo confiaba en tener eso presente cuando el dolor se hiciese tan agudo que pareciese que no iba a poder soportarlo.

Dos años después, fui a visitar la tumba de mi hija. Como siempre, le puse flores frescas y me senté a hablar con ella. Siempre estaría viva y sana en mi corazón. Aquel día en concreto, cuando llegué al cementerio, estaba pensando en todas las conversaciones que habíamos mantenido mi hija y yo sobre la vida después de la muerte. Me preguntaba si ella estaría bien y feliz. Supongo que no podremos saberlo nunca. Cuando llegué a su tumba, me sorprendió ver un guante caído sobre la lápida. Lo recogí y me eché a llorar. Un empleado del cementerio se acercó a mí y me pidió disculpas por haberse dejado allí el guante, por haber cometido "ese error". De pronto, una

cálida sensación de paz y bienestar me invadió, sentimientos que no había tenido desde la muerte de mi hija.
Y en aquel momento supe . . . que no había sido ningún
error.

M. Schneider
Según el relato hecho a Zan Gaudioso

El perdón

Si pudiera padecer tu dolor, lo haría. Si el dinero pudiera comprar soluciones o si mi consuelo pudiera curar tus heridas, te los ofrecería. Me duele no ayudar y me duele pensar que toda mi amabilidad entorpecería tu desarrollo. Siempre estaré a tu lado. Espero que lo sepas, pero eres libre... Tienes que crecer.

Helen M. Exley

A mi marido, con el que llevaba casada 18 años, le diagnosticaron insuficiencia cardiaca congestiva a la edad de 46 años. Su única esperanza de vida era un transplante. Durante la espera, nuestra única esperanza de seguir siendo una familia era crear un ambiente de normalidad. Las definiciones de la palabra "valor" deben de contener un resumen de lo que fue la actitud de mi marido durante ese tiempo, ya que se ganaba nuestra amistad cada día y le escondía a sus hijos el terrible dolor que le provocaba su enfermedad. A pesar de nuestra resolución, no fue fácil.

Un día especialmente duro, una de mis amigas más íntimas pasó a recoger a su hija pequeña, que era la mejor amiga de la mía. Como suele ocurrir con los amigos cercanos, con una sola mirada le bastó para darse cuenta de que yo estaba pasándolo mal. Me abrazó y yo le dije: "A veces enviudar no me parece algo tan malo".

"Ya sé", contestó, entendiendo y sin entender al mismo tiempo.

Era algo horrible. Yo no quería decir eso. Desde luego, no era divertido. Pero era humano. Aunque pueda parecer extraño, no volví a pensarlo más. Nunca me sentí culpable por ello, ni tampoco por no sentirme culpable (como muchas veces hacemos las mujeres). No pasaba de ser un comentario sin importancia.

Algunas semanas después, mi hija mayor, Melanie, y yo discutimos por algo que ella quería y yo le negaba. No recuerdo cuál fue el motivo, fue sencillamente una de esas peleas que mi independiente hija de 16 años solía tener conmigo y en las que cada una representaba su papel a la perfección. Su padre se puso de mi lado. Sin embargo, cuando la discusión se convirtió en una batalla de gritos, la llevé aparte a su cuarto y le advertí que dejara la pelea. "No quiero que molestes a tu padre. No voy a arriesgarme a que se muera por esta tontería."

Melanie salió de su cuarto llena de rabia y gritó: "¡No me importa! ¡Ojalá estuviese muerto!".

Al día siguiente, él murió.

Melanie no había sido la causa de la muerte de su padre. Sencillamente sucedió así. Sin embargo, nada de lo que yo pudiera decirle iba a convencer a mi hija de que lo que a ella le parecía una clara relación de causa y efecto no era en realidad culpa suya. Como madre, deseaba poder hacerle olvidar ese momento que le había causado tanto dolor. También como madre, quería que mi hija aprendiese todo lo posible de aquella desafortunada experiencia.

En el funeral de su padre, Melanie cantó el tema *Time in a Bottle*, de Jim Croce. Lo cantó entero, sin flaquear un momento, mientras cientos de asistentes lloraban. Era su forma de pedirle disculpas. Pero, de algún modo, mi hija no oyó el perdón que le susurró su padre.

En el colegio, se unió a un grupo de asesoramiento para adolescentes con problemas. Yo le busqué ayuda profesional. La herida seguía cerrándose, abriéndose, emponzoñándose, cerrándose y volviendo a abrirse. Yo no podía hacer nada para que mejorase.

Cuando se acercaba su décimo octavo cumpleaños, no tenía ni idea de qué regalarle. El dinero no sobraba. No había nada que pareciese apropiado. Al pasar por la sección de juguetes de una tienda, me vino a la mente un recuerdo enterrado y, de pronto, supe qué regalarle. Cuando mi hija, ya una joven adulta, llegó a casa aquel día, después de clase, le di estas tres cosas: un paquete de globos, un juego de dardos y el juego de mesa El Camino de la Vida. Cuando los abrió, le expliqué: "Los globos son para los altos y bajos de tu vida. Los dardos son para que los lances a una foto mía; me dolerá mucho menos que el corazón. El juego es para que aprendas que la vida no es un juego, hasta que tengas edad suficiente para descubrir que en realidad sí lo es". Aumenté aún más su confusión al darle un texto en el que le explicaba el comentario que le había hecho a mi amiga hacía casi dos años. Por algún motivo, lo había recordado de pronto en la tienda. La voz de mi hija sonó llena de amargura y de ira cuando terminó de leerlo. "¿Qué sentido tiene esto? ¿Qué intentas decirme?"

"El sentido es que tú no hiciste nada que yo no hubiera hecho antes. El sentido es que no había nada que perdonarte."

Mi hija de pronto se echó a mis brazos, sollozando. "Gracias por perdonarme, mamá."

Creo firmemente que todo ocurre por algún motivo. Si un día le dije aquello a mi amiga, fue no tanto para poder

perdonar a mi hija, sino para que ella pudiera perdonarse
a sí misma.

Mary-Ann Joustra Borstad

Para siempre en nuestros corazones

Si en ocasiones la tormenta nos acobarda, no hay que tener miedo. Tomemos aliento y de nuevo sigamos adelante.

Francis de Sales

"Venga, Jordie _propuse_. Vamos a leer un cuento."

Me senté pesadamente contra la pared, bajando lentamente mi barriga de embarazada. Mi hijo cogió uno de sus libros preferidos, que ya se sabía de memoria, a fuerza de leerlo muchas veces antes de dormir. Inclinó la cabeza con desconfianza al sentarse junto a mí. "¿Estás bien, mamá?", me preguntó.

Coloqué su mano en mi vientre, que, como si fuera a propósito, se tensó en una contracción. Los ojos de Jordie se abrieron. "Ah, estás de parto", susurró. Nuestro precoz hijo había celebrado su tercer cumpleaños hacía sólo dos semanas. Y, en aquel momento, mientras se arrimaba a mí, recordé los plácidos días que habíamos pasado esperando su nacimiento. Mi marido Harry y yo habíamos pasado por tres abortos naturales y queríamos un bebé, así que, cuando nació Jordie, lo recibimos con una gran alegría. Y enseguida nos aferramos a nuestra nueva vida, resueltos a no dejar que nada nos separase. Cuando alguna enfermera insistía en llevárselo a la sala de neonatos, yo lo abrazaba con fuerza y le decía que para separarnos necesitaría una palanca.

No podía quitarle los ojos de encima a nuestro hijo. La palabra "adorable" cobró un nuevo significado para mí y no dejaba de repetirla. Sin embargo, de algún modo teníamos la sensación de que no teníamos un recién nacido. Aquel niño había nacido con la mirada de un adulto ya experimentado. Hasta amigos nuestros que tenían bebés, al mirarlo a los ojos exclamaban: "Este niño es espeluznante, parece como si entendiera".

Jordie empezó a hablar con toda claridad a la edad de 9 meses. Con apenas dos años, era capaz de mantener una conversación de adultos. Recuerdo haberle oído decir a un amigo: "¿Sabes? Hay una teoría sobre el origen de la luna. Hay una agujero en el Pacífico ...".

Y en aquellos momentos, aquel niño que tanto sabía se había quedado callado.

La noche fue una sucesión de dolor, médicos, enfermeras, olores de hospital, compartiendo decisiones con Harry y riéndome, entre contracción y contracción, con mi amiga y matrona Linda. Por fin, empezó a asomar un bebé y el tocólogo, al que había conocido hacía sólo un día, preguntó: "¿Hay alguna posibilidad de que sean gemelos?".

De pronto esa alegría se trocó en espanto. Los gemelos estaban unidos, no podían nacer. El médico volvió a empujar, los separó y sacó a dos niños.

Joshua murió primero. Su pequeño corazón latió muy poco tiempo. Cole estuvo con nosotros tres horas, suficiente para agarrar el dedo de su padre y para que yo pudiese cogerle la mano mientras él luchaba por respirar. Esperamos a que llegara la unidad móvil del hospital infantil, pero al final llegó justo cuando el corazón de Cole daba su último latido. Más tarde supimos que los dos niños habían nacido sin riñones. No tenían ninguna posibilidad de sobrevivir.

La sala se llenó de sorpresa y dolor. La enfermera jefa estaba bañando a Cole junto a mi cama, y sus lágrimas caían al agua. Mientras una madre física y emocionalmente traumatizada cogía en brazos a sus dos bebés inmóviles, los médicos se frotaban los ojos. Los niños no deberían morir.

Harry y yo nos quedamos con nuestros bebés durante varias horas, haciendo esperar a la persona encargada de firmar los certificados de defunción. Les tomamos las huellas de los pies, guardamos mechones de su pelo, les hicimos fotos y aprovechamos todo el tiempo que pudimos para permanecer con sus cuerpos.

En casa, Jordie no sabía nada. Mi madre lo recogió y lo llevó al hospital. Las desconfiadas enfermeras intentaron impedirle la entrada.

Mi madre consiguió dejar de lado su pena el tiempo suficiente para hacer acopio de valor e insistir: "¡Diane quiere que esté con ella y va a entrar!".

Jordie entró sin hacer ruido, claramente preocupado por la palidez de su madre. Se acercó a mí. "Jordie, ha ocurrido algo muy triste. Tuviste dos hermanitos, pero ambos han muerto."

"¡Eso es terrible!", dijo en un susurro.

"¿Te gustaría verlos?"

Asintió.

Su abuela lo llevó junto a la cuna en la que yacían Josh y Cole. Los miró y murmuró: "¡Son preciosos! ¿Puedo tocarlos?".

"Sí _contesté_. Pero tienes que recordar que están muertos. Están fríos y no van a moverse."

"Está bien _me aseguró, extendiendo la mano hasta

rozar suavemente sus mejillas_. ¡Son tan suaves!", suspiró.

Jordie le enseñó al personal del hospital una valiosa lección sobre la pena y les hizo ver que nunca se debe subestimar a un niño. Siguió dando ejemplo en los difíciles días, semanas y meses que siguieron. En una ocasión en la que me entró una llantina más intensa que de costumbre, oí que cogía el teléfono y decía: "No, lo siento. Ahora no puede ponerse. Está llorando porque nuestros bebés se han muerto". Para el hijo que nos quedaba, la muerte y la pena eran temas que merecía la pena explorar. Y lo hizo lleno de confianza y comprendiendo que la muerte forma parte de ese continuo que llamamos vida y que no debemos evitarla ni tenerle miedo.

Algunos años más tarde, Harry y yo pensamos que había llegado el momento de intentar tener otro bebé. El embarazo acabó con otro aborto, en esa ocasión de una niña. Nuestros amigos y familiares esperaban que nos conformaríamos con un solo hijo, pero yo sentía con fuerza que había otro niño esperándonos. Convencí a mi marido de que debíamos intentarlo una vez más y de que, acabara como acabara, sería nuestro última tentativa.

En la décimo tercera semana, cuando empezó a haber complicaciones con el embarazo, Harry dijo, sacudiendo la cabeza: "Otra vez lo mismo".

"No _insistí_. El bebé está bien."

En agosto de aquel año, con mi marido a mi lado y Linda asistiéndome en el parto, di a luz a un niño que pesó 4 kilos y 200 gramos. Harry contuvo el aliento hasta que el niño respiró. Benjamin era sano, hermoso y perfecto para llenar el vacío de nuestros brazos. Una vez más, a todo el mundo se le humedecieron los ojos, pero esa vez eran lágrimas de alegría.

Aunque el nacimiento de Benjie nos ayudó a curar nuestras heridas, Josh y Cole siguen formando parte de nuestras vidas. Jordie, que ahora es un hombrecito y prefiere que lo llamen Jordan, no se acuerda mucho del tiempo que pasó con ellos. Y Benjie sólo los conoce a través de lo que le contamos y de las fotos y recuerdos que tenemos de ellos. Pero los dos entienden por qué todos los años enciendo dos velas en septiembre. Y los dos han visitado sus tumbas y comprenden el epitafio, que reza: "A nuestros gemelos, que estuvieron en nuestros brazos unas horas y permanecerán para siempre en nuestros corazones".

Diane C. Nicholson

Nadar con delfines

Aquellos que aman más allá del mundo no pueden ser separados por él. La muerte sólo consiste en cruzar el mundo, como hacen los amigos con los océanos; siguen viviendo el uno dentro del otro.

William Pen

Lee Katherine tenía un brillante futuro ante ella. A los quince años, ya había decidido el camino que iba a seguir y estaba resuelta a hacerse bióloga marina. Siempre se había sentido íntimamente ligada al mar y les dijo a sus padres, Robert y Ruth, que su amor por la vida marina algún día ayudaría a miles de animales. Siempre llevaba encima un libro escrito por su ídolo, Jacques Cousteau, y en cada una de las gastadas páginas se leía su convicción de convertirse en una famosa bióloga marina.

Fue en esa época cuando Robert y Ruth tuvieron que enfrentarse al amargo trago de saber que a su hija le habían diagnosticado una enfermedad terminal. Cuando los médicos diagnosticaron que Lee Katherine tenía cáncer de la cavidad nasal, todos los sueños de sus padres se vinieron abajo. Aunque sus padres hicieron todo lo que estaba en sus manos para ayudarla a combatir la enfermedad y sobrellevar la agresiva quimioterapia, el equipo médico pronto se dio cuenta de que Lee Katherine estaba perdiendo la batalla. Les dijeron a Robert y Ruth que se la llevaran a casa e intentaran que estuviese cómoda. Ellos ya no podían hacer nada más.

Aquel día, al salir de la consulta del médico, Robert y Ruth estaban en estado de choque. No podían creerse que su preciosa hija fuera a perder la batalla. Todavía no se habían recuperado del impacto de la noticia, de modo que lo que Lee Katherine les dijo después los cogió totalmente desprevenidos. Al salir de la consulta, Lee Katherine se volvió hacia su madre y le dijo: "Mamá, hay una cosa que quiero hacer antes de morir. Quiero nadar con delfines". Asombrada, Ruth asintió, pero en su fuero interno estaba asustada, porque creía que no tenía dónde buscar ayuda. La desesperanza se convirtió en desesperación cuando fue dándose cuenta de que no iba a poder cumplir la última voluntad de su hija.

Unos días después, Ruth se encontró en el supermercado con una amiga, que casualmente era voluntaria de la asociación internacional Children's Wish Foundation. Su amiga le preguntó por Lee Katherine y Ruth le contó el deseo de su hija, diciendo: "Es lo único que quiere hacer y no sé cómo conseguirlo". Su amiga le dio el teléfono de la fundación.

Ruth llamó a la sede y explicó la situación de Lee Katherine. Les dijo que su hija no viviría lo bastante para ver hacerse realidad su sueño de ser bióloga marina, pero se aferraba a la esperanza de poder experimentar la magia de nadar con los hermosos delfines que siempre la habían cautivado.

Aquel mismo día, la fundación envió un paquete con todos los documentos que la familia tenía que rellenar e instrucciones para que Ruth lo devolviese inmediatamente. Se pusieron en contacto con el equipo médico de Lee Katherine para averiguar si tenían que tomar alguna precaución especial con una chica en su situación. Los médicos sabían que Lee Katherine podía fallecer en cualquier momento, pero, debido a su determinación de nadar con los delfines, dieron su aprobación para que viajase y firmaron los impresos médicos. También dieron una serie de directrices que se debían seguir atentamente para la comodidad y seguridad de la joven.

Como estaba demasiado débil para viajar por el aire, la fundación alquiló una caravana para transportar a Lee Katherine desde su hogar en Carolina del Norte hasta los Cayos de Florida. Para aliviarle los dolores, los médicos le recetaron morfina, que le era administrada regularmente por gota a gota. Además, fue necesario acolchar el interior de la caravana, para que Lee Katherine estuviese cómoda durante el viaje.

Resultaba obvio para cualquiera que viese a Lee Katherine, y más aún para Robert y Ruth, que la enfermedad ya había pasado factura. Pero, según la caravana iba acercándose a los delfines, el humor le cambió totalmente. Los recuerdos de su enfermedad y los temores de lo que aún le quedaba por pasar fueron sustituidos con la nueva ilusión de ver su deseo cumplido.

Antes de que entrara en el agua, tuvieron que quitarle el gota a gota que le administraba la morfina. Todos estaban preocupados por cómo reaccionaría al dolor, pero Lee Katherine estaba decidida. Ruth le puso un chaleco salvavidas para que se mantuviese a flote y después se apartó y dejó que un equipo de voluntarios la metieran cuidadosamente en el agua, donde ya la esperaban dos hermosos delfines.

Lo que ocurrió entonces le pareció un milagro a todos los presentes. Pareció como si los dos delfines, Nat y Tursi, sintieran la fragilidad de Lee Katherine. Le empujaron suavemente el cuello, le dieron besos de delfín, la llevaron de un lado a otro y saltaron por encima de su cabeza, dejándola encantada. Mientras nadaba, a pesar de su aspecto frágil, costaba creer que estuviese tan enferma. Mientras el agua brillaba bajo el sol, Robert y Ruth observaban a su hija, una enferma terminal, radiante de felicidad al ver cumplido el sueño de su vida.

Después del baño, Lee Katherine les dijo a sus padres: "Ya no tengo miedo de morir". Explicó que había sentido que la comunicación con los delfines era su "puente hacia el otro lado" y que ya se sentía completamente en paz. Milagrosamente, tanto para ella como para sus padres, Lee Katherine no volvió a necesitar ni una sola gota más de morfina.

Tan sólo 36 horas después de su baño, Lee Katherine falleció. En medio de su enorme dolor, Robert y Ruth sintieron que su hija les había hecho un regalo totalmente inesperado. Gracias a su valor, su gracia y su decisión, Lee Katherine les había enseñado que, hasta en las circunstancias más trágicas e independientemente de lo que corta que sea la vida, los sueños pueden hacerse realidad. Las imágenes de su hija riendo y nadando con los delfines se han quedado grabadas para siempre en los corazones de sus padres, como recordatorio del regalo de Lee Katherine a su familia.

Para cumplir el último deseo de su hija, Ruth y Robert volvieron a los Cayos de Florida. Allí, esparcieron sus cenizas en el mismo centro de adiestramiento de delfines que le había traído tanta alegría y paz. Verdaderamente, los delfines habían sido su "puente hacia el otro lado".

Christy Chappelear Andrews

El día que murió mi hija

Admiro los procesos de dolor y curación (y confío en ellos), porque sé que, algún día, llegará un nuevo día.

Martha Whitmore Hickman

El día que murió mi hija, Mary Jo, durmió hasta las diez porque ella y su hermana se habían quedado hasta las tantas hablando y haciendo planes de futuro. Emily había venido a pasar el fin de semana en casa, para descansar un poco de sus estudios en la universidad de Toronto. Mary Jo quería ser agente de viajes. Quería ir a la universidad en Toronto y compartir piso con Emily.

El día que murió mi hija, desayunamos juntas. Había ido de compras con su hermana la tarde anterior y estaba entusiasmada con el regalo que me habían comprado. "Mamá _exclamó_, ¡no sé si podré esperar hasta Navidad! ¡Te va a encantar el regalo que te hemos comprado!"

El día que murió mi hija, toda la familia se dedicó a las faenas domésticas. Por una vez, no nos peleamos para decidir a quién le tocaba cada tarea ni criticamos la forma de hacerla de los demás. Terminamos de adornar el árbol de Navidad y nos reímos de algunos de los adornos, que habían sido hechos por los niños, cuando eran pequeños. Había fotos de John y de Mary Jo que habían preparado para colgarlas en el árbol cuando estaban en preescolar. A Mary Jo le parecían graciosas, a mí me recordaban lo preciosos que eran de pequeños.

El día que murió mi hija, Mary Jo nos pidió a Kate y a mí que jugásemos al Monopoly con ella.

Yo quería terminar de pasarle la aspiradora a la alfombra, que estaba llena de trocitos de hilo de oro y hojas del árbol, pero le contesté: "¡Claro!". Pensé: "¿Cuántas veces le pide una chica de 16 años a su madre que juegue al Monopoly con ella?". Nos pasamos la tarde riendo y jugando al Monopoly.

El día que murió mi hija, yo quería comprar un pollo asado para la cena de los niños, porque mi marido y yo íbamos a una cena de Navidad del trabajo. Pero las chicas me dijeron: "¿Por qué no nos das dinero y cenamos en un restaurante? ¡Será más divertido!". Así pues, les di el dinero, salieron a cenar todos juntos y se lo pasaron en grande.

El día que murió mi hija, la dejamos en casa de una amiga. Llevó una botella de Coca Cola y una bolsa de patatas fritas para compartirlas con sus amigas. Desde el coche, la vimos despedirse alegremente con la mano.

Fue la última vez que la vimos con vida. Murió en un accidente de coche aquella noche, a las 10.35.

Hace años que en nuestro salón cuelga un cuadro con esta oración:

> *Bendice nuestro hogar,*
> *Padre cuyo pan adoramos,*
> *antes de que deje de haberlo.*
> *Haz que nos descubramos los unos a los otros*
> *antes de que desaparezcamos*

y deja que disfrutemos
de lo que cada uno de nosotros es
mientras tengamos tiempo.[1]

El día que murió mi hija, aprendí lo que quería decir.

Marguerite Annen

---

[1]Oración de Richard Wuong. 1981, Abbey Press, St. Meinrad, Indiana. Utilizado con su autorización.

El rosario de Cori

La espiritualidad es ese punto en el que lo más íntimo se junta con lo infinito.

Rick Fields

Creo en los milagros, algunos tan sutiles como el beso de una mariposa y otros tan evidentes que parece que nos falte el aire. Mi milagro es mi hija, Cori. Aunque ya no está conmigo, me devolvió la vida.

Cori nació el 10 de julio de 1975. La primera vez que la sostuve en mis brazos me di cuenta de que algo en ella era especial y diferente. En las tarjetas que anunciaban su nacimiento estaba escrito: "Un milagro, y pensábamos que todos los bebés era iguales...". No entendí la profecía que escondían esas palabras hasta muchos años después.

Cori creció y se convirtió en una niña preciosa, que iba adaptándose bien a todos los avatares del teatro de la vida. Pero nuestra familia tenía sus dificultades y, cuando Cori tenía seis años, su padre y yo nos divorciamos. Poco tiempo después, caí en una vida de vicio y adicción. Según iba creciendo, se le rompía el corazón al ver a su madre hundiéndose cada vez más en un mundo de drogas, cárcel y asistencia social. En aquella época, lo único que yo podía ofrecerle era enfermedad, pero su amor por mí nunca flaqueó. Y, gracias a su propia fuerza, se elevó por encima del fango de mi vida y trazó su propio camino. A los 16 años, era un chica maravillosa: era instructora de las animadoras, una excelente alumna y soñaba con ser abogada. Incluso en mi nebuloso mundo de drogas, yo me sentía terriblemente orgullosa de ella.

Creo que Dios no se lleva a nadie hasta que ha que cumplido con su cometido en la vida. Cori murió el día de su cumpleaños. Había salido con sus amigos a pasear en coche bajo el sol, un precioso día de verano. De camino a casa, hubo un choque frontal que la mató a ella y a otros siete adolescentes. El accidente fue tan brutal que yo fui la única madre a la que le permitieron ver por última vez a su hija, tendida en el juzgado de primera instancia.

Me invadió una sensación de frío mortal, que no me abandonó a lo largo de todo el funeral. Me quedé sentada a solas junto a su ataúd, mientras mis lágrimas parecían caer en la eternidad. Perdida en el dolor, deseaba desesperadamente rezar. Pero, tras muchos años de vida dura, se me había olvidado cómo hacerlo.

Resultaría fácil decir que la muerte de Cori me ayudó a recuperar la sobriedad. Pero no fue así. Cuando la primera impresión empezó a desaparecer, aumenté mi consumo de drogas, intentando adormecer mis sentimientos de la única forma que conocía. Mi vida seguía avanzando en una caída sin final. Pasaron aún algunos años más de adicción hasta que por fin busqué ayuda.

Me puse en tratamiento y, con cada día que pasaba alejada de las drogas, se me aclaraba la mente y me acercaba un poquito más a la realidad y a la espiritualidad. Y fue en ese ambiente de curación donde empezaron a cambiarme las cosas, pequeños milagros que giraban en torno a mi hija, Cori.

Tras mi estancia como paciente en el hogar Crutchers Serenity House, decidí quedarme para trabajar con otros drogadictos. Ese nuevo papel me aterrorizaba, pero había empezado a buscar consejo en Dios. Cuanto más crecía mi espiritualidad, más evolucionaba yo. Mi viaje acababa de empezar.

Una de las etapas de mi viaje era el juzgado, donde había visto por última vez a Cori. Mientras luchaba por deshacer el mal que había causado durante la época de mi adicción, quise redimirme de alguna manera, trabajando para mi comunidad. El juzgado era el último sitio en el que había estado Cori, por lo que me sentía repelida y, al mismo tiempo, atraída por ese lugar. Pero Dios me había enviado a ese lugar para poder estar mejor preparada para aconsejar a otras personas que estuviesen en la situación en la que yo había estado muchos años atrás: padres desconsolados que se enfrentan a la pérdida de lo más querido.

Cuando el juez me explicó que había estado presente cuando llevaron el cadáver de Cori, supe por qué me había dirigido a ese lugar. Me enteré de todos los detalles de su muerte. Fue importante para mí saber que había muerto en el acto. Significó mucho para mí saber que mi hija no había estado bebiendo. Alentó mi profundo deseo de que también ella se sintiese orgullosa de mí. Rezaba para que, estuviese donde estuviese, mi hija pudiera verme en aquel momento.

Sintiendo la necesidad de volver a sentir su presencia, fui a visitar el lugar del accidente. Habían señalado aquel punto de la carretera con ocho cruces, dedicadas a cada vida única que se había perdido allí. Me quedé helada ante lo que vi: después de tantos años, la cruz de Cori era la única que se mantenía en pie. Aquella visión me impresionó profundamente y me puse a rezar. Recé por tener algún tipo de conexión, cualquier tipo de conexión, con mi hija perdida. Mientras rezaba, sentía un intenso dolor al rememorar los últimos instantes en el juzgado, junto a su cuerpo sin vida. Sin duda, su alma se había liberado en aquel preciso lugar, en el momento en que su cuerpo había muerto. Pero, ¿dónde estaba su alma?

Cuando estaba rezando quedamente, sentí que mi cuerpo se balanceaba ligeramente. Moví los pies para recuperar el equilibrio y entonces oí un débil crujido que salía de debajo de mi pie. Miré al suelo. Había algo que salía del polvo. Me agaché para mirarlo de cerca y le sacudí el polvo hasta que apareció un hilo con unas ajadas cuentas. Era el rosario de Cori.

Llena de reverencia y gratitud por la piadosa señal que me había enviado Dios, me eché a llorar. Cori estaba conmigo. Estaba observándome en aquellos momentos y sigue apareciéndoseme ahora. Cori se aparece en los rostros de las atormentadas jóvenes a las que asesoro, en el momento en que veo sus ojos iluminándose llenos de esperanza y promesa. Cuando me siento triste, viene a mí y me llena de calor el corazón. Me trae a la gente que un día fue parte de su vida, amigos con problemas que se cruzan en mi camino. Está en todas partes, a mi alrededor, y el mayor de los milagros es que hoy, por fin, soy consciente de ello.

Chris Lloyd

El regalo de Rachel

Das muy poco, si lo que das es alguna de tus posesiones. Sólo al dar de ti mismo es cuando das de verdad.

Kahlil Gibran

El fuerte aroma del café recién hecho le invadió los sentidos a Cheryl Parker cuando se instaló junto a la mesa de la cocina, para leer el periódico del domingo, en aquella fresca mañana de noviembre. Arrastrando los pies y frotándose los enormes ojos marrones para ahuyentar el sueño, llegaba su hija Rachel, de ocho años.

Mientras mamá ojeaba los titulares, Rachel reparó de pronto en una foto que aparecía en portada y en la que se veía a un niño en la cama de un hospital, enganchado a una maraña de tubos, pero esgrimiendo una sonrisa. Cheryl le explicó a su única hija que un doble transplante de pulmón le había salvado la vida a aquel niño. Otro niño había tenido una muerte trágica. Pero su familia había autorizado a los médicos a que tomaran los órganos vitales viables para transplantárselos a otros niños esperaban desesperadamente la intervención que podría salvarles la vida.

"Mamá, yo quiero hacer eso. Quiero donar mis órganos cuando muera", dijo Rachel, siempre más sabia de lo que cabría esperar de su edad.

Rachel tenía un espíritu generoso y altruista. Pocos meses antes, cuando su abuela, Audrey Parker, se afeitó la cabeza para recaudar fondos para la investigación contra el cáncer y como gesto de apoyo hacia un compañero de trabajo que padecía la enfermedad, Rachel había dado parte de su paga para la causa. Un día, estando con su madre en el banco, Rachel preguntó al director de la sucursal sobre un cartel de la organización de voluntariado United Way y después le preguntó cómo podía donar su paga. Si había alguna subasta de ropa o comida para los más desafortunados, Rachel quería colaborar con su esfuerzo.

Rachel adoraba a Dios y a las Spice Girls, creía en el cielo y en el buen humor. La llamaban Rachey, Calabaza o Princesa.

En el patio del colegio, ella y sus amigas Kristen, Samantha, Sarah y Haileigh eran conocidas como las Spice Girls. Rachel, que idolatraba a Ginger Spice, deslumbraba a todos con sus habilidades vocales y su estilo jazz, por lo que se había convertido un miembro muy popular del coro de la iglesia.

Un dañino virus de la gripe se extendió por el colegio a finales de noviembre. El primero en caer fue Shawn, el hermano de Rachel, que tenía seis años. Se pasó una semana en la cama. Él se la pegó a la madre. Y después le tocó a Rachel. Pero ya se acercaban las Navidades y ella estaba resuelta a que la enfermedad no le enturbiase el ánimo.

Después de todo, las Navidades eran su época favorita del año. Le había hecho mucha ilusión, el año anterior, hacer de María en la función de la iglesia. Aquel mismo año, también se llevó una gran alegría al abrir su regalo y descubrir una versión para niños de la Sagrada Biblia.

Cheryl recordaba lo fascinada que se sentía su hija por la Biblia, que había leído de principio a fin.

A pesar de moquear y tener una ligera congestión en el pecho, Rachel acompañó alegremente a su madre y a su hermano a una fiesta de Navidad en Toronto y después al desfile anual de Papá Noel en Port Berry. Aquella noche la pasó en casa de sus abuelos.

"Me muero de impaciencia por volver al cole este lunes _dijo, ilusionada_. Mis amigas se alegrarán de verme."

Al día siguiente, toda la familia se reunió en casa de Cheryl para decorar la casa, adornar el árbol de Navidad y compartir su calor familiar con un ponche de huevo. La sonrisa más brillante era la de Rachel.

Después de la cena, en la mesa donde hacía poco habían hablado de la donación de órganos, Cheryl y Rachel se partían de risa coloreando dibujos ridículos.

Justo antes de medianoche, cuando Cheryl subía alegremente las escaleras, se sobresaltó al oír un quejido que llegaba de la habitación de su hija. Al apartar el edredón, descubrió a su hija temblando y con el cuerpo rígido. Pensando que sólo tenía frío, Cheryl se metió en la cama y compartió con ella su calor de madre.

Rachel tardó una hora en relajarse. Dos horas más tarde, salió corriendo de la cama y se fue al baño a vomitar. Cheryl supuso que la latosa gripe había vuelto. Rachel no iría a clase al día siguiente.

Pasó el lunes en casa de sus abuelos. La abuela se dio cuenta de que la chiquilla aún tenía fiebre y el estómago revuelto. Llamó a Cheryl al trabajo y le pidió que se reuniese con ellas en el hospital.

Le hicieron análisis de sangre que mostraron que Rachel tenía el nivel de plaquetas muy bajo, algo que normalmente se asocia con un virus. Los médicos trabajaron para poder establecer un diagnóstico exacto. Menos de 24 horas después, el nivel de plaquetas cayó en picado y Rachel fue trasladada en ambulancia, en plena hora punta, hasta el famoso hospital infantil del centro de Toronto.

Rachel sólo quería dormir. Los médicos y auxiliares la examinaban con frecuencia, pero ella enseguida volvía a quedarse dormida.

Los médicos advirtieron a Cheryl de que un nivel de plaquetas excesivamente bajo podría desencadenar una hemorragia interna, por lo que era necesario medicar a la niña para evitarlo.

De pronto, despertando de un sueño aparentemente profundo, Rachel se incorporó en la cama y se quedó mirando a su madre. Tenía las pupilas dilatadas. Cheryl podía sentir un grito de auxilio que llegaba desde el interior de su hija, pero la enfermedad le paralizaba el cuerpo y la mente. Se le debilitó la parte izquierda del cuerpo, como si hubiera sufrido un ataque. Empezó a mover los ojos y a agitarse, mientras los miembros se le ponían rígidos. Intentó hablar, pero no conseguía abrir la boca.

Cheryl lo entendió: estaba llamando a su mamá.

Los médicos se acercaron corriendo a ella y se la llevaron inmediatamente a la unidad de neurología, para que le hicieran un escáner. La prueba confirmó una hemorragia cerebral. A la mañana siguiente, temprano, Rachel entró en quirófano.

Era demasiado tarde.

La mirada del cirujano se lo dijo todo a Cheryl.

El cerebro de Rachel estaba tan inflamado que no había ninguna posibilidad de salvarla. Pero su pequeño corazón seguía latiendo con la fuerza de un león.

Un silencio aterrador invadía la estancia en la que yacía Rachel, tranquila, rodeada de modernos artilugios médicos que mantenían con vida sus órganos vitales.

Cheryl y su familia estaban reunidos alrededor de la cama de Rachel y, sobrecogidos por el dolor y el llanto, le dijeron adiós.

El ángel levantó el vuelo.

El deseo de Rachel de donar sus órganos (aquel generoso gesto que había tenido algunas semanas antes) se le comunicó a los coordinadores del programa de recuperación e intercambio de órganos del hospital infantil.

Tan sólo unas pocas horas después de que desconectaran las máquinas que mantenían a Rachel con vida, su corazón sirvió para salvarle la vida a una niña de 8 años. De los Estados Unidos llegaron médicos que se llevaron sus pulmones para una chica de 13 años que ya había tenido un doble transplante de pulmones en 1991, pero que volvía a necesitarlo. Y sus córneas le abrieron un nuevo mundo a dos desconocidos: un niño de dos años que se había quedado ciego como consecuencia de complicaciones quirúrgicas y un bebé que había nacido ciego, con córneas opacas.

En el marco del verdadero espíritu navideño, en el que Rachel creía firmemente, su último deseo se había cumplido.

En los días que siguieron a la muerte de Rachel, sus compañeros de clase hicieron un libro de recuerdos sobre su pequeña amiga, aquélla que siempre se daba a los demás y se salía de su camino para compartir una golosina o unas risas con ellos. Enmarcaron sus puros y sentidos recuerdos con imágenes de ángeles y le regalaron el libro a la familia.

En su elogio fúnebre, los profesores dijeron: "En sus breves ocho años de vida, Rachel le llegó al alma a mucha gente. Nos hizo reír, nos hizo llorar, nos hizo pensar. Nos hizo examinarnos a nosotros mismos y nos hizo responsables. Lo que Rachel representaba era el altruismo".

Cheryl expresó sus propios recuerdos: "Le gustaba dar y dar y dar. Daba igual cuánto hubiese dado, nunca le parecía bastante. Cuando tenía 6 años, Rachel dijo que quería ser un ángel cuando fuera mayor, para poder ayudar a la gente. Siempre sintió curiosidad por el cielo y por poder conocer a Dios. Siempre decía que no sabría qué ponerse".

En una clase del colegio público Meadowcrest ahora cuelga una estrella con las palabras: "Espero que nadie de mi familia enferme y muera a una edad temprana".

Y, en el pasillo del colegio que una vez se llenó con la risa y la exuberante alegría de Rachel, hay una cruz de papel con un retrato de Rachel y un mensaje escrito a mano: "Te echaré de menos. Adiós, Rachel".

Y que Dios te bendiga, mi ángel.

Kevin Hann

$\overline{9}$

DEJARLOS IR

Sólo hay dos legados duraderos que podemos confiar en darle a nuestros hijos: uno son raíces, el otro son alas.

Hodding Carter

Viendo cómo me voy

¿Qué sentimiento es tan agradable como sentir la mano de un niño en la tuya? Tan pequeña, tan suave y cálida, como un gatito que se acurruca buscando refugio en el hueco de tu palma.

Marjorie Holmes

En el dibujo a lápiz se ve a un niño de unos seis años, con los brazos y las piernas tiesos y soltando lagrimones tan grandes como semillas de melón. El título, escrito cuidadosamente, dice: "Estoy tristísimo". Mi hijo Brendan lleva un diario de dibujos y ése es el que corresponde al día 19 de septiembre. En su primer día de clase, Brendan se echó a llorar, deshaciéndose en lágrimas en la puerta del aula. Toda la clase se rió, con sus caritas pequeñas, su pelo recién peinado, sus zapatillas Nike relucientes y sus mochilas nuevas. Algo peludo circulaba por ahí dentro de una gran jaula de alambre. En la mesa de la señorita Phillips la esperaban flores cogidas del jardín. Es una mujer amable y de voz dulce, que sabe tratar a las mentes de seis años. Pero ni siquiera ella pudo obligar a Brendan a que se sentase. La mayoría de los niños estaban sentados, esperando que comenzara la lección de lengua o matemáticas. Pero no mi Brendan. Con los ojos arrasados en lágrimas y la nariz goteando, se aferraba a mí como a un clavo ardiendo. Me desembaracé de él y huí.

No es que a Brendan no le gustase el colegio. Cuando estaba en preescolar, se había aprendido el papel de todos los niños que participaban en la función de Navidad y había interpretado el villancico *Jingle Bells* con la pasión de un cantante de ópera. Lo que a Brendan no le gustaba era estar separado de mí. Durante los años de preescolar, lo habíamos pasado muy bien juntos. Jugábamos en el estanque. Patinábamos en el hielo de la mañana. Probábamos todos los bollos que había en las meriendas semanales del barrio. El tiempo que pasábamos juntos quizá no fuera material adecuado para un álbum de fotos, pero era tiempo que pasábamos juntos. Y el tiempo transcurre de forma diferente para un niño.

Sin embargo, en primero, Brendan se enfrentaba a cinco horas para preguntarse qué andaría haciendo yo. Brendan siempre venía a comer a casa, era el único de su clase que no comía en el colegio. Pero, una vez que estaba en casa y había comido y recibido cariño, empezaba a aparecerle una mirada nostálgica en los ojos: ¡quería volver al cole para jugar! Así que yo lo acompañaba, esperaba hasta que él veía a algún amiguito y después me iba. En una ocasión me dijo que se quedaba mirándome hasta que ya no podía verme, de modo que decidí caminar rápido y sin mirar atrás. Un día, cuando acompañaba a Brendan al colegio después de comer, él divisó a un amigo, me dio un beso de despedida y salió corriendo. Yo me fui, alegrándome por él, celebrando su nueva independencia, su entrada en el círculo social de primer curso. Y también me alegraba por mí, sentía un cierto bienestar por haber entrado en el círculo de los padres cuyos hijos se separan de ellos sin problemas.

Entonces, no sé por qué, volví la vista atrás. Y allí estaba él. El patio del colegio bullía a su alrededor, con niños por todas partes, y él estaba allí, de pie, con la cara adelantada, su cuerpo parecía pequeño, el rostro absorto pero no triste, lanzándome besos. Valiente, cariñoso, sin avergonzarse, Brendan estaba mirando cómo me iba.

Ningún libro sobre la maternidad podría haberme preparado para esa breve mirada al alma de mi hijo. Mi mente saltó 15 años hacia delante y me lo imaginé empaquetando sus cosas, con su perro ya viejo, y diciendo: "Tranquila, mamá. No me voy al extranjero". Mentalmente rompí el compromiso que toda madre hace diciendo que dejará que su hijo se vaya cuando esté preparado para ello. Miré a mi Brendan, con la camisa bien remetida y todos los botones abrochados, y con los pies un poco metidos hacia dentro, y pensé: "Vale, para mí siempre tendrás seis años. ¡Ya verás como intentes crecer!". Con una sonrisa que realmente me costó mucho encontrar, le lancé un beso, me volví y me fui.

Diane Tullson

El vídeo de la vida

Una tarde de domingo, cuando mi familia estaba instalándose en el salón para ver la televisión, mi hija de seis años preguntó desde el armario de los vídeos: "Mamá, ¿dónde están mis vídeos de Barney?". Le recordé que hacía algunos meses se los había dejado a una amiga nuestra que acababa de adoptar a un niño. (Al pasar a segundo curso, ya no le "molaba" ver a aquel tipo enorme y morado.)

Al recordar el préstamo, se volvió de nuevo hacia el armario en busca de una alternativa. Dos minutos después, vino a mi lado y, mirándome con sus enormes ojos marrones, con esa sabiduría infantil, me dijo: "¿A veces no te gustaría rebobinar la vida?".

Sí, Taylor Jae, hay momentos especiales que me gustaría volver a vivir, decisiones que cambiaría y momentos embarazosos que me alegraría anular. Pero al tenerte a mi lado, como una continua fuente de orgullo y alegría, y ver cómo te conviertes en una joven hermosa, tanto por dentro como por fuera, me entran ganas de coger el vídeo de la vida y congelar la imagen.

Beverley Bolger Gordon

La separación

Aquel día empezó pronto,
una fría mañana de septiembre.
Ella esperaba junto a mi cama,
un poco antes del amanecer.
Su ropa estaba preparada,
los planes cuidadosamente pensados.
Ella sabía que había llegado el día
y no tenía ningún miedo.
Yo también supe que llegaría ese día,
cuando, hacía seis breves años,
nos conocimos, yo la abracé
y el corazón se me iluminó.
Así pues, atesoré cada día
que compartimos las dos.
Pero el tiempo pasó rápido,
como una pluma en el viento.
Y ahora espera impaciente,
sonriente, contenta de irse.
Nuestra separación no la apena
ni entristece su corazón.
La abrazo una vez más
y siento su cuerpo estremecerse.

Sus ágiles pies, al fin libres,
se van por el césped.
Una última mirada, un gesto con la mano
y ya está fuera de mi vista.
Y yo me quedo sola
con mi difícil situación.
Miro al frente con tristeza,
la larga semana que se presenta
y, aunque había jurado no hacerlo,
una lágrima me resbala por la mejilla.
Mi marido me abraza y me sonríe,
me dice que soy una sentimental,
pero yo sé que también está triste.
Es el primer día de clase de nuestra hija.

Doreen S. Austman

Bailando en la calle

Paternidad: estado en el que tienes mejores carabinas que antes de casarte.

Marcelene Cox

Ocurrió una preciosa mañana, a principios de septiembre, hace algunos años, según salía de casa para ir a trabajar. Cuando iba hacia el coche, la vi, en medio de la calle. ¡Bailando! Mi vecina, una madre y esposa. Por otra parte, una persona bastante madura. Y, sin embargo, estaba bailando en pijama y bata, calzada con unas enorme zapatillas con forma de perro de peluche. Dándole sorbos al café y bailando, con la cabeza llena de rulos. Completamente sola, al ritmo de una música que sólo ella podía oír, ¡mi vecina estaba bailando!

Me paré en seco. Me quedé mirando. Ella me vio y se echó a reír, y siguió bailando y riéndose. Y, entonces, a modo de explicación, me gritó: "Tengo cuatro hijos y hoy es el primer día de clase del pequeño. ¡Soy libre!". ¡Y siguió bailando!

Raymond Aaron

El final de la infancia

Verdaderamente, es bueno llorar. Al llorar, dispersamos nuestra ira, y las lágrimas nos atraviesan el corazón como una corriente.

Ovid

Un día de verano, a finales de agosto, mi hijo mayor limpió su habitación sin ayuda de nadie. Aunque normalmente me habría asustado ante un repentino ataque de limpieza como ése, su mirada me recordaba que al día siguiente se marchaba a la universidad, un momento que yo siempre había temido.

Sus últimas 24 horas en casa como residente a tiempo completo pasaron demasiado rápido para mí, pero demasiado lentamente para él. Haciendo tiempo hasta la cena de despedida, se encaramó a un taburete frente a la televisión de la cocina y se puso a ver un episodio antiguo de Star Trek. Al pasar la mano por encima de su hombro para abrir un grifo, de pronto le di un abrazo desde atrás. Al aspirar su olor familiar (una mezcla explosiva de sudor y colonia), una enorme tristeza invadió mi corazón. Froté la nariz contra su cabeza y me descubrí navegando por un mar de recuerdos maternales. Absorto en la serie, mi hijo no se dio cuenta de que el abrazo era lo único que evitaba que me cayera al suelo y me pusiera a suplicar un poco más de tiempo, suficiente para poder volver a ponerme en pie o por lo menos para que cambiaran de sitio su universidad y la instalaran en nuestro jardín.

El viaje de 35 minutos al aeropuerto duró cinco segundos, tiempo suficiente para reconocer que, a pesar de todos mis razonamientos, no estaba en absoluto preparada para aquel terrible momento. Como nuestra familia no estaba acostumbrada a las demostraciones de cariño que muchas veces se presencian en los aeropuertos, nuestra despedida fue breve. Con nuestro hijo menor aplastado entre nosotros, mi marido y yo le dijimos adiós con la mano a nuestro primogénito. Ansioso por empezar su aventura, el gesto de nuestro hijo más pareció un "me alegro de perderos de vista" que un "hasta la vista". Me sentí dolida, imaginando qué madre recibiría un trato así.

Cuando volvimos a casa éramos ya otra familia. Ya no éramos un cuarteto, éramos como una mesa de tres patas, coja. Al rato de haber entrado en la autopista, nuestro hijo menor nos informó de que no le gustaba ser hijo único y afirmó: "Y no voy a vivir dos años solo con vosotros". Aprender el nuevo equilibrio iba a llevarnos tiempo.

Al final del primer día sin él, visité el cuarto de mi hijo mayor. Había pensado que encontraría consuelo entre sus cosas, pero la persona que yo buscaba estaba a más de 3.000 kilómetros de distancia. Sentada junto a su escritorio, busqué con la vista lo que echaba de menos en aquel cuarto. Cuando mis ojos se toparon con su colección de premios, sonreí al ver un osito de peluche dentro de la copa de un campeonato deportivo.

Fred era el peluche favorito de mi hijo desde su nacimiento y siempre olía a los ríos de baba que había absorbido. Como compañero constante de mi hijo, las calvas en su pelaje eran testimonio de que había servido como arma contra los monstruos de las pesadillas y sus orejas deshilachadas dejaban constancia del consuelo que le había proporcionado a su joven dueño.

La combinación del osito Fred con el trofeo de instituto era providencial. Estudiando los símbolos del niño y el joven, admití que la partida de mi hijo de 18 años no tenía nada que ver con el torbellino de sentimientos que invadía mi corazón. La tristeza era por la pérdida de la infancia de mi hijo. En aquel momento de revelación, quería lo imposible: quería que volviese aquel chiquillo de cabello rizado. Al contrario que mi marido, que había aceptado con alegría la madurez de nuestro hijo, yo recordaba con nostalgia su infancia. Cuando el llanto ininterrumpido demostró que no me traía ningún consuelo, me di cuenta de que necesitaba algún mecanismo que me ayudase a asumir la pérdida.

Recordé a una amiga viuda que me había hablado de su búsqueda de consuelo al morir su amado marido y de lo reconfortada que se había sentido cumpliendo con el ritual fúnebre de los judíos. "Lleva funcionando dos mil años _me dijo_ y a mí me funcionó." Me decidí a intentarlo.

De acuerdo con la tradición judía, tenía que enterrar al muerto en las 24 horas que seguían a la muerte o tan pronto como fuera posible. Con Fred empapándose de mis lágrimas, le dije un adiós definitivo a la infancia que me había traído tantas alegrías como madre. A la mañana siguiente, empecé el ritual de luto, que dura una semana y se llama *sitting shiva*. Adaptando el principio a mis necesidades, vi viejos vídeos caseros, miré las fotos de los primeros álbumes, releí los cuentos favoritos de mi hijo, desdoblé y volví a doblar las camisetas de bebé que había bordado con corazones y flores y lloré durante siete días. Al octavo día, seguí los preceptos judíos y empecé a reconocer formalmente mi pena dos veces al día. Pero, en vez de ir a la sinagoga para recitar el *kaddish* fúnebre, aprovechaba los amaneceres y los atardeceres para reflexionar sobre la infancia de mi hijo y darle gracias a Dios por haberme dado la oportunidad de ser su madre.

Aunque el ritual tradicional del luto judío dura un año, yo llegué a asumir mi pérdida mucho antes. Después de varias semanas, descubrí que pensaba menos en el niño que había sido que en el hombre en el que se había convertido. Mi amiga tenía razón. Los sabios sabían lo que hacían cuando imaginaron un ritual para enfrentarse a esa inevitable situación humana y a las emociones que lleva consigo.

Al utilizar un ritual para recuperarme emocionalmente, me di cuenta de que cada crisis paterna no implica necesariamente que haya que volver a inventar la rueda. Aprendí que las tradiciones pueden dar respuestas a los padres de la nueva era.

Ellyn L. Geisel

Un regalo de Brandon

Cuando mi hijo de 21 años está en la universidad, hablamos un par de veces por semana. Está terminando la carrera en Linfield College, en Oregón, preparándose para ser profesor de enseñanza primaria. Siempre tenemos unas conversaciones estupendas, pero hubo un día en concreto que fue especial.

Cuando cogí el teléfono, me dijo: "Mamá, hoy he tenido mi primera experiencia como profesor". El resto de lo que me contó podría resumirse así:

"Estaba muy nervioso, no sabía qué esperar, pero el señor Schindler, el profesor encargado de guiar mis primeros pasos en el mundo de la enseñanza, me asignó a algunos niños para que los ayudase con las matemáticas.

"Yo no lo sabía, pero el señor Schindler les había dicho que yo era un jugador de fútbol americano de la universidad. Cuando entré en el aula, los niños se pusieron a pedirme autógrafos. Eso me hizo reír, pero, obviamente, también me hizo sentirme bien. Por la forma en que me trataban, parecía como si fuera una estrella del deporte o algo así. Disfruté del momento, firmé algunos autógrafos y después nos pusimos manos a la obra.

"Empecé a trabajar con un niño que tenía alrededor de

ocho años, al que le estaba costando entender un problema de matemáticas. Me miró con tristeza y me dijo: "Soy
tonto, ¿verdad?". Le dije que no era nada tonto y que las
matemáticas tampoco habían sido mi asignatura favorita.
Estaba pasándolo mal, pero mi comentario lo hizo sonreír
y seguimos con el problema.

"Pasaron varias horas hasta que oí al señor Schindler
decir: "Bueno, es la hora de comer". Después dijo:
"Brandon, vamos a prepararnos para ir a comer". Cuando
llamó a Brandon, presté atención y, al girarme, vi que el
señor Schindler venía hacia mí empujando una silla de
ruedas. Se la acercó al niño con el que yo estaba trabajando. No tenía ni idea de que aquel niño fuera discapaci-
tado, nadie me lo había mencionado. Trasladamos a
Brandon del pupitre a la silla de ruedas. Yo trataba de
ocultarlo, pero sentía un gran peso en el corazón. El señor
Schindler levantó la vista hacia mí y me dijo: "Brandon,
¿por qué no vas a comer con este otro Brandon?". El señor
Schindler sacó dos cacahuetes y se los dio a Brandon. Era
el pequeño premio que les daba cuando trabajaban duro.
Aquel premio era muy especial para los niños, porque
simbolizaba la aprobación del señor Schindler.

"Cuando avanzábamos por el pasillo, Brandon me miró
por encima de su hombro y dijo: "¡Vaya! ¡Tenemos el
mismo nombre!". Mamá, parecía tremendamente orgulloso de llamarse igual que yo. Para cuando llegamos al
comedor, me había hecho miles de preguntas, pero una de
ellas se me quedó grabada: "¿Cómo te sientes al correr
para coger el balón?". El pequeño Brandon me contó que
nunca había podido caminar, de modo que lo único que
conocía era aquella silla de ruedas.

"Lo más impresionante pasó cuando llegamos a la
puerta del comedor y el pequeño Brandon me dijo:
"¡Espere, señor Flood!". Créeme, todavía no me había acostumbrado a que me llamasen así, de modo que le dije: "Ése

es el nombre de mi padre, no el mío". La silla de ruedas se paró y el pequeño Brandon se giró para poder mirarme a los ojos. Después levantó la manita y me dio sus dos cacahuetes, diciéndome: "Quiero que se los quede, por haberme ayudado tanto hoy". Me quedé inmóvil, con los ojos fijos en los dos cacahuetes, mientras sentía un nudo que me crecía en la garganta. Casi no podía mirar a Brandon en aquel momento.

"Frente a mí se encontraba un chiquillo que nunca había sentido el contacto de sus pies con el suelo, que nunca había podido usar las piernas, que nunca había experimentado en su joven vida muchas cosas que yo sí había tenido. Y, sin embargo, tenía el corazón tan lleno de bondad que me ofrecía su pequeño premio. Mamá, él no tenía ni idea de la impresión que me causó . . . ¡en mi primer día de clase! Lo único que conseguí decir fue: "Gracias, Brandon"."

Escuchando la historia que me contaba mi hijo, mientras gastaba una caja de pañuelos de papel, me di cuenta de que mi niño, mi propio Brandon, había crecido. Aquel día, sentí por primera vez que era un hombre, y el corazón se me llenó de amor y orgullo. No albergaba ninguna duda de que mi hijo sería un profesor cariñoso y extraordinario.

Myrna Flood

Palabras que unen

Sé que la fama y el poder no tienen ningún valor. Pero entonces, de pronto, la vida se aparece nítida ante mí. Y, ¡ah!, ahí están mis hijos. Los quiero.

Lee Iacocca

En el umbral del mi casa, miro atentamente el rostro de mi hijo de 23 años, Daniel, con la mochila a su lado. Estamos despidiéndonos. Dentro de pocas horas, estará volando hacia Europa. Se quedará en Francia durante al menos un año para aprender otra lengua y experimentar la vida en un país diferente. Yo quería lograr que recordase para siempre aquella separación, quería que se le quedase grabada en la memoria.

Era una época de transición en su vida, un avance, el paso de la universidad al mundo adulto. Quería separarme de él con palabras que tuviesen un significado, más allá de aquel momento. Quizá algún día también él se encontrase frente a un hijo en un momento clave de sus vidas y entonces se acordaría de cómo se había sentido cuando su padre le habló a él.

No salió nada de mis labios. Ningún sonido rompió la tranquilidad de mi hogar en Long Island, cerca del mar. Fuera, oía los estremecedores gritos de las gaviotas, que volaban en círculos sobre las siempre cambiantes olas. Dentro, me quedé parado y helado, escrutando los penetrantes ojos verdes de mi hijo.

Lo que hacía aquel instante más difícil era que yo sabía que no era la primera vez que dejaba pasar un momento. Cuando Daniel tenía 5 años, lo acompañé a la parada de autobús en su primer día de clase. Aquella fue su primera transición, el paso de su vida en casa al mundo del colegio. Yo noté la tensión de su mano, que se aferraba a la mía, cuando el autobús dobló la esquina. Vi sus mejillas enrojecerse al subir al autobús. En aquella ocasión, me había mirado, como lo hacía también es ésta.

"¿Cómo va a ir todo? ¿Soy capaz de hacerlo? ¿Me va a ir bien?" Y después subió al autobús y desapareció en su interior. El autobús se fue y yo no dije nada.

Una década más tarde, se reprodujo una escena similar. Junto con su madre, lo llevé en coche al College of William and Mary, en Virginia. Le ayudé a llevar el equipaje a su cuarto. Aquella noche, salió a tomar algo con sus nuevos compañeros y al día siguiente estaba enfermo.

Tenía mononucleosis, pero entonces no podíamos saberlo. Pensamos que estaba con resaca.

En su cuarto, Daniel estaba tendido en la cama. Cuando iba a irme para volver a casa, traté de pensar en algo que decir para darle algo de valor y confianza en la nueva fase de su vida en la que entraba.

De nuevo, las palabras me fallaron. Murmuré algo así como: "Espero que te mejores, Dan. Buena suerte". Y me fui.

Una vez más, de pie frente a mi hijo, ya convertido en un hombre, pensé en todas aquellas oportunidades perdidas. ¿Cuántas veces dejamos pasar momentos como ésos?

Nuestro padre muere y, en vez de hacer nosotros mismos un elogio, dejamos que hable el cura. Un niño pregunta si Papá Noel existe o de dónde vienen los bebés y, avergonzados, evitamos la pregunta. Cuando nuestra hija se gradúa o nuestro hijo se casa, cumplimos con todo el ceremonial, pero no buscamos un momento para charlar a solas con ellos y decirles lo que han significado para nosotros. O lo que los espera en los años por venir.

¡Cómo había pasado el tiempo! Daniel nació en Nueva Orleans, tardó en aprender a andar y hablar y era de estatura baja. Era el más pequeño de su clase, pero desarrolló un carácter extrovertido. Con una cara amable y siempre sonriente, era popular entre sus compañeros.

El béisbol fue su primer desafío. Era muy buen lanzador en la liga infantil y confiaba en hacerlo aún mejor en el instituto. No fue así. El entrenador lo pasó por alto los primeros años, pero en el último entró a formar parte del equipo, que ganó todos los partidos. El entrenador lo eligió mejor jugador del equipo.

Su mejor momento llegó en un concurso científico. Presentó un modelo que mostraba el funcionamiento del sistema circulatorio. Lo había dibujado en cartulina. Era primitivo y tosco en comparación con los modelos que habían presentado otros alumnos, electrónicos y llenos de lucecitas. Mi mujer se sintió avergonzada de nuestro hijo.

Pero resultó que los otros niños no habían hecho sus propios trabajos, eran sus padres quienes habían fabricado los modelos. Los jueces descubrieron que esos niños no sabían contestar a sus preguntas. Daniel las contestó todas, de modo que los jueces le otorgaron la placa de Albert Einstein a él.

En la época en la que empezó la universidad, Daniel dio un estirón. Medía 1'83 y pesaba 77 kilos. Sin embargo, no volvió a jugar al béisbol. Se dio cuenta de que no podía compaginar los estudios con el deporte. Dejó el béisbol por la Literatura inglesa. Yo me sentía orgulloso de que hubiera tomado una decisión tan madura. Terminó la universidad con notable de nota media.

Un día le dije a Daniel que el gran fracaso de mi vida había sido no tomarme un año o dos después de la carrera para ir a Europa. Creía que ésa era la mejor manera de desarrollar una visión más amplia de la vida. En cuanto me casé y empecé a trabajar, descubrí que el sueño de vivir en otra cultura se había desvanecido.

Daniel pensó sobre aquello. Sus amigos le decían que sería una locura retrasar su carrera profesional. Pero él decidió que no era tan mala idea. Después de la graduación, trabajó de camarero, de mensajero en bici y de pintor de brocha gorda. Con el dinero que ganó, le bastaba para ir a París.

La noche antes de su partida la pasé dando vueltas en la cama. Trataba de pensar algo que decirle. No me venía nada a la mente. A lo mejor, pensé, no era necesario decir nada.

¿Qué importancia tiene en el transcurso de toda una vida que un padre le diga a su hijo lo que verdaderamente piensa de él? Pero, de pie frente a Daniel, me di cuenta de que sí importa. Mi padre y yo nos queríamos, pero siempre lamenté que él no lo expresara con palabras y no tener el recuerdo de ese momento. En aquella ocasión, tenía las palmas de las manos húmedas y un nudo en la garganta. ¿Por qué cuesta tanto decirle a un hijo algo que viene del corazón? Se me secó la boca y me di cuenta de que sólo podría articular con claridad una pocas palabras.

"Daniel _dije_, si hubiera podido elegir, te habría elegido a ti."

Fue todo lo que pude decir. No estaba seguro de que él entendiera lo que quería decir. Después se acercó a mí y me abrazó. Por un momento, el mundo se desvaneció, y sólo quedamos Daniel y yo, en nuestro hogar.

Él decía algo, pero yo tenía los ojos llenos de lágrimas y no podía oírlo. Lo único que percibía era el contacto de su mejilla con la mía. Después, aquel momento terminó.

Daniel se fue a Europa. Pienso en él cuando camino por la playa. A miles de kilómetros de distancia, en algún lugar más allá de las olas del mar que baten contra la costa solitaria, puede que esté cruzando el bulevar Saint Germain, o dando una vuelta por alguna de las galerías del Louvre, o tomándose un café en alguna de las cafeterías de la margen izquierda.

Lo que le había dicho a Daniel era torpe y trivial. No era nada. Y, sin embargo, lo era todo.

David Zinman

Un mapa de la vida
en la puerta de la nevera

Un niño llega a tu casa y, durante los veinte años siguientes, hace tanto ruido que casi no puedes soportarlo. Después, el niño se va, dejando la casa tan silenciosa que crees que vas a volverte loco.

John Andrew Holmes

En la puerta de mi nevera hay una foto de Polaroid de mi hijo mayor.

Lleva un traje y una máscara de cirujano, tiene los ojos fijos en las manos de un médico que hace su labor curativa.

Ver una intervención quirúrgica es como ir a Marte, me cuenta mi hijo. Es como un milagro. Es por ese motivo por lo que quiere ser médico. La semana que viene se gradúa, y entonces comenzará su viaje de la escuela de Medicina a Marte.

Pero la foto de mi nevera me recuerda el viaje que ha hecho antes de ahora. Porque es en esta puerta donde ha quedado registrada su vida. Es aquí donde sus grandes momentos, y también los pequeños, se han desplegado como en un caleidoscopio de imágenes cambiantes: boletines de notas del colegio, citas con el dentista, cartas, fotos de las vacaciones, fotos del baile de fin de curso.

E incluso ahora, cuando él sigue su camino lejos de mí, es en la puerta de la nevera donde se fijan mis ojos.

Octubre de 1974: Los niños del jardín de infancia han hecho un trabajo que consiste en que cada niño se moja los pies en pintura y después camina sobre el papel. Por alguna razón, hay cinco pequeñas huellas azules de los pies de mi hijo desplegadas en la nevera. El profesor escribió en una esquina "Los pies de Sean".

Noviembre de 1975: Una nota del profesor de primer curso: "No siempre termina las tareas porque habla constantemente. Tiene que trabajar la pronunciación y la ortografía".

Abril de 1976: El crío, de siete años, deja una nota después de que un pequeño matón se haya metido con él: "Mamá, Mikel perdió mi pelota de véisvol aposta y me tiró a un charco de *varro y estoi yorando*. P.D. Mi ropa *suzia* está en la zesta".

Sigue teniendo que trabajar la ortografía.

Mayo de 1977: El niño, que ya tiene ocho años, ha escrito un informe de béisbol para su hermano de tres años y lo ha pegado en la puerta de la nevera. "El primer informe de béisbol de Brendan" se lee en la portada, hecha por él. Dentro, dice: "Batea muy bien para su edad. Es listo. También es buen lanzador para su edad".

Julio de 1978: El chiquillo se ha portado mal. Dibuja un corazón rojo y lo deja en la puerta. En su interior, se lee: "Para mamá. Lo siento".

Marzo de 1981: El niño, que ahora tiene 12 años, ha escrito e ilustrado un cuento, que cuelga en la puerta. *La maldición de Herowista*, se llama. Trata de un hombre del lodo que se come a los protagonistas, Peter y Suzanne. Los dibujos son repugnantes.

Noviembre de 1982: Un montaje fotográfico con el título "¿Quién soy?" está en la puerta. Mi hijo, que ya tiene 13 años y está en octavo, ha usado fotos de revistas para hacer el montaje: un esquiador, un jugador de fútbol americano, un perro, un libro, una mujer hermosa y un eslogan que dice "No tengo herpes".

Marzo de 1983: Una carta del chico, que se ha ido a esquiar a Colorado, está pegada en la puerta. "Querida mamá _empieza_, ahora estoy en el avión, en Atlanta. Espera. Estamos despegando. Ya estoy en el aire. El despegue estuvo bien, sólo que me mareé. Afortunadamente, cogí la bolsa a tiempo."

Marzo de 1985: En la puerta está un informe disciplinar del instituto. La infracción era "besar a Beth De Puy a la entrada del instituto" y el castigo, "dos faltas administrativas".

Octubre de 1986: Un recorte de las páginas de deportes del periódico está en la puerta. Un párrafo de la crónica de un partido del instituto está subrayada en amarillo: "En el primer *down*, Mike Zigross lanza el balón en arco. Sean Mullally lo coge. En su carrera por la banda derecha para intentar hacer un *touchdown*, Mullally supera tres placajes y se lleva con él a tres jugadores del equipo contrario".

Junio de 1988: Hay en la puerta de la nevera una lista con las que cosas que tiene que llevarse a la universidad. Las cuatro primeras cosas de la lista son: hierro, vendas elásticas, el libro de James Thurber, una almohada.

La última cosa son imanes de nevera. Parece que también él quiere poner cosas en su nevera cuando llegue a su destino.

Puede que ya sea demasiado mayor para la puerta de la nevera. Puede que la foto Polaroid sea la última huella de su crecimiento que aparezca en esta puerta.

No lo sé.

Lo que sé es esto: Siempre quedará algo en esta puerta del niño pequeño que se echó a *yorar* en un charco de *varro*. Siempre. No importa lo lejos que lo lleve su viaje a Marte.

Beth Mullally

10

A TRAVÉS DE LAS GENERACIONES

Caminando, escucho una voz más profunda.
De pronto todos mis ancestros están detrás
de mí. Quédate quieta, me dicen. Mira
y escucha. Tú eres el resultado del amor
de miles.

Linda Hogan
Escritora nativa americana

Cuentos para dormir a través de los kilómetros

Estaba en el aeropuerto, de pie, con los ojos tan llenos de lágrimas que apenas podía verle la cara a mi nieto de seis meses cuando me incliné para besarlo por última vez. Mi hijo, profesional de las fuerzas aéreas, había sido destinado a Turquía y se llevaba a su mujer y a su hijo con él. "Cuando volváis a los Estados Unidos, ya no me conocerá", dije con amargura.

"Pero, mamá _intentó consolarme mi hijo_, no tardarás nada en volver a ganarte su confianza."

"¿Cómo? _me lamenté_. Ni siquiera me entenderá cuando hable." Me refería a mi fuerte acento sureño, que resultaría casi como una lengua extranjera para el pequeño Damon cuando volviesen, tres años después.

Según pasaban las semanas, mi autocompasión se convirtió en una firme determinación. Estaba decidida a encontrar una manera de crear un vínculo entre mi nietecito y yo, aunque miles de kilómetros nos separasen. Compré un cuento para niños, una cinta virgen y una cámara de usar y tirar. Metí la cinta en una grabadora y leí el cuento en voz alta, usando el mismo tono de voz y los mismos acentos que si se lo estuviese leyendo a un niño.

Cuando terminé el cuento, le dirigí unas cuantas palabras a Damon y acabé diciendo: "No olvides nunca que la abuela te quiere mucho". Le pedí a unos amigos que sacaran fotos de mis actividades cotidianas, haciendo cosas de las que suelen hacer las abuelas, como preparar una tarta o cuidar mis macizos de flores. Fue a un amigo a quien se le ocurrió la idea de sacarme una foto leyendo el libro frente a la grabadora. Después de revelar las fotos, seleccioné las mejores y se las envié a mi hijo y a su mujer, junto con el libro de cuentos y la cinta. Les pedí que le pusieran la cinta a Damon mientras iban pasándole las paginas. También les pedí que le enseñaran las fotos de la abuela cada vez que le leyeran ese cuento en concreto.

Un par de meses más tarde, compré otro cuento, otra cinta virgen y otra cámara de usar y tirar, para repetir el proceso. Cada pocos meses, Damon recibía un nuevo paquete de la abuela. Cuando empezó a gatear, mi hijo me contó que el niño, antes de dormirse, muchas veces pedía que le leyesen un cuento "de la abuela al otro lado del océano".

Era una forma barata de conseguir que Damon no perdiera la costumbre de oír mi deje sureño. Y creó un vínculo fuerte y maravilloso entre nosotros, a pesar de que estábamos separados por miles de kilómetros.

Casi tres años después, volvía a estar en el aeropuerto, llena de nervios, esperando a que mi hijo y su familia desembarcaran. ¿Reconocería Damon a su abuela en carne y hueso? Hasta ese momento, yo no había sido más que una voz graciosa en una cinta y un rostro en una foto. Aparecieron por la puerta, con Damon cogido de la mano de su madre. Fue el primero en verme. Separándose de mi nuera, corrió hacia mí, exclamando a voz en grito: "¡Es la abuela!". Me paré para cogerlo en mis brazos. Levantó la vista hacia mí, con la cara brillante. "¡Eres mi abuela!", exclamó. Se aferró a mi mano y me arrastró hacia sus padres. "¡Es la abuela! ¡La abuela! ¡La abuela!"

Esa palabra me llegó al corazón y me iluminó el alma. Nunca me cansaré de oírla.

Ruth Ayers

El paraguas de Miriam

El amor es el flujo inmortal de energía que alimenta, expande y preserva. Su eterna meta es la vida.

Smiley Blanton

Miriam miró afuera por el gran ventanal. Los arces estaban desnudos, el cielo era un gran techo gris. Había una fuerte brisa que no conseguía levantar las hojas húmedas. Su padre se arrodilló en el suelo, de espaldas a la casa. Su chaqueta azul oscuro contrastaba con el fondo grisáceo. El viento le alborotaba el pelo. Levanto algo por encima de su cabeza, después lo puso en el suelo y trabajó en el césped.

Una lluvia fina y delicada lentamente comenzó a mojar el suelo de la terraza, delante de la ventana de Miriam. Fue corriendo a coger su chubasquero y sus botas. Llevó su pequeño paraguas al porche, luchando con sus manitas para abrirlo sin ayuda, como una chica grande. Finalmente, se abrió sobre ella, protegiéndola.

"¿Qué haces, papá?" Sin alzar la vista, él contestó: "Trabajar". Su voz sonaba cansada. Debería haber sabido que una respuesta de una sola palabra inevitablemente provocaba la siguiente pregunta.

"¿Cavando un agujero?"

"En realidad, no. Es un jardín."

Miriam observó los macizos de flores que adornaban la fachada de la casa. Echó un vistazo a la parte trasera, donde en verano florecían las rosas de su madre y su padre plantaba tomates y judías.

"Tenemos muchos jardines", dijo.

"Éste es especial _dijo con calma su padre, todavía sin levantar la vista_. Es para la abuela."

Miriam tardó un momento en contestar. "Porque se ha muerto."

"Sí."

"¿Fue el cáncer de la abuela lo que la mató?", preguntó.

"Sí, cariño, fue eso."

Miriam miró la oscura tierra marrón. "¿Por qué necesita un jardín?" Su padre al fin dejó de cavar. "No es que necesite un jardín, Miriam _dijo, con una ligera sonrisa_. Pero, cuando lo veamos, nos hará pensar en la abuela." Hincó la pala en la tierra recién removida. "Y plantaremos un celindo en el jardín de la abuela, como si fuera un memorial." Se anticipó a la siguiente pregunta de la niña. "Un memorial es algo que nos hace acordarnos de alguien que ya no está con nosotros."

Siguió hablando, contándole a Miriam más cosas de la abuela. Que, cada verano, en su casa, solía exclamar: "¡Mmm, mira cómo huele el celindo!". Le dijo que a la abuela le encantaban las flores y la música, la lectura y los gatos; que siempre dedicaba tiempo a cada miembro de la familia, haciendo que se sintieran especiales. Le habló de su alegre sonrisa y de su maravillosa risa.

Al final, Miriam preguntó: "¿La echas de menos?".

Él se puso a cavar otra vez. "Más de lo que nunca pensé que sería capaz." Se calló un momento. "Incluso cuando yo ya había crecido, la abuela siempre conseguía que todo volviese a ir bien; me hacía sentir protegido."

Miriam no recordaba ninguna época en que la abuela no hubiese estado enferma. Cuando se tumbaba en el sofá para descansar, Miriam la arropaba con la mantita del salón. Se probaba algunos de los muchos sombreros de la abuela, que la obsequiaba con su hermosa risa. Se sentaba en el regazo de la abuela, escuchándola mientras le leía con su voz lenta y cálida. Y, cuando se despedían por la noche, la abuela siempre le decía: "Te quiero, Miriam". Miriam observó las gotas de lluvia, pequeñas y transparentes, que se habían depositado en el pelo de su padre.

"¿Quién va a protegerte ahora, papá?", preguntó.

Cuando su padre levantó la vista, Miriam pudo ver que, a pesar de la lluvia, no tenía la cara mojada, excepto dos surcos que le corrían por las mejillas. "Mamá, supongo. Y el abuelo." Cerró los ojos con fuerza, como si sellándolos pudiese contener las lágrimas. "Y tú", susurró.

La madre de Miriam miró por el gran ventanal. La llovizna había oscurecido el color del suelo de la terraza, que parecía de pizarra. Al otro lado del jardín vio dos figuras en la penumbra. Una de ellas estaba de rodillas, cavando un nuevo jardín. La otra estaba de pie a su lado, en silencio, protegiendo a su padre con su pequeño paraguas.

Bill Petch

El regalo de la abuela Meyer

Donde hay un gran amor, siempre hay milagros.

Willa Cather

El día que nació mi segundo hijo, Nicholas, me sentí la mujer más afortunada del mundo. "Es hermoso", le dije a mi marido, mientras le daba el pecho a mi recién nacido por primera vez. Un rato después, mis padres llegaron con nuestro hijo mayor, Nathaniel. Nathaniel tenía un aspecto encantador, sentado en una mecedora junto a mi cama y cogiendo en brazos a su hermanito.

Pero, algunos minutos después de que todos se fueran, el pediatra de Nicholas vino a mi habitación y se sentó pesadamente en la misma mecedora. "Tengo malas noticias, Paula _empezó_. Nicholas tiene síntomas del síndrome de Down. Estoy casi seguro de que lo tiene, pero he mandado hacerle un análisis de sangre para asegurarme."

En aquel momento tuve la sensación de haberme salido de mi cuerpo. Oía las palabras del médico, entendía todo lo que decía, pero era como si le estuviera dando aquella terrible noticia a otra madre. No podía ser que estuviese hablando conmigo.

Después de que se fuera el médico, finalmente digerí la noticia. Me deshice en lágrimas y estuve llorando durante lo que me parecieron horas. Más tarde, cuando la enfermera volvió a traer a Nicholas a mi habitación, Steve y yo reparamos en los pequeños signos que antes habíamos pasado por alto: la única línea en la palma de la mano izquierda, la ligera forma de almendra de sus preciosos ojos marrones.

"¿Qué clase de vida va a tener nuestro hijo?", nos preguntábamos Steve y yo el uno al otro. "¿Alguna vez crecerá y se abrirá camino en la vida, para hacer realidad sus sueños? ¿Acaso tendrá sueños?"

Llamé a mi madre para contarle la terrible noticia. "Las cosas no podrían ir peor", dije. Pero pronto descubrí que no era así.

"Nicholas está poniéndose azul _se apresuró a decirme una enfermera_. Su nivel de oxígeno en sangre no deja de bajar, pero no sabemos por qué."

Cuando me dejaron ver a Nicholas, estaba dormido dentro de una tienda de oxígeno. Yo no podía tocarlo ni darle el pecho. Me sentía totalmente desamparada. Antes me había sentido preocupada por cómo sería su vida, pero ya ni siquiera sabía si iba a sobrevivir.

Salí del hospital al día siguiente, con los ojos rojos de tanto llorar. Nicholas se quedaba, mientras los médicos hacían una prueba tras otra buscando frenéticamente la causa de sus bajos niveles de oxígeno.

"¿Nicholas podrá caminar?", me preguntó el padre de Steve, y tuve que admitir: "Sinceramente, no lo sé". Había muchas cosas del síndrome de Down que yo no sabía, pero estaba resuelta a aprender.

Steve y yo nos leímos todos los libros sobre el tema que conseguimos encontrar y nos pusimos en contacto con la asociación de síndrome de Down de Dallas para solicitar apoyo e información. Mientras tanto, durante los diez días siguientes, cada tres horas yo dejaba a Nathaniel con mis padres y me iba al hospital a darle a Nicholas mi leche materna. Insistía en hacerlo porque sabía que ayudaría a fortalecer su sistema inmunológico. Mi bebé ya tenía tantas cosas en contra que no quería que encima se pusiese enfermo por culpa de un virus.

Diez días después, trasladaron a Nicholas a otro hospital, donde por fin descubrieron lo que fallaba. "Su hijo tiene apnea del sueño", me explicó un médico. Cuando Nicholas dormía, su lengua y los músculos de la garganta se relajaban tanto que caían hacia atrás y bloqueaban el paso del aire. Lo bueno era que, con una bala de oxígeno y un oxímetro (una máquina para medir el nivel de oxígeno en sangre), podíamos llevarnos a Nicholas a casa aquella misma tarde.

Me sentí aliviada al saber que era muy probable que al crecer Nicholas superase esa enfermedad. Pero sabía que mi bebé nunca superaría su síndrome de Down, que el análisis de sangre había confirmado.

"¿Cómo va a ser su vida?", me preguntaba, preocupada, mientras bañaba a mi hijo y después volvía a conectarlo a la máquina, que disparaba una alarma cuando su nivel de oxígeno era demasiado bajo. "¿Podrá ir al colegio y aprender? ¿Hará amigos o los otros niños se meterán con él y lo insultarán?"

Nicholas era un bebé tan callado que yo tenía que adivinar cuándo tenía hambre o necesitaba que le cambiasen el pañal. Cuando lo cogía en brazos, se me encogía el corazón. "¡Te quiero tanto!", le decía, pero me preguntaba si, cuando creciera, mi hijo encontraría a alguien a quien querer y con quien compartir su vida. Trataba de ser fuerte, pero cada noche, al colocar a Nicholas en su cuna, a los pies de mi cama, se me llenaban los ojos de lágrimas.

Una noche, alrededor de la medianoche, me despertó un extraño ruido a los pies de la cama. Al abrir los ojos, me quedé atónita al ver a mi abuela Meyer, de pie junto a la cuna de Nicholas. Me estremecí al verla. La abuela Meyer sabía lo que tenía que decir en cada momento y siempre lo arreglaba todo.

Pero la abuela Meyer había muerto de cáncer hacía seis años.

"¡No puede ser!", exclamé, mientras mi abuela se inclinaba sobre la cuna de Nicholas y lo cogía en brazos. Mi bebé parecía tan lleno de paz en sus brazos, y la sonrisa de mi abuela llenaba la estancia de bondad.

Estaba a punto de despertar a Steve cuando la abuela Meyer me miró a los ojos y habló quedamente: "Todo va a salir bien". Después, en lo que tardé en parpadear, Nicholas volvía a estar en su cuna y mi abuela había desaparecido.

Cuando me levanté al día siguiente, lo primero que pensé fue que todo había sido un sueño. Pero, después, cogí a Nicholas y, por primera vez desde que había sabido que tenía síndrome de Down, no se me encogió el corazón. Todas mis lágrimas se habían desvanecido, de la misma manera que mi abuela lo había hecho la noche anterior.

Dándole un gran beso a Nicholas, le dije: "Todo va a salir bien, porque tú y yo tenemos un ángel de la guarda muy especial que nos protege".

Dos semanas después, las pruebas demostraron que la apnea de Nicholas había desaparecido. De algún modo, la abuela Meyer sabía que eso iba a ocurrir.

Ahora Nicholas tiene tres años y es un niño alegre y feliz, al que le encanta jugar con su hermano mayor, Nathaniel, y con su hermano recién nacido, Hayden. En la escuela, entiende las cosas igual que cualquier otro niño de tres años y tiene un vocabulario de más de 50 palabras.

Precisamente, hace poco Nicholas juntó tres de esas palabras para hacer su primera frase. "Te quiero mucho", me dijo. Fue el momento más feliz de mi vida.

Mi abuela me dio la fuerza y la confianza para creer que Nicholas no sólo tendría sueños, sino que de algún modo todos se harían realidad. Sé que mi hijo tiene un futuro. Tendrá un trabajo y una vida feliz y productiva. Se casará. Y, por encima de todo, Nicholas siempre tendrá su particular ángel de la guarda protegiéndolo desde el cielo.

Paula Mathers
Según el relato hecho a Bill Holton

De madre a hija a madre

En la juventud aprendemos, con la edad entendemos.

Marie von Ebner-Eschenbach

Derritiéndose en el calor húmedo del mes de agosto en Kansas, mi hija Sony suspiró, con la cara roja y una gran barriga. "Estoy lista para tener el bebé, mamá _dijo_. No sé por qué tarda tanto."

"Los bebés llegan cuando están preparados", repliqué.

"Ya lo sé, pero tienes que ir a ver a la abuela."

"Oye, tu abuela dijo que podía esperar."

Sony se palpó el vientre. "Bueno, espero que nuestro pequeño desconocido se ponga en movimiento."

Nuestro pequeño desconocido.

Esas palabras me llevaron de vuelta a julio de 1960. Yo estoy muy embarazada y me río. Con mi marido, John, estoy corriendo en busca de un sitio para refugiarme de uno de los típicos chaparrones de Carolina del Norte. Algunas horas después, a las dos de la madrugada, vamos camino del hospital.

"Ha sido la lluvia _dice mi marido con seguridad_. Al

final consiguió sacar a nuestro pequeño desconocido."

Él me habría cogido la mano. Yo me habría aferrado a la suya, por culpa de los dolores del parto. Sólo tengo 20 años. Me siento como una niña, en vez de como una futura madre, y tengo miedo. Desearía estar con mi madre, pero ella está muy lejos, en Europa.

Sacudiéndome ese recuerdo, le di un beso de despedida a Sony. "Me voy a casa _le dije a mi hija_. Llámame si pasa algo."

En cuanto llegué a casa, cogí el teléfono y llamé a mi madre, a California. Me pareció que tardaba una eternidad en coger el teléfono.

"¿Mamá? Soy Barb. Sony todavía no está de parto. ¿Crees que podrás aguantar otro día más?"

Me esforcé por oír la respuesta. Mi madre, que siempre había sido fuerte y competente, hablaba con una voz tan triste y llena de miedo que se me puso la carne de gallina. ¿Cómo podía ser que mi madre estuviera asustada? Nunca le había tenido miedo a nada. Pero las cosas habían cambiado. Papá ya no estaba, ella tenía 68 años y un cáncer crecía en su interior. Agarré el teléfono con más fuerza.

"Quédate con Sony _me dijo mamá_. Necesita a su madre." Entonces se le quebró la voz. "Pero ven tan pronto como puedas, Barbara."

Era una sencilla frase imperativa y, sin embargo, me llenó de miedo. Antes siempre había deseado que mamá me dijese lo que quisiese, para no tener que adivinarlo. Ya no era así, deseaba que no me lo hubiera dicho.

Me di cuenta de que me temblaban las manos. "¿Debería irme hoy? ¿Dejar a mi hija?" Sony no se quejaría. A ese respecto, era como su abuela. Además, su marido, Kevin, estaría a su lado. "Yo no tuve eso cuando nació ella", me dije, y ese pensamiento volvió a trasladarme en el tiempo.

Veo los limpiaparabrisas moviéndose de un lado a otro, mientras John y yo nos apresuramos por carreteras secundarias. Tengo miedo y hablo sin parar. "¿De verdad ha llegado el momento? ¿De verdad voy a tener un bebé?"

"Saliste de cuentas hace 10 días _dijo John_. Tiene que ser. ¿Estás bien?"

"Claro", contesto. Pero, en mi interior, una voz repite: "¡No! ¿Qué estoy haciendo aquí? No sé nada de bebés. Tengo miedo. ¿Qué va a ocurrir? ¿Dónde está mi mamá?".

Al entrar en el hospital de la estación naval, una enfermera nos dice secamente: "Espere aquí, teniente. Barbara, venga conmigo". John levanta el pulgar para darme ánimos mientras yo me meto en el ascensor. Las normas de la Marina no permiten que el marido esté presente durante el parto.

La enfermera me acompaña hasta un pequeño cuarto, en el quinto piso, con una cama y poco más.

"No sé muy bien qué esperar _balbuceo_. Acabamos de mudarnos aquí y, bueno, nadie me ha dicho qué hay que hacer cuando se tiene un bebé."

La enfermera sonríe. "La naturaleza seguirá su curso _contesta _. Ahora, quítese la ropa, póngase esta bata y dentro de unos minutos vendrá un enfermero para prepararla."

"¿*Un* enfermero?"

"Créame, querida, ya ha visto a muchas mujeres."

Me pongo la diminuta bata y me tumbo en la cama, sintiéndome vulnerable y desprotegida. Mi vientre se contrae y grito, deseando de pronto que alguien (cualquier persona) venga. Nadie me ha explicado el proceso del nacimiento. Supongo que pensaban que ya lo sabía, pero todo ha ocurrido muy deprisa: casarme, quedarme embarazada tres meses después, mudarnos a un nuevo destino poco antes de salir de cuentas . . .

"Me habría gustado que esperaras un poco para formar

una familia", me ha escrito mi madre desde Alemania, donde las Fuerzas Aéreas destinaron a mi padre, que es coronel, tres semanas después de mi boda.

"Si mamá estuviese aquí, me sentiría mucho mejor", pienso. Ella se habría hecho cargo de todo. Me la imagino dándole instrucciones al bebé: "Oye, date prisa, no tenemos toda la noche". Pero mamá no está conmigo. Ni tampoco John. Ni nadie.

Entonces recuerdo algo. Consigo bajarme de la cama y voy hasta el armario para recuperar mi cartera. Palpo en su interior y mis dedos se cierran alrededor de unas cuentas unidas por una cuerda. Un rosario. El que mi madre, católica, me había dado para que lo llevara el día de mi boda.

Aquellas cuentas blancas hacen que me sienta menos sola. Aferrándome al rosario, rezo una y otra vez mientras los dolores van haciéndose más intensos. Entonces vuelve el enfermero y, momentos después, estoy parpadeando bajo las brillantes luces de la sala de parto.

"Empuje", ordena la voz de un médico al que nunca he visto antes. "Empuje." Eso hago. Nunca había oído nada sobre respirar, jadear ni seguir el ritmo. Pero rezo siguiendo el ritmo de los dolores y los esfuerzos por empujar. Y, después, un último esfuerzo y un chillido. El médico coloca a mi hijita, todavía pegajosa y resbaladiza, sobre mi vientre. De inmediato, la adoro. Cuando me quedo dormida, el rosario se me desliza de la mano.

El fuerte trueno me devolvió a la realidad. Brilló un relámpago y las gotas de lluvia comenzaron a golpear la tierra.

"Tener un bebé será distinto para Sony _pensé de nuevo_. Ella y su marido estarán juntos." Pero, ¿acaso no había dicho que se alegraba de que yo fuera a estar allí?

Me eché a llorar, porque demasiado bien conocía la respuesta a mi pregunta. Y entonces pensé en mi madre.

Seguía necesitándola. Pero iba a dejarme. Estaba destinada a un lugar desconocido y yo no quería que se fuera. No quería que muriese.

Al día siguiente, la llamé. "Sigue sin haber bebé", anuncié.

Su voz sonó débil, pero resuelta. "Dile a Sony que espabile _dijo_. Díselo de mi parte. Y dile también que quiero que sea niña."

"Kevin quiere un niño", dije.

"Los hombres siempre dicen eso, pero luego se les cae la baba con sus hijas. Además, es en Sony en quien estoy pensando. Quiero que Sony conozca la alegría _su voz se debilitó, pero después recuperó la fuerza_ la alegría que yo he conocido al tener una hija."

"Pero, ¡mamá! _exclamé, sinceramente conmovida_. Gracias. Nunca me lo habías dicho."

"Bueno, ven tan pronto como puedas."

Pero aún pasaron otros tres días hasta que Kevin me llamó a las cuatro de la madrugada. "Está de parto", me dijo. Me puse algo de ropa y salí corriendo por las calles silenciosas y oscuras hacia el hospital. Kevin pronto apareció, vestido con una bata verde y sonriendo de oreja a oreja. "Ven a conocer a tu nieto", me dijo, sosteniendo un bulto envuelto en tela blanca. La boca del bebé se abrió en un pequeño bostezo. "¡El hijo de mi hija!", pensé, sintiendo un repentino vértigo. Con cuidado, lo llevé a la habitación en la que estaba mi hija, tumbada en la cama, con el pelo húmedo de sudor y la cara todavía colorada.

"Gracias por quedarte, mamá _dijo, cogiéndome la mano_. No estoy segura de por qué ha sido importante, pero lo ha sido."

"Ya lo sé, cariño."

"¿Irás ahora a ver a la abuela?"

"Cogeré un vuelo esta misma tarde."

"Háblale del bebé, mamá."

"No te preocupes, cariño, se lo contaré."

Cuando la limusina del aeropuerto me dejó en casa de mi madre y ella abrió la puerta, me costó tragar. A la pálida luz de California, parecía muy vieja. Tenía la cara chupada y los ojos amarillentos. Tenía el vientre hinchado por el tumor. De pronto me di cuenta de lo valiente que había sido al susurrarme, día tras día: "Quédate con tu hija hasta que tenga su bebé".

Dejé en el suelo mi maleta. "Mamá, ¡pareces tan enferma! No tenía ni idea. Deja que te ayude."

No protestó cuando la conduje hasta su dormitorio, a pesar de ser una mujer independiente que siempre había odiado que le dijeran lo que tenía que hacer. Cuando la ayudé a tumbarse en la cama, se quejó.

"Mamá, ¿te duele?"

"Un poco _Apretó los labios_. Va y viene."

Su mano parecía seca al tacto, como papel que el viento se lleva y desintegra. Subí el edredón.

"Te he traído una cosa", dije. Sus ojos, que estaban entrecerrados, se abrieron un poco. Saqué de mi bolsillo el regalo que le tenía preparado. "Mamá, ¿te acuerdas de esto?"

Cuentas blancas. "¿Mi rosario? ¿El que te regalé? Pensaba que lo habías perdido."

"Estuve a punto. Un empleado de un hospital lo encontró."

Coloqué con dulzura el rosario entre sus dedos. Cerró los ojos, pero, cuando caminé de puntillas hasta la puerta y volví a mirarla, todavía lo sujetaba con fuerza.

Apoyé la cabeza en el frío cristal de la puerta del patio. Como si fuera un reflejo, vi a mi hija acunando a mi nieto recién nacido. Detrás de ella, me veía a mí misma, llevándola a ella de pequeña. En la sombra estaba mi madre cogiéndome a mí. Y después me pareció distinguir, como las cuentas de un rosario interminable, una infinita sucesión de madres con sus bebés. Y, por un momento, me aferré a esa imagen y sonreí.

Barbara Bartocci

¿Más sopa de pollo?

Muchos de los relatos y poemas que aparecen en este libro fueron enviados por lectores como ustedes que habían leído otros libros de *Sopa de pollo para el alma*. En un futuro pensamos publicar más libros de *Sopa de pollo para el alma*. Lo invitamos a que escriba para uno de estos próximos volúmenes.

Los relatos pueden tener hasta 1.200 palabras y deben ser algo que edifique e inspire. Puede ser original o algo recortado del diario local, de una revista, del boletín de su iglesia o una circular de su empresa. También puede ser una de sus citas predilectas que lea con frecuencia o una experiencia personal que lo haya conmovido profundamente.

Además de otras tazas de *Sopa de pollo para el alma*, algunos de los libros que pensamos publicar son: otra taza de *Sopa de pollo para el alma de la mujer, Sopa de pollo para el alma cristiana, Sopa de pollo para el alma del adolescente*, como también *Sopa de pollo . . . para el alma del maestro, para el alma del que ama a los animales, para el alma del niño, para el alma del campesino, para el alma del optimista, para el alma del afligido, para el alma del perseverante, para el alma de los divorciados y para el alma de las parejas*.

Basta con que nos envíe una copia de su relato u otro material en inglés, y nos indique para cuál de las publicaciones está destinado, a la siguiente dirección:

Chicken Soup for the Soul
P.O. Box 30880 • Santa Barbara, CA 93130
Tel: 805-563-2935
Fax: 805-563-2945
Página web: *http://www.chickensoup.com*

También nos puede encontrar bajo "chickensoup" en America Online.

Tanto usted como el autor del escrito recibirán los créditos correspondientes.

Si desea obtener información sobre futuras presentaciones, libros, casetes, videocasetes, seminarios y programas educativos, contáctese directamente con cualquiera de los autores que aparecen en esta obra.

¿Quién es Jack Canfield?

Jack Canfield es uno de los más destacados expertos de los Estados Unidos en el desarrollo del potencial humano y la eficiencia personal. No sólo es un orador dinámico y entretenido, sino también un educador como pocos, con una enorme capacidad para informar e inspirar al público y elevar en ellos su estima personal y la motivación que necesitan para realizarse plenamente en la vida.

Es autor y narrador de varios programas en casetes y vídeos de gran venta, entre los que se incluyen *Self-Esteem and Peak Performance* (La estima personal y la realización plena del individuo), *How to Build High Self-Esteem* (Cómo fortalecer la estima personal), *Self-Esteem in the Classroom* (La estima personal en y aula) y *Chicken Soup for the Soul—Live* (Sopa de pollo para el alma—en vivo). Es un asiduo invitado a programas de televisión como "Good Morning America", "20/20" y "NBC Nightly News". Ha sido coautor de varios libros, incluyendo los de la serie de *Chicken Soup for the Soul* (Sopa de pollo para el alma), *Dare to Win* (Anímate a ganar) y *The Aladdin Factor* (El factor Aladino), todos ellos en colaboración con Mark Victor Hansen; *100 Ways to Build Self-Concept in the Classroom* (Cien maneras de mejorar el concepto de uno mismo en el aula), con la participación de Harold C. Wells, y finalmente *Heart at Work* (Trabajando con el corazón), en colaboración con Jacquelin Miller.

Jack Canfield suele hablar en asociaciones profesionales, distritos escolares, entidades gubernamentales, iglesias, hospitales, organizaciones de ventas y corporaciones. Entre sus clientes figuran American Dental Association, American Management Association, AT&T, Campbell Soup, Clairol, Domino's Pizza, GE, ITT, Hartford Insurance, Johnson & Johnson, NCR, New England

Telephone, Re/Max, Scott Paper, TRW y Virgen Records. Jack también se desempeña como docente en Income Builders International, una academia de estudios empresariales avanzados.

Jack dirige un Encuentro Anual de Capacitación para Coordinadores de ocho días de duración, en el que trata los temas de la estima personal y la realización de las metas de cada uno. Este program está destinadeo a docentes, consejeros, expertos en relaciones humanas y empresariales, conferencistas profesionales, sacerdotes y a todos aquellos interesados en desorrollar su capacidad para hablar en público y dirigir seminarios.

Si desea obtener información sobre los libros, grabaciones y cursos de Jack Canfield o para organizar alguna presentación, por favor comuníquese con:

The Canfield Training Group
P.O. Box 30880 • Santa Barbara, CA 93130
Tel: 805-563-2935 • Fax: 805-563-2945
Visite nuestra página en el Internet o
envíenos sus mensajes vía electrónica a:
http://*www.chickensoup.com*

¿Quién es Mark Victor Hansen?

Mark Victor Hansen es un orador profesional que durante los últimos veinte años ha hecho más de cuatro mil presentaciones a más de dos millones de personas en treinta y dos países. Sus conferencias versan sobre estrategias y excelencia en ventas, capacitación y desarrollo personal y cómo triplicar ingresos y duplicar el tiempo libre.

Mark ha dedicado su vida a generar cambios profundos y positivos en la vida de la gente. A lo largo de su carrera, ha motivado a cientos de miles de personas a consolidar y a orientar mejor su futuro, logrando alcanzar a su vez billones de dólares en utilidades por ventas de bienes y servicios.

Mark es un prolífico escritor, autor de *Future Diary*, (Diario del Futuro), *How to Achieve Total Prosperity* (Cómo lograr la prosperidad total) y *The Miracle of Tithing* (El milagro del diezmo), entre otros libros. También ha escrito *Chicken Soup for the Soul* (Sopa de pollo para el alma), *Dare to Win* (Anímate a ganar) y *The Aladdin Factor* (El factor Aladino) *con Jack Canfield, y* The Master Motivator (El maestro de la motivación) con Joe Batten.

Ha producido una completa biblioteca de casetes y videocintas sobre capacitación personal que les permite a sus oyentes reconocer y utilizar sus habilidades innatas en los negocios y en la vida personal. Su mensaje lo ha convertido en un famoso personaje de la radio y la televisión, habiéndose presentado en programas de ABC, NBC, CBS, HBO, PBS y CNN. También ha aparecido en las portadas de numerosas revistas, entre ellas *Success, Entrepreneur* y *Changes*.

Es un gran hombre, con un gran corazón y un gran

espíritu—una fuente de inspiración para quienes tratan de superarse a día a día.

Si desea obtener más información acerca de Mark, escriba a:

Mark Victor Hansen
P.O. Box 7665
Newport Beach, CA 92658
Tel: 949-759-9304 • 800-433-2314
Fax: 949-722-6912
Dirija sus mensajes electrónicos a
http://*www.chickensoup.com*

¿Quién es Kimberly Kirberger?

Kimberly Kirberger es presidenta y fundadora de I.A.M for Teens, Inc. (Inspiración y motivación para adolescentes), una corpo-ración formada exclusivamente con la finalidad de trabajar para los adolescentes. La meta de Kimberly es conseguir que se mire a los adolescentes bajo una luz más positiva, y cree profundamente que ellos merecen un trato mejor y más positivo.

Ella dedica su tiempo a leer las miles de cartas y relatos que le envían los lectores adolescentes, y a viajar por todo el país para presentarse ante padres y estudiantes de secundarias y prepara-torias. Se ha presentado como experta en adolescentes en muchos programas de radio y televisión, entre los cuales están: Geraldo, MSNBC y The Terry Bradshaw Show.

Kimberly es coautora de los éxitos editoriales Sopa de pollo para el alma del adolescente, así como del diario de Sopa de pollo para el alma del adolescente. En ambos proyectos trabajó estrechamente con adolescentes y considera que su habilidad para escuchar sus necesidades y deseos ha contribuido al éxito de los libros Sopa de pollo para adolescentes.

Inició el proyecto Teen Letter (Proyecto Cartas de Adolescentes) con Jack Canfield, Mark Victor Hansen y Health Communications, Inc. El proyecto es responsable de responder las cartas de los adolescentes y de localizar a aquellos con problemas para alentarlos a buscar ayuda profesional. El proyecto Teen Letter se dedica actualmente a preparar una página Web que permitirá que los adolescentes den y soliciten ayuda entre ellos mismos.

Asimismo, Kimberly es coautora de los libros de próxima publicación: Sopa de pollo para el alma de los universitarios, Sopa de pollo para el alma del adolescente III, y de un libro sobre las relaciones de adolescentes.

Para contactar a Kimberly para conferencias o para mayor información sobre cualesquiera de sus proyectos, por favor comunícate a:

I.A.M. for Teens, Inc.
P.O. Box 936 • Pacific Palisades, CA 90272
teléfono: 310-573-3655 • fax: 310-573-3657
correo electrónico para relatos: stories@teenagechick-ensoup.com
correo electrónico para cartas: letters@teenagechicken-soup.com
página Web: www.teenagechickensoup.com

¿Quién es Raymond Aaron?

Raymond Aaron es orador profesional y asesor de negocios. Durante una carrera de más de dos décadas, ha instruído a miles de estadounidenses y canadienses pare que alcanzaran brillantes logros empresariales y exitosas inversiones utilizando principios de resultados comprobados.

Raymond le ofrece su sabiduría para que usted aprenda a duplicar sus ingresos haciendo lo que más guste, y lo trace a través de un servicio de asesoramiento mundial conocido como El Consejero Mensual. Miles de clientes han incrementado sus ingresos netos dramáticamente. De hecho, cientos de ellos, al seguir sus consejos han llegado a convertirse en millonarios en períodos sorprendentemente cortos.

Ha participado en importantes programas de radio y television, incluyendo el show de Phil Donahue, y ha llevado a cabo más de cuatro mil seminarios, inspirando y educando a sus audiencias con sus patentadas técnicas de asesoramiento para obtener exorbitante éxito "automágicamente".

Los discursos de Raymond son potentes, agradables, educativos, diferentes, sagaces, y muy entretenidos. Su dominio y su divertido estilo ofrecen reflexiones prácticas y singulares herramientas de negocios que no hallará en ningún otro lado.

Su programa en cinta de audio más popular se titula: "Duplique Sus Ingresos Haciendo Lo Que Más Le Gusta", un paquete de dos cintas que se valorize en $199. Uno de los singulares beneficios de esta grabación es que le enseñará a eliminar todos los desórdenes de su vida. Como bonificación especial, puede escucharla de modo gratuito en el sitio web *www.UnprecedentedProsperity.com,* o bien puede enviar un correo electrónico con su número de tarjeta de crédito y fecha de caducación, y Raymond le enviará la grabación por $10 de costos de envío. También puede visitar el sitio web pare informarse de otras of ofertas.

La frase predilecta de Raymond es: "métete en la boca más de lo que puedas masticar, y luego ,¡mastica como un demente!

Si desea que Raymond le asesore, o desea invitarlo a disertar, o quiere obtener sus cintas, por favor haga llegar su petición a The Raymond Aaron Group:

2-9225 Leslie Street,
Richmond Hill, ON, Canada L4B 3H6
Teléfono: 905-881-8995, ext. 1
Fax: 905-881-8996
Correo Electrónico: *success@aaron.com*
Sitio Web: *www.UnprecedentedProsperity.com*

Colaboradores

Alvin Abram es el autor de varias y premiadas publicaciones especializadas en la industria gráfica. Publicaciones internas de su diseño le han merecido premios internacionales. El es el autor del libro no-ficticio "La luz después de la oscuridad" (The Light After the Dark), publicado por *Key Porter Books,* y de más de veinte cuentos cortos publicados a lo largo de los últimos tres años.

Christy Chappelear Andrews comenzó a trabajar con la Fundación Internacional de los Deseos de los Niños (Children's Wish Foundation International) en 1991, y ahora se ha convertido en vice presidenta de operaciones y comunicaciones. El dedicarse a divulgar el conocimiento de dicha fundación la ha llevado a figurar en algunos programas televisivos de opinión, así como a ser publicada en varias revistas. Christy vive en su ciudad natal de Atlanta, Georgia, con su esposo Johnny, y su adorado perro, Bailey. Contacte el CWFI al 1-800-323-9474.

Marguerite Annen es esposa, madre, y graduada de la facultad de derecho. Actualmente forma parte de la junta directiva de la Asociación de Ayuda a los Niños de Ontario, así como de la del Concilio de Transición de la Facultad de Servicios Sociales de Ontario. La familia Annen lucha día a día para lidiar con la pérdida de Mary Jo, el corazón de la familia, y agradecen el inamovible apoyo que han prestado sus parientes y amigos.

Doreen S. Austman creció en un campo en Saskatchewan, Canadá. Durante su adolescencia comenzó a escribir cuentos cortos y poemas, principalmente para compartir en familia, pero pronto se vió ocupada en asuntos familiares y de negocios. En 1987 se unió al Grupo de Escritores Aliados (Writers Alliance Group) en Saskatchewan. Ahora escribe por placer y ha sido publicada en periódicos locales y revistas.

Ruth Ayers es una viuda de setenta y siete años quien dedidca gran parte de su tiempo libre languideciendo entre agradables memorias y reviviendo historias emotivas. "Historias para la hora de dormir a través de las millas" (Bedtime stories Across the Miles) es uno de los espléndidos arcos iris que carga en su corazón.

Katherine A. Barhydt mora en Bullhead, Arizona, y es madre de tres hijos ya adultos: Susan, Gary Jr., y Sandra. Durante la mayor parte de su vida fué secretaria legal, y actualmente es secretaria de tribunal. Este es su primer aporte al mundo literario. Su historia surgió de su hija menor, Sandra; sin embargo está dedicada a todos sus hijos.

Donna Barstow se siente privilegiada de ser caricaturista. Sus especiales dibujos aparecen en más de ciento cuarenta y cinco periódicos, libros y revistas, incluyendo el *Los Angeles Times, The New Yorker,* y libros de Sopa de Pollo Para el Alma. Puede escribirle a *dbarstow@hotmail.com* o si desea ver más de sus caricaturas puede hacerlo en *www.reuben.org/dbarstow.*

Barbara Bartocci es una premiada escritora y oradora. Sus últimos libros son "Despertares de Mediana Edad: Descubriendo los regalos que nos ha dado la vida" (Ave Maria Press, Notre Dame), e "Hijo de nadie: Inspiración y Consuelo Cuando Tus Padres Mueren" (Sorin Press). Es disertante principal en importantes conferencias de mujeres y en grupos eclesiásticos en toda Norte América. Puede ser contactada por correo electrónico a *BBartocci@aol.com*.

Martha Beck es editora contribuyente de Redbook, Mademoiselle, y Real Simple Magazines. También es socióloga con profesorado de la universidad de Harvard. Martha ha escrito varios libros incluyendo "Esperándolo a Adán" un un reporte descriptivo del nacimiento de Adán, quien tiene síndrome de Down. Aparece semanalmente como "experta en relaciones" en el programa televisivo Buen Día Arizona. Martha vive en Phenix con su esposo y tres hijos.

Bobbi Bisserier vive con su esposo en el área de la bahía de San Francisco. Actualmente Bobbi conduce su propio negocio publicitando productos especializados. Su familia es muy unida y la dificultosa vida de Lara las ha unido aún más. Esta última no deja de alegrar la vida de quienes la rodean. Puede localizarse a Bobbi por correo electrónico enviándolo a *bjb@pacbell.net*. "Bits & Pieces", la revista que inspira al mundo, ha motivado y entretenido a millones a lo largo de casi treinta años. Si desea una edición gratuita llame al 1-800-526-2554. Disponible en inglés, español y japonés.

Mary-Ann Joustra Borstad, hija de inmigrantes noruegos, creció en New Jersey con la empresa de construcción de sus padres. Mary-Ann, residente de Florida, comenzó hace viente años un servicio de diseño de residencias como trabajo de tiempo parcial para aportar al ingreso familiar. Es la madre de tres hijas y hoy trabaja tiempo completo en su negocio, que se ha convertido en la única fuente de ingresos y de orgullo para su familia. Puede contactarla escribiendo al *k4m@bellsouth.net*.

Laurin Broadbent es investigadora del servicio de protección al niño en la Familia del Condado de Clark y en Servicios para Jóvenes, y es además la madre de dos hijas: Courtney y Carli. Vive con su esposo en Henderson, Nevada. Aspira a que alún día sus novelas de ficción sean publicadas.

Lori Broadfoot es artista y escritora. Mora en Winnipeg, Manitoba, Canada, con su esposo y dos hijos. Puede escribirle a *lori@pathwayspublishing.com*.

Leo Buscaglia (1924-1998) fué un altamente estimado autor y conferenciante sobre la dinámica de las relaciones humanas, particularmente en el tema del amor. Sus libros tuvieron gran éxito de ventas desde Japón hasta Turquía, y habiendo llegado a tener, en la década de los 80, cinco en la lista de los más vendidos de E.E.U.U. al mismo tiempo. Su sitio en la red es *www.buscaglia.com*

Dave Carpenter es caricaturista de tiempo completo desde 1981. Sus caricaturas han sido publicadas en *Harvard Business Review, Barrons, Wall Street Journal, Forbes, Better Homes & Gardens, Saturday Evening Post, Good Housekeeping y Woman's*

World. Puede escribirle a Dave al apartado de correo 520, Emmetsburg, IA 50536.

Judy E. Carter es profesora de inglés y francés en un colegio de educación secundaria desde hace trece años. Posee un título honorario en Inglés, y actualmente enseña en el área de London, Ontario. Está casada, tiene cuatro hijastros adolescentes, y disfruta escribiendo. Agradece a su esposo por su apoyo y a su familia e hijastros por inspirar sus historias. Esta es su primera obra publicada. Contáctela escribiéndole al *teddyp@ican.net.*

A.W. Cobb, electricista de cincuenta y cuatro años, nació y creció en los campos de Virginia pero ahora vive en Stoneville, Carolina del Norte. Su manejo de la gramática es atroz y por tanto escribe principalmente para desahogar la tensión y para distraerse. °Lo considera mejor que el Prozac!

Elizabeth Cobb reside en Carolina del Norte. Separada después de casi treinta años de matrimonio. Escribe porque le tranquiliza el alma y le calma el espíritu. Trabaja para Proctor and Gamble para prevenir que apaguen el gas y la electricidad. Está entre las hordas en transición y aspira a lograr tan solo un breve encuentro con la felicidad.

La revista Compleat Mother Magazine se conoce cariñosamente por las quince mil suscriptoras en catorce paises diferentes como *"la madre".* Es la voz radical del embarazo, el parto, y el amamantado. Fundada en Canadá en 1985, *"la madre"* publicaba historias sobre partos en casa, y sobre dar de mamar a los infantes mucho ántes de que éstos fueran tolerados como temas de discusión por el resto de los medios. Para recibir más información visite el sitio *www.compleatmother.com.*

David Cooney ha creado caricaturas e ilustraciones que han sido publicadas en variadas revistas, incluyendo *USA Weekend, American Legion, Mutual Funds, y The Chronicle of Higher Education.* Sus caricaturas figuran en abundantes periódicos y se titulan Punto de *Vista Torcido.* David vive con su esposa Marcia y sus dos hijos en el pequeño pueblo de Mifflinburg en Pennsylvania. Su sitio en la red es *www.davidcooney.com* y puede ser contactado escribiendo a *david@davidcooney.com.*

Cheryl Costello-Forshey es una poetisa cuyas obras han aparecido en cuatro ediciones previas de *Sopa de Pollo Para el Alma,* así como en *Historias para el corazón de los jóvenes y en Historias Para un Corazón Leal.* Cheryl también escribe obras por comisión para individuos, y está actualmente buscando un editorial para publicar su primer libro de poemas: Impresiones del Corazón. Se la puede encontrar ya sea por teléfono o por fax al 740-757-9217.

Elaine Decker vive en Vancouver con su gato Franklin. Siempre fué maestra y actualmente trabaja en educacion continuada en una universidad. A pesar de que sus hijos ya son adultos, no cesan de enseñarle cosas nuevas todos los días al hacer preguntas difíciles.

James Dobson (profesorado) es fundador y presidente de Enfocando en la

Familia. También es el exitoso autor de *El Nuevo Atrevimiento a Disciplinar, El Niño Con Mucha Fuerza de Voluntad, Ser Padres no es Para Cobardes, Amor Para Toda La Vida, y La Vida al Borde del Abismo.* El Dr. Dobson y su esposa tienen dos hijos ya adultos.

Kittie Ellis es la orgullosa madre de tiempo completo de cuatro hijos. Es voluntaria en un colegio donde promueve el alfabetismo entre los niños y es recaudadora de fondos. Le encanta estar con su familia y amigos y disfruta del ser socia participante de diversos grupos de mujeres escritoras.

Janie Emaus escribe cuentos cortos y poemas desde pequeña. Sus obras han sido publicadas en revistas y periódicos de todo el país. Vive en el sur de California con su querido esposo, Rick, su creativa hija, Anna, y su leal perro, Angel Boo Boo. La dirección de correo electrónico de Janie es *zarnt@aol.com*

Elizabeth Enns es una enfermera jubilada que vive en Manitoba, Canada. Junto con su esposo ha viajado a numerosas parroquias y misiones en todo el mundo. Se siente orgullosa de tener seis hijos, todos ellos con carreras en profesiones de asistencia. Le agrada vivir al lado de un grupo de sus hijos y nietos. Está muy agradecida a *Sopa de Pollo Para el Alma* por su elevante literatura, algo tan esencial para el mundo.

Susan Farr-Fahncke es una escritora independiente, esposa, y madre de cuatro hijos, que vive en Kaysville, Utah. Dirige un sitio en la red de historias inspiradoras que produce a diario y que son gratuitas en *www.2THEHEART.com*. Ha escrito historias para otras ediciones de Sopa de Pollo, para la serie de Historias Para el Corazón, Susurros desde el cielo, y algunas revistas incluyendo Wisdom. Los datos para contactarla son *Susan@theheart.com* o 1325 North Highway 89, Suite 315, Farmington, Utah 84025.

Myrna Flood es una ejecutiva de Alaska desde hace veinticinco años. Escritora emergente que ahora reside en Bend, Oregon. Su historia está dedicada a su único hijo Brandon. Su dirección de correo electrónico es *MyrnF@aol.com*.

Peter Fonda es un consumado director y actor. Desde sus primeras películas que incluyen "Tammy, el Doctor y Mary la Sucia" y "Larry el loco" hasta "Nadja" de 1995, Fonda ha interpretado papeles estelares y dirigido una amplia gama de películas que han sido de interés para públicos muy diversos. Continúa su labor en cinematografía independiente como actor y como director, y recientemente escribió la monografía No le Cuentes a Papá (Hyperion, 1998).

Hunter S. Fulghum es un escritor disfrazado de ingeniero en telecomunicaciones. Está casado y es el padre de dos muy buenos hijos. En su tiempo de ocio se dedica al alpinismo y a bucear. Hunter es el autor de "De Tal Palo Tal Astilla", "Trucos Sucios Para la Oficina", y "No Es Que Estás Mejorando, Es Que Estás Envejeciendo", así como de abundantes artículos. Se lo puede encontrar en *moab_98011@yahoo.com*.

Zan Gaudioso es una escritora independiente cuyos cuentos han figurado en periódicos de todo el país. Posee un título en educación especial para los sordos y ahora se empeña en enseñar el alfabeto mudo, y en ser maestra de niños y adultos sordos. Está involucrada en un revolucionario programa que es el primero en emplear el alfabeto mudo para fomentar el desarrollo verbal en niños autistas. Presentemente vive con su prometido y su perro, Delilah, en Pacific Palisades, California. Puede ser contactada escribiéndole al *Zannie1@aol.com.*

Ellyn L. Geisel reside en Pueblo, Colorado. Después de educar a sus dos hijos para que sean buenos ciudadanos y excelentes esposos, se jubiló de su carrera de veinte años como madre y ama de casa, para dedicarse exclusivamente a escribir. Sus ocasionales columnas de estilo de vida han aparecido en varios periódicos de Colorado. Entre sus corrientes proyectos se cuentan libros para niños y jóvenes, y un libro de consejos para padres.

Eileen Goltz es una escritora independiente que vive en Ft. Wayne, Indiana con su esposo y sus dos hijos. Escribe para diversos periódicos y revistas, y su primer libro será publicado este verano.

Beverley Bolger Gordon es maestra de la escuela secundaria y cuenta sus bendiciones a diario (¡a veces hasta dos veces!). Entre éstas incluye a su esposo Paul, su hija Taylor Jae, y su extenso grupo de parientes y amigos que siempre la apoyan. Cuando fuera del aula, se dedica a las artes plásticas populares, a cantar, y a disfrutar del lago Temiskaming. Vive en Haileybury, Ontario, Canadá.

Rabona Gordon se ocupa en criar a tres de sus cinco hijos, quienes sirven como fuente de inspiración para gran parte de su poesía. Reside en Marietta, Georgia, con Montana, una emergente poetisa, los mellizos Sam y Eli, ambos excelentes artistas, su primogénito B.J. Turner, un consumado guitarrista, y su "perro nieto" Abbey. Se le puede escribir a Rabona a *Rabona.Gordon@Respironics.com.*

Sheila Hammock Gosney escribe poesía cristiana y es ama de casa de tiempo completo. Nació y creció en Hannibal, Missouri, y ahora es residente en Monroe City, Missouri. Escríbale a *gosney@nemonet.com* si desea conocer su sitio en la red y su poesía grauita. El poema publicado en este libro lo dedica a la conmemorarión de su amiga Marta English Davidson.

Kevin Hann es el premiado autor y fotógrafo que ha trabajado para el periódico Toronto Sun durante once años. Con su esposa tienen dos adorables hijas: Nicole, 6, y Alexandra, 5. En conmemoración de Rachel por favor considere donar sus órganos e informe a sus parientes de su decisión.

Chrisie A. Hansen es esposa y madre de tres hijos pequeños. Presintiendo que algunos padres se interesarían en las opiniones de alguien que no fuera un "experto", en octubre de 1997 formó su autosindicada columna: "Desde las Trincheras". Sus columnas semanales ofrecen al lector la posibilidad de reir y reflexionar sobre los modos de afrontar el desafío de ser padre. Su columna se publica en ocho periódicos en cinco estados diferentes. Puede escribirle a *christiehansen@usa.net.*

C.J. Herrmann mora en el bosque en las afueras de Los Angeles con su encantadora esposa desde hace diez años y su estupendo hijo de tres años. Le fascinan las historias sobre desempeño sobresaliente y sobre el infinito alcance del potencial humano, y ha publicado abundantes artículos sobre temas eclécticos. Actualmente está escribiendo su segunda novela. Puede contactarlo por teléfono al 310-455-1843 o en *Siege@ix.netcom.com.*

Mary Hiland es la directora de voluntarios de servicio de lectura en la Radio Central de Ohio. Una de sus historias acerca de ser un padre ciego fue publicada en la edición de diciembre de 1974 de Redbook. Además de correr es esquiadora a campo través, ciclista tándem de larga distancia, y disertante motivadora. Se le puede escribir a *maryhila@cgfn.org.*

Margaret Hill escribe artículos, cuentos cortos, y libros para jóvenes. Sus obras recientes son: "Lidiando Con Lo Que Espera La Familia" (Rosen, 1990), "øY entonces Que Hago Conmigo Mismo? (Teacher Ideas Press, Libraries Unlimited, Englewood, Colorado, 1993).

Bunny Hoest es una de las caricaturistas más leidas de nuestros tiempos; alcanza a casi 200 millones de diversos lectores por semana. Ha producido Los Lockhorns, Agatha Crumm, ¡Que Hombre! y La Historieta de Hunny Bunny, todos distribuidos internacionalmente por King Features, así como el Desfile de la Risa con Howard Huge. Conocida como la "señora de las caricaturas", su dinámico y versátil talento le ha merecido veinticinco antologías entre las más vendidas, y tiene interesantes proyectos en trámite.

Bill Holton es un escritor independiente que reside en Key West, Florida. Se lo puede contactar en *bholton@reporters.net.*

Dawn y **Tim Johnson** han estado casados durante doce años y viven en el suroeste rural de Alberta, Canadá. Tuvieron cinco hijos, cuatro aún en el plano terrenal y uno en el reino espiritual. Dawn es principalmente ama de casa y ocasionalmente se ofrece para el programa de desarrollo residencial de Hoffman Quadrinity.

Bil Keane dibuja la internacionalmente publicada caricatura "El Circo Familiar" que aparece en más de mil quinientos periódicos. Creado en 1960 y basado en la propia familia de Keane: su esposa Thel, y sus cinco hijos. Ahora sus nueve nietos proveen casi toda la inspiración.

Dan Keenan ha sido cronista deportivo en el ámbito periodístico desde 1981. Está casado y tiene dos hijos. Dan esta encantado de compartir la verídica versión de la historia de su vida, que fué interpretada por la película de Hollywood "1000 Hombres y un Bebé" en 1997. Está feliz de trabajar en conjunto con Janet Matthews en la producción de su libro de la versión completa de su increíble relato titulado "El Bebé de la Fuerza Naval". El padre de Dan, un importante personaje, fue cirujano principal del hospital Walla Walla Veteran's Administrative Hospital, y ahora está jubilado.

Cheryl Kierstead es cocinera/supervisora, ama de casa y madre soltera y adoptiva de Joey. Actualmente está componiendo un libro para Joey. Cheryl se ha dedicado al cuidado de los niños de su comunidad, y ahora ayuda a madres jóvenes con sus bebés a través de su agencia local de bienestar de los niños. Se le puede escribir a *cheryl_kierstead@yahoo.ca*

Douglas Kramp vive con su hija en Dallas, Texas. Es coautor de "Vivir Pensando en el Fin", y ofrece discursos en todo el mundo sobre este asunto y otros relacionados incluyendo el de ser padre "pensando en el fin" y el del descubrimiento de lo espiritual. Doug ha participado en muchos programas de radio y televisión, incluyendo Oprah y 20/20. Doug es director general de ZixMail.com y vice presidente ejecutivo de ZixIt Corp. (Nasdaq: ZIXI). Puede llamar a la oficina de Doug al 214-370-2017 o escribirle a *dkramp@zixit.com*.

Gary Lautens (1928-1992) fué el muy estimado humorista y columnista canadiense del periódico The Toronto Star. Durante su carrera de treinta años, sus columnas fueron divulgadas en todo Canadá, y brevemente en Estados Unidos. Sus cálidas historias fueron compiladas en distintos libros y tratan generalmente sobre la familia. Si desea más información puede dirigirse al sitio web de su hijo, Stephen Lauten, *www.lautens.com*.

Josie Lauritsen se graduó en retórica y composición de la universidad de Arizona. Es la segunda de cinco hermanos; nacida de un poeta (quien también ejerce psicología clínica) y una increíble mujer (quien también hace las veces de maestra de inglés). Su historia está dedicada a Benny por haber servido de inspiración, y a su padre por haberla atesorado.

David Like es residente de Orlando, Florida. La historia "Embajada de la Esperanza" la dedicó a su abuela Opal Stayley Mathews, a sus dos sobrinas Jennifer y Jacqueline,a su abuelo Elzie Roy Mathews,a su madre Patty, y a su amiga Chatta Denis Foster. A David se le puede escribir a *Beatleman-33@webtv.net*.

Chris Lloyd es consejera de Cruthcher's Serenity House y gerente de Double Rainbow, un hogar para mujeres que desean limpiar sus vidas y lograr la sobriedad. Ambos ubicados en el hermoso valle de Napa, California. Chris es además, consejera certificada en violencia doméstica y de mujeres maltratadas. También es la amorosa madre de cinco hijos. Para contactarla puede hacerlo a P.O. Box D, Deer Park, CA 94576. Le dedica esta historia a Bob Crutcher, quien es la inspiración de su vida.

Brian Locke vive en Ontario, Canadá con su esopsa y sus dos hijas adolescentes. Es especialista en comercialización al por menor con un respaldo de más de veintiseis años en los campos de mercadeo, dirección, operaciones y entrenamiento. Es además, disertante motivador. Se lo puede encontrar en *blocke@cgo.wave.ca*.

Wendy Ann Lowden y su esposo Steven han estado casados durante veintidos años y juntos tuvieron dos increíbles hijos ahora adolescentes: Kathleen y

Michael. Su familia es el objeto de su amor y su principal preocupación. El cuidado de los niños le parece ofrecer mas recompensas que esfuerzos, y por lo tanto después de probar suerte en otras carreras, ahora se ocupa como niñera de tiempo completo. Wendy y su familia viven en Oakville, Ontario, Canadá.

George Eyre Masters nació en Philadelphia, hizo el servicio militar en Vietnam con el cuerpo marino estadounidense, y se graduó de la universidad de Georgetown. A lo largo de los últimos veinticinco años sus trabajos han aparecido en diversas publicaciones, incluyendo la Reader's Digest. Vive en Maine, donde trabaja en la industria de bienes y raíces, pesca róbalos, y persiste escribiendo. Contáctelo en P.O. Box 1081, Kennebunkport, ME 04046, 207-967-1927, o *gmasters@ispchannel.com*.

Paula Mathers es esposa y madre de tiempo completo, y vendedora independiente de herramientas culinarias de tiempo parcial. Ella, su esposo Steve y sus tres hijos han vivido en Plano, Texas por nueve años.

Janet Matthews es una escritora independiente y editora. Después de veinte años en la industria de la fotografía de modas de Toronto, Janet fue invitada por su socio Raymond Aaron, a colaborar en la producción de Sopa de Pollo Para el Alma de los Padres y Sopa de Pollo Para el Alma Canadiense. Adicionalmente, Janet está trabajando con Daniel Keenan en la composición de la versión completa de "El Bebé de la Fuerza Naval" que aparece en este libro. Puede llamar a Janet en el Grupo Raymond Aaron al 905-881-8995 o bien escribirle a *janet@aaron.com*.

Nancy McBee es enfermera y madre soltera. Dedica su tiempo a su hija quinceañera, Courtney, y a su madre, quien sufre de la enfermedad de alzheimer. Nancy siempre fue propensa a escribir y lo atribuye a la fomentación implementada por su madre desde pequeña. Esta historia se dedica a todos los padres que conocen las alegrías y dificultades del "mejor trabajo del mundo"... ser padre. Para contactarla a Nancy puede hacerlo escribiendo a *beegirl@seark.net*.

Hanoch McCarty es orador profesional, entrenador y consejero especializado en motivación, productividad y aumento de autoestima. Hanoch está entre los oradores más solicitados de la nación por combinar humor e historias emotivas con facultades prácticas que pueden ponerse en funcionamiento inmediatamente. Entre sus libros y programas de vídeo se encuentra incluido "Estrés, energía , y autoestima". Puede contactarlo en P.O. Box 66, Galt, CA 95632 o al 209-745-2212.

Louisa Godissart McQuillen publica historias y poesía. Es parte del personal del departamento de quinesiologia de la universidad Penn State. Louisa vive en Philipsburg, Pennsylvania con un gato somalí naranja llamado "Milo", y con "Sharry", un siamés algo gruñón. Su dirección postal es 525 Decatur Street, Philipsburg, PA 16866-2609. También puede mandarle un correo elctrónico a *LZM4@psu.edu*.

Jan Meek ha logrado tantas hazañas en su vida de cincuenta y cuatro años, que su relato parece el desenlace de un libro. Desde trabajar en la industria cinematográfica con famosas estrellas; vivir y trabajar en Arabia Saudita; Ser alcalde electa de de su ciudad natal; aprender a hablar chino viajando de mochilera por China, hasta su récord de remo en el Atlántico publicado en el Libro Guiness de los Récords. Ahora es oradora, y autora del libro "101 noches Atlánticas", la versión completa de su odisea a través del Atlántico con su hijo Daniel. También tiene una hija, Becky, de 27 años. Jan vive en Chipping Norton, Inglaterra. Puede contactarla escribiendo a *JaniceMeed@aol.com*.

Anne Metikosh es contadora y escritora de tiempo parcial. Aunque cantante entusiasta, es algo desafinada, y por eso compensa su inexitoso canto con sus facultades culinarias. Las galletas con pepas de chocolate son su especialidad. Vive en Calgary, Alberta, con su esposo, su hija, dos perros y un caballo.

Darlene Montgomery ha ganado fama como oradora y escritora sobre sueños y espiritualidad. Su empresa Lifedreams Unlimited ha patrocinado cientos de seminarios inspirativos diseñados para ayudar a que otros descubran su verdadero propósito. Darlene es autora de "Sueñe Hasta Despertarse", un viaje autobiográfico a través de los sueños y los sueños que despiertan. Se la puede localizar llamando al 416-696-1684 o por correo electrónico a *lifedreams@idirect.com*.

Beth Mullally es columnista y periodista del periódico The Times Herald en Middletown, New York. También contribuye periódicamente con Reader's Digest y es autora del libro "Lo Mejor de Beth", la colección de sus columnas. Con su marido, Bob Quinn, tienen dos hijos, dos perros, dos automóviles, dos televisores, y dos hipotecas. Se la puede llamar por teléfono al 914-346-3181 o por correo electrónico a *bquinn@th-record.com*.

Bob Mullen tiene tres hijos de veintidos, diecinueve, y dieciseis años. En el otoño de 1999 se jubiló y ahora vive con su esposa Carol en un velero de treinta y seis pies de largo. En Octubre del 2000, piensan abandonar Newport Beach, California, para lanzarse en una larga travesía por México, hasta el sur del Pacífico. Aquellos quienes le envidien pueden contactarlo en BobMullen@aol.com.

Steve Nease es el director artístico del Oakville Beaver, en Ontario, Canadá, donde reside con su familia. Además de producir las viñetas familiares de "Pud", Nease es caricaturista político, famoso en todo Canadá. Ganador de más de una docena de premios tanto provinciales como nacionales, sus obras figuran en más de setenta periódicos diarios y semanales, en Portfoolio, una recopilación anual de las mejores caricaturas canadienses, y en Best Editorial Cartoons of the Year, un compendio de las mejores caricaturas estadounidenses.

Diane C. Nicholson es escritora independiente, así como premiada e internacinalmente reconocida fotógrafa profesional. Actualmente posee la única certificación nacional como fotógrafa equina entre los Fotógrafos Profesionales de Canadá. Ella, su esposo, Harry, y su hijo, Ben, poseen y dirigen la empresa

Twin Heart Photo Productions en B.C., Canadá. Se la puede llamar al 1-250-375-2528 o bien visitar el sitio web *www.twinheartphoto.com.*

Lou Ogston es maestra en una escuela primaria. A los veinticinco años adoptó a Darcie, quien entonces contaba con nueve semanas de edad. Durante ocho años fué ama de casa, mientras Darcie y su hermano eran aún pequeños. Ella y su segundo marido, Jim, viven en Winnipeg, con uno de sus cuatro hijos. Hoy su mayor orgullo es el hijo de Darcie, Dawson.

Beryl Paintin es escritora independiente en Winnipeg, Manitoba, Canadá. Es columnista para The Metro, un periódico local. Es ex-socia y editora del Club de Artesanos de la Imprenta de Winnipeg, y ha estado involucrada en imprentas y periódicos durante más de treinta años. Es directora de la cámara de comercio Assiniboia, en Winnipeg. Esta historia va dedicada a Phillip. A Beryl se le puede escribir a *bpconsul@escape.ca.*

Sharon Palmer es escritora independiente en Nashville, Tennessee, donde la mayor parte de sus obras se publican localmente. Su meta es escribir un libro inspirativo acerca de la vida cuando se sufre alguna incapacidad médica, tal como le ha tocado a ella. Esta historia está dedicada a su padre, el Dr. Edward Johnson, por su colaboración y fomentación con sus obras literarias, y a Bob Stamps por su firme y amplio apoyo. Se le puede escribir a *sharon-palmer@mindless.com.*

Sharon Peerless ha escrito numerosos artículos de interés humano a lo largo de los años, pero esta es la primera vez que publica un escrito acerca de su propia familia. Vive en Cleveland, Ohio, con su esposo, Joel, sus hijos mellizos, Elie y Benjy, y su hija, Ronit. Contáctela en *jsebr@aol.com.*

Bill Petch es periodista, locutor, escritor, y actor. Vive en Belleville, Ontario, con su esposa, Joy, y sus hijos, Miriam y Joel. Bill regresó recientemente al escenario, después de ausentarse durante quince años, y poco después debutó como director. "El Paraguas de Miriam" está dedicado a su madre, Katherine, quien falleció de cáncer de mama, y a todos los que han sufrido la pérdida de alguien querido a causa de esta enfermedad.

Debbie Rikley es madre soltera y trabaja tiempo completo a la par de criar dos hijos y asistir a clases nocturnas. Escribir le ayuda a enfocar mejor. Lo que escribe viene del corazón y le ayuda a expresar sus sentimientos y pensamientos sobre las experiencias de la vida.

Jewel Sanders y su esopso han sido agricultores en el centro de Missouri durante cuarenta y ocho años. Jewel es artesana de muñecas de cáscara de maíz, y cuenta con la ayuda de sus hijos, Scott, Susie, y Sherry, en dicha industria. Sus nietos Kristen, Tracy, Hannah, Jesse, y Luke también colaboran.

Andy Skidmore es la esposa, madre, abuela y escritora independiente cuyas obras han figurado en Women's World, The woman's Weekly, Christian Woman's Magazine, Chicken Soup for the Woman's Soul y otras publicaciones. Ha sido premiada como fotógrafa aficionada, ha dado clases a mujeres y niños, y ha hecho discursos en seminarios de mujeres, clubes, y reuniones sociales. Se la puede contactar en *andyskid@aol.com*.

Nicole Smith vive en Colorado. Le agrada escribir y adora lal Montañas Rocosas. Se le puede escribir a P.O. Box 22963, Denver, CO 80222.

D.L. Stewart es un columnista publicado que vive en Dayton, Ohio. Su mezclada familia consta de una hija, tres hijos, un hijastro, dos nietos y un abuelo. También tiene un armario repleto con la colección de videojuegos obsoletos más extensa del mundo.

Marina Tennyson vive en Phoenix, Arizona, con Kenny, su esopso desde hace treinta y un años. Adjudicándolo a la confianza en sigo misma que obtuvo en el programa de TOUGHLOVE, Marina ha iniciado una exitosa empresa desde su hogar. Continúa trabajando en tiempo parcial con padres de TOUGHLOVE en Arizona. Si desea más información acerca del programa TOUGHLOVE la obtendrá visitando el sitio web *www.toughlove.org*.

Lori Thomas es cofundadora de la Fundación del Síndrome de Moebius. Cuando su hija, Chelsey, nació en 1988 y fué diagnosticada con esta rara enfermedad, no había mucha disopnibilidad de información comprensible. Por esto estableció una red de padres y adultos que trabajan en conjunto para lograr respuestas, proveer apoyo, y construir una creciente organización que se ha ganado el respeto de la comunidad médica. Puede enviarle un correo electrónico a *lorit@netport.com*.

Diane Tullson es escritora en Delta, British Columbia, Canadá. Colecciona historias sobre sus hijos en un diario que espera que algún día revele la maravillosa influencia que éstos han tenido en su vida. Escribió una novela para jóvenes y ha hecho aportes a la revista Canadian Living Magazine.

Joe Tye mora en Solon, Iowa, con su familia. Es uno de los fundadores de Nunca Temas, Nunca Renuncies Internacional, y autor del libro Nunca Temas, Nunca Renuncies: una Historia de Coraje y perseverancia. Si desea información acerca de como acercar este programa a su organización, llame al 800-644-3889, o envíe un correo electrónico a *Joe@nfnq.com*.

Sarah J. Vogt, con ayuda de su padre, Ron Vogt, escribió su segundo aporte a la serie de Sopa de Pollo. Ron, padre de tres, creció en Coshocton, Ohio. Retirado de Cummins Engine Company, vive en Columbus, Indiana, donde dedicó muchos años a su comunidad. Sarah trabaja como analista de sistemas en una oficina de abogados del sur de Florida. Ambos pueden ser contactados en 80 Catalpa Way, Columbus, IN 47201.

Andrea Warren escribe desde su hogar en los suburbios de Kansas City, Missouri. Es autora de ocho libros, incluyendo "Pasajero de Tren Huérfano", la historia real de un niño, que le ganó el premio Horn Book. Los artículos de Warren han figurado en una extensa lista de publicaciones, variando desde Reader's Digest y Ladie's Home Journal, hasta The Boston Globe y The Washington Post. Se le puede escribir a *AWKansas@aol.com*.

Joan Wiberg es una cómica artista que vive en los campos de Virginia. Actualmente es maestra de arte en una escuela pública, además de madre y esposa. Tiene dos gatos, Nadjia y Juliet.

William G. Wood es un ingeniero químico que ha compuesto cientos de versos en los últimos cuarenta años. Entre otras cosas incluye las notas de amor que escribió a su esposa Mary, fallecida en 1996, y citaciones a amigos, parientes, y colegas en ocasiones especiales. Su familia se compone de seis hijas, tres hijos, y abundantes nietos. Puede escribirle al Sr. Wood a *wmgwood@aol.com*.

Noreen Wyper creció en el norte de Ontario, Canadá. Permaneció ahí para enseñar y criar una familia. Posee títulos de educación además de certificados de especialidad en educación primaria y en artes dramáticas. Recientemente se graduó del instituto de literatura de niños. Dedica gustosa su jubilación a escribir.

Harriet Xanthakos es narradora, capellán unitaria, y maestra. Ayuda con festejos de matrimonio y de unión de parejas, y realiza otros ritos por el estilo. Trabaja en el programa Parent-Child Mother Goose, en Toronto, Canadá, donde enseña rimas y canciones, y narra historias a niños y sus cuidadores. Harriet tiene dos hijas, y su nieto, David, el más leal de sus oyentes. Contáctela llamando al 416-322-5000 o escribiendo a *dg200@freenet.toronto.on.ca*.

David Zinman escribe para Horry (S.C.) Independent, y ganó el primer premio, en 1998, de la competencia de la Sociedad Nacional de Columnistas de Periódicos. Fué periodista de Long Island Newsday y del Associated Press Bureau en Nueva Orleans. Autor de los libros "El día que le dispararon a Huey Long" y "50 largometrajes clásicos". Actualmente trabaja en una obra de teatro basada en el asesinato de Long y en una colección de cuentos cortos. Se lo puede contactar en P.O. Box 2030, Pt. Lookout, NY 11569.

Permisos *(continuado en la página iv)*

Café con leche y galletas Oreo. Extraído de Like Father, Like Son, de Hunter S. Fulghum, ©1996 de Hunter Samuel Fulghum. Utilizado con la autorización de Putnam Berkley, una división de Penguin Putnam, Inc.

Papá. Reimpreso con autorización de Laurin Broadbent. ©1997 Laurin Broadbent.

El juez de los tebeos. Reimpreso con autorización de Gary Lautens. ©1967 Gary Lautens.

A vueltas con el coche, Hace falta un hombre especial para estar en el pellejo de un padrastro y *Un mapa de la vida en la puerta de la nevera.* Reimpresos con autorización de Beth Mullally. ©1999 Beth Mullally.

Estoy bien. Reimpreso con autorización de Rabona Gordon. ©1999 Rabona Gordon.

Convertirse en madrastra y *Vivo con un extraterrestre.* Reimpresos con autorización de Janie Emaus. ©1999 Janie Emaus.

La otra madre. Reimpreso con autorización de Jewel Sanders. ©1999 Jewel Sanders.

Papá es pelirrojo. Según aparece en The Best of Bits & Pieces, Arthur F. Lenehan, editor, ©1994 The Economic Press, Inc., 12 Daniel Road, Fairfield, NJ 07004-2565, Estados Unidos. Teléfono: 800-526-2554 (Estados Unidos / Canadá). Fax: 973-227-9742 (Estados Unidos / Canadá). Correo electrónico: info@epinc.com. Página web: www.epinc.com. Por favor, contacte directamente con The Economics Press, Inc., si desea adquirir este libro, solicitar información sobre suscripciones o conseguir un número gratuito de muestra de la revista mensual de Bits & Pieces.

Un momento para el amor. Reimpreso con autorización de Noreen Wyper. ©1999 Noreen Wyper.

Cuando duerme. Reimpreso con autorización de Jorie Lauritsen. ©1999 Josie Lauritsen.

Definir el amor. Reimpreso con autorización de Eileen Goltz. ©1999 Eileen Goltz.

Plegaria del ama de casa. Reimpreso con autorización de Sheila Hammock Gosney. ©1999 Sheila Hammock Gosney.

Mi mujer no "trabaja". Extraído de No Sex Please, We're Married. Reimpreso con autorización de Gary Lautens. ©1976 Gary Lautens.

El don de la vida. Reimpreso con autorización de Beryl Paintin. ©1999 Beryl Paintin.

La revelación del amor de madre. Reimpreso con autorización de Nicole Smith. ©1999 Nicole Smith.

Cibermadrastra y La tostadora. Reimpresos con autorización de Judy E. Carter. ©1999 Judy E. Carter.

Verdes palabras escondidas. Reimpreso con autorización de Sarah J. Vogt y Ron Vogt. ©1999 Sarah J. Vogt y Ron Vogt.

Eh, hijo, yo también te quiero. Reimpreso con autorización de D. L. Stewart. ©1999 D. L. Stewart.

Carta a Hacienda. Reimpreso con autorización de Robert Mullen. ©1999 Robert Mullen.

Consejos del padre del novio. Reimpreso con autorización de Gary Lautens. ©1990 Gary Lautens.

Contra todo pronóstico. Reimpreso con autorización de Elizabeth Enns. ©1999 Elizabeth Enns.

Las ciento una noches atlánticas. Reimpreso con autorización de Jan Meek. ©1999 Jan Meek.

Desde el corazón. Reimpreso con autorización de Nancy McBee. ©1999 Nancy McBee.

El bebé de la Marina. Reimpreso con autorización de Janet Matthews y Dan Keenan. ©1999 Janet Matthews y Dan Kenan.

La embajada de la esperanza. Reimpreso con autorización de David Like. ©1999 David Like.

¿Qué probabilidades había? Reimpreso con autorización de Lou Ogston. ©1999 Lou Ogston.

La cuerda que nos une. Reimpreso con autorización de Mary Hiland. ©1999 Mary Hiland.

Joey llega a casa. Reimpreso con autorización de Cheryl Kierstead. ©1999 Cheryl Kierstead.

Algo que me haga feliz. Reimpreso con autorización de Sharon Palmer. ©1999 Sharon Palmer.

Una llamada en el Día del Padre. Extraído de Sons on Fathers. Reimpreso con autorización de George Eyre Masters. ©1987 George Eyre Masters.

Monstruos debajo de la cama. Reimpreso con autorización de Anne Metikosh. ©1999 Anne Metikosh.

Los juegos paralímpicos. Título original: A Special Olympics Triumph. Según aparece en Bits & Pieces vol. T / nº 11. ©1998 The Economics Press, Inc., 12 Daniel Road, Fairfield, NJ 07004-2565, Estados Unidos. Teléfono: 800-526-2554 (Estados Unidos / Canadá). Fax: 973-227-9742 (Estados Unidos / Canadá). Correo electrónico: info@epinc.com. Página web: www.epinc.com. Por favor, contacte directamente con The Economics Press, Inc., si desea adquirir este libro, solicitar información sobre suscripciones o conseguir un número gratuito de muestra de la revista mensual de Bits & Pieces.

Mantener la magia. Reimpreso con autorización de Kittie Ellis. ©1995 Kittie Ellis.

El amor de un niño. Reimpreso con autorización de Brian Locke. ©1999 Brian Locke.

La autoestima a los cinco años. Reimpreso con autorización de Kathrine A. Barhydt. ©1999 Kathrine A. Barhydt.

La ventana. Reimpreso con autorización de C. J. Herrmann. ©1999 C. J. Herrmann.

"Vas a tener un bebé". Reimpreso con autorización de Louisa Godissart McQuillen. ©1996 Louisa Godissart McQuillen.

¡Bienvenido, Levi! Reimpreso con autorización de Dawn y Tim Johnson. ©1999 Dawn y Tim Johnson.

Hay tanto que aprender. Título original: Papa the Educator, extraído de Papa, My Father: A Celebration of Dads, de Leo Buscaglia. ©1989 Leo F. Buscaglia, Inc. Publicado por Slack, Inc.

Verdadera generosidad. Reimpreso con autorización de Elizabeth Cobb. ©1999 Elizabeth Cobb.

La sonrisa de Maya. Reimpreso con autorización de Susan Farr-Fahncke. ©1999 Susan Farr-Fahncke.

No soy tu esclava. Reimpreso con autorización de Christie A. Hansen. ©1998 Christie A. Hansen.

El millonario. Reimpreso con autorización de William G. Wood. ©1999 William G. Wood.

Sabiduría adolescente. Reimpreso con autorización de Margaret Hill. ©1991 Margaret Hill.

Lo que los padres dicen y lo que realmente quieren decir. Reimpreso con autorización de Andrea (Andy) Skidmore. ©1996 Andrea Skidmore.

El paciente desnudo. Extraído de Dr. Dobson Answers Your Questions. Reimpreso con autorización de James Dobson, Inc. ©1982 James Dobson.

Los planes del hombre y la risa de Dios. Reimpreso con autorización de Hanoch McCarthy. ©1999 Hanoch McCarthy.

Mensaje de un ángel de la guarda. Reimpreso con autorización de Joe Tye. ©1999 Joe Tye.

El Día del Padre. Reimpreso con autorización de Cheryl Costello-Forshey. ©1999 Cheryl Costello-Forshey.

Creo en los ángeles. Reimpreso con autorización de Wendy Ann Lowden. ©1999 Wendy Ann Lowden.

La luz al final del túnel. Reimpreso con autorización de Bobbi Bisserier. ©1999 Bobbi Bisserier.

Mi hijo, mi nieto. Reimpreso con autorización de Debbie Rikley. ©1999 Debbie Rikley.

El amor difícil gana la partida y *El regalo de la abuela Meyer.* Reimpresos con autor-